ASIATISCHE FORSCHUNGEN

MONOGRAPHIENREIHE
ZUR GESCHICHTE, KULTUR UND SPRACHE
DER VÖLKER OST- UND ZENTRALASIENS

Herausgegeben von
Walther Heissig und Thomas O. Höllmann
unter Mitwirkung von Herbert Franke und Charles R. Bawden

Band 141

2001

Harrassowitz Verlag · Wiesbaden

Der Fuchs
in Kultur, Religion und Folklore
Zentral- und Ostasiens

Teil I

Herausgegeben von
Hartmut Walravens

2001

Harrassowitz Verlag · Wiesbaden

Das Signet stellt die japanische Fuchs-Gottheit Kitsune nach einer japanischen Vorlage dar.

Die Deutsche Bibliothek - CIP-Einheitsaufnahme
Ein Titeldatensatz für diese Publikation ist bei Der Deutschen Bibliothek erhältlich

Die Deutsche Bibliothek - CIP Cataloguing-in-Publication-Data
A catalogue record for this publication is available from Die Deutsche Bibliothek

e-mail: cip@dbf.ddb.de

© Otto Harrassowitz, Wiesbaden 2001
Gedruckt auf alterungsbeständigem Papier.
Druck und Verarbeitung: Hubert & Co., Göttingen
Printed in Germany

ISSN 0571-320X
ISBN 3-447-04325-3

Inhalt von Band I

Inhalt von Band II

Vorbemerkung

Füchse gelten seit alters her als schlau und listig. Sie schlagen dem Jäger ein Schnippchen und sind in den Märchen und Fabeln auch allen anderen Tieren überlegen. Die Folklore des Fuchses ist reich und vielseitig, und insofern spricht man gelegentlich schon von «Foxlore».

Die weltweit in vieler Hinsicht ähnliche, aber auch wieder unterschiedliche Beurteilung des Fuchses führte zu der Idee, beim Internationalen Orientalistenkongreß (International Congress of Asian and North African Studies) in Budapest im Jahre 1997 ein Panel über die Rolle des Fuchses in Zentralasien und den angrenzenden Regionen zu veranstalten. Zum einen bot sich hier, über sprachliche und kulturelle Grenzen hinaus, ein gemeinsames Thema, zum anderen erschien es reizvoll, dem Einfluß der ostasiatischen Fuchsvorstellungen nachzugehen: In der ostasiatischen Folklore treten Füchse gern in Menschengestalt auf, besonders als hübsche junge Mädchen, die Männer verführen. Wie in anderen Teilen der Welt ist die Rolle des Fuchses dabei ambivalent: In vielen Fällen sind die Taten des Fuchses boshaft und schädlich, aber in anderen durchaus uneigennützig und positiv.

Die Beiträge des vorliegenden Werkes versuchen, regional wie thematisch ein breites Spektrum abzudecken. Dabei wird das Material aus Gründen des Umfangs in zwei in sich abgeschlossenen Bänden präsentiert. Der erste Teil konzentriert sich auf den altaischen Bereich:

Eine Auswahlbibliographie zu unterschiedlichen Aspekten der Fuchsforschung dient als Einführung ins Thema.

Die Mongolei ist durch eine Reihe von Beiträgen vertreten, die sich auf das Fuchsopfer (*ünegen-ü sang*) konzentrieren, ein Ritual, das erst in neuerer Zeit auf Grund einer Anzahl von Handschriften Aufmerksamkeit gefunden hat. Der tungusische Kulturbereich ist durch eine Analyse von Märchenmotiven wie auch durch eine Präsentation von sibe-mandjurischen Erzählungen repräsentiert.

Ein ausführlicher Beitrag stellt die Rolle des Fuchses im Volksglauben der Tuwiner vor. Den Abschluß bildet eine Untersuchung über den Fuchs im türkischen Sprichwort, womit thematisch die Brücke bis nach Europa geschlagen wird.

Der zweite Teil konzentriert sich auf Ostasien:

Für China stehen ein auf archäologischem Material basierender Beitrag über die älteren Fuchs-Mythen, speziell den neunschwänzigen Fuchs, während die Darstellung sexueller Aspekte des Fuchsglaubens etymologisch gestützt wird. Der Pelzhandel in der Mandschurei beleuchtet den wirtschaftsgeschichtlichen Aspekt. Eine Bibliographie von Übersetzungen der bedeutendsten chinesischen Sammlung von Geister- und Fuchsgeschichten, des *Liao-chai chih-i* von P'u Sung-ling, belegt die Beliebtheit des Motivs gerade auch bei westlichen Lesern.

In Japan spielt der Fuchs eine interessante Rolle im Theater; am Beispiel des Stückes *Die Fuchsfalle* wird dies verdeutlicht. Über andere Aspekte, wie den Fuchs im Inari-Kult und die Darstellung in Ukiyo-e-Holzschnitten, ist schon gearbeitet worden.

Tibet ist in diesem Werk nicht vertreten; es sei jedoch an einen früheren Aufsatz von Erika Taube erinnert (vgl. Bibliographie), in dem sie die Vermutung A. H. Franckes erhärtet, das Urbild des Gestiefelten Katers sei ein Fuchs gewesen.

Ebenfalls sind nicht alle wichtigen Facetten der Fuchsforschung vertreten: Reizvoll wäre eine Untersuchung des traditionellen Fuchskultes in Südchina gewesen, oder auch der Fuchsbesessenheit in Japan. Vielleicht gibt das vorliegende Werk, das manche Inspiration der Fuchs-Ausgabe der *Études mongoles et sibériennes* (15.1984) verdankt, die Anregung für weitere Untersuchungen!

Allen Autoren sei für ihre Beiträge herzlich gedankt; besonderer Dank gebührt Prof. Walther Heissig für die Aufnahme des Werkes in die Reihe *Asiatische Forschungen*.

Berlin, März 2000   Hartmut Walravens

Abkürzungen

AOH	Acta Orientalia Hungarica
ATh	Aarne-Thompson Klassifikation der Märchenmotive
CYYY	Kuo-li Chung-yang yen-chiu-yüan Li-shih yü-yen yen-chiu-so chi-k'an
EI	Enzyklopädie des Islam / Encyclopedia of Islam, Leiden
HJAS	Harvard Journal of Asiatic Studies
JNCBRAS	Journal of the North China Branch of the Royal Asiatic Society
TASJ	Transactions of the Asiatic Society of Japan
ZAS	Zentralasiatische Studien
ZMR	Zeitschrift für Missionskunde und Religionswissenschaft
1 / 1a	Staatsbibliothek zu Berlin (mit Signatur)

Hartmut Walravens (Berlin)

Der Fuchs in Zentral- und Ostasien – und anderwärts

Eine Auswahlbibliographie

Vorbemerkung

Die folgende Bibliographie bemüht sich, die wichtigste Literatur zum Thema Fuchs in Zentral- und Ostasien zusammenzustellen; dabei erschien es sinnvoll, auch einiges an allgemeinen Nachweisen beizufügen: zum Fuchs in Europa und speziell im Kinderbuch; Zoologie und Naturgeschichte sind weitestgehend ausgeklammert. Diese letzteren Aspekte sind eigene umfangreiche Gebiete, man denke nur an Goethes *Reineke Fuchs* oder *Le roman du renard*.

Allgemeines

Handwörterbuch des deutschen Aberglaubens. Hrsg. v. Hanns Bächtold-Stäubli, Eduard Hoffmann-Krayer.
Berlin: de Gruyter 1927-1942. Bd. 3, Sp. 174-197

Thompson, Stith: *Motif-index of folk literature.* A classification of narrative elements in folktales, ballads, myths, fables, mediaeval romance, exemple, fabliaux, jest-books and local legends. Vol.6. Rev. and enlarged ed.
Copenhagen: Rosenkilde & Bagger 1958,313-315
Nachdruck: Bloomington, Indianapolis: Indiana University Press o.J.

Ranke, Kurt (Begr.): *Enzyklopädie des Märchens.*
Berlin, New York: de Gruyter 1975ff.
Bd 5.1987, Sp.
447-478: Hans-Jörg Uther: Fuchs
478-482: Ulrich Huse: Fuchs vergewaltigt die Bärin.
480-484: Renate Bebermeyer: Fuchs als Beichtvater
484-486: Hans-Jörg Uther: Fuchs und Flöhe
486-489: Diann D. Rusch-Feja: Fuchs und Gänse
489-494: Ingrid Tomkowiak: Fuchs und Glieder
494-498: Karl Reichl: Fuchs und Hahn
498-503: Diann D. Rusch-Feja: Fuchs als Kindermagd
503-511: Wolfgang Maaz: Fuchs und Kranich
511-522: Christine Shojaei Kawan: Fuchs (Bär) am Pferdeschwanz
522-527: Elfriede Moser-Rath: Fuchs hat Schnupfen
527-534: Ines Köhler: Fuchs und saure Trauben
534-537: Michael Belgrader: Fuchs und Vogeljunge

Timm, Regine: *Spiegel kultureller Wandlungen.*
Hamburg: Maximilian-Gesellschaft; Frankfurt a.M., Berlin: Metzner (1998). XIII,426 S.
(Das illustrierte Fabelbuch.1.)

Bodemann, Ulrike: *Katalog illustrierter Fabelausgaben, 1461-1990.* Bearbeitet von
Birgitta vom Lehn und Maria Platte.
Hamburg: Maximilian-Gesellschaft; Frankfurt a.M., Berlin: Metzner (1998). XVII, 299
S. (Das illustrierte Fabelbuch.2.)
Der Fuchs wird auf folg. Seiten behandelt:
    Der Fuchs, der Rabe und die Taube 89
    Der sterbende Fuchs 76
    Fuchs im Dornbusch 99,150,162,408
    Fuchs mit dem gestutzten Schwanz 70,76,106,287,390
    Fuchs und Trauben 55,76,81,132,197,223,287,300,335
    Fuchs und Bock 81,88,172,231,344,385
    Fuchs und Hahn 99
    Fuchs und Igel 127,132
    Fuchs und Katze 99,326
    Fuchs und Maske 76,91
    Fuchs und Rabe 81,88,125, 133,171,172,254,278,280,286,326
    Fuchs und Storch 50,81,84,223,376,411
    Fuchs und Wiesel 190
    Fuchs und Wolf 201,344
    Wolf und Fuchs vor dem Gericht des Affen 393
    Wolf und Fuchs vor dem Richterstuhl. 378

East Asia

Krappe, Alexander H.: Far Eastern fox-lore.
California folklore quarterly.3.1944,124-147,251

Johnson, T. W.: Far Eastern fox-lore.
Asian folklore studies.33.1974,35-68

China

Watters, Thomas: Chinese fox myths.
JNCBRAS NS 8.1874,45-65

Faber, Ernst: Zur Mythologie der Chinesen.
ZMR 3.1888,24-39, spez. 37

Groot, Jan Jakob Maria de: *The religious system of China.* 1-6.
Leiden: E. J. Brill 1892-1910.

5, S.576-606: Fox demons
6, S.188-196: Were-foxes

Doré, Henri: *Researches into Chinese superstitions.* Translated from the French, with notes, historical and explanatory. By M. Kennelly, S.J. Vol.4-5. [Shanghai 1918. Nachdr.:] Taipei 1966, Abb. 197, 198, 212; 695-701: Fox-demons

Lessing, Ferdinand D.: Die weiße Fuchsdämonin. Ein altchinesisches Schattenspiel. *Mitteilungen der wissenschaftlichen Gesellschaft für Literatur und Theater.* 12.1934, 5-24

Eberhard, Wolfram: *Typen chinesischer Volksmärchen.* Helsinki: Suomalainen Tiedeakatemia 1937. 437 S. (Folklore Fellows Communication.120.)

Li, Wei-tsu: On the cult of the four sacred animals in the neighbourhood of Peking. *Folklore studies.*7.1948,1-94 [Fuchs, Schlange, Igel, Wiesel.]

Die Tochter des Drachenkönigs. Zehn Geschichten aus der Zeit der Tang Dynastie. Peking: Verlag für fremdsprachige Literatur 1955. 125 S. 19-31: Fräulein Shen, die Füchsin / Scheng Dschi-tsi

Stories of old China. Translated by W. W. Yen, Litt. D. Shanghai: New Art and Literature Publ. House o. J. 178 S. 158-165: Yu Yueh: Mr. Tung's fox tenants

Tanskie novelly. Perevod s kitajskogo, posleslovie i primečanija O. L. Fišman. Moskva: AN SSSR 1955. 227 S. 15-26: Istorija Žēń.

Žizneopisanie Žēń. Perevel A. Tiškov. *Tanskie novelly.* Perevod s kitajskogo O. Fišman i A. Tiškov. Moskva: Gos. izd. chudož. lit-ry 1960. (244 S.), 40-49

Gulik, Robert van: *Poets and murder.* New York: Scribner 1968. 173 S. [Ein Kriminalroman in chinesischem Stil, aus sinologischer Feder, mit Darstellung des traditionellen chinesischen Fuchskultes.]

Ling Mong-tch'ou [Ling Meng-ch'u]: *L'amour de la renarde.* Marchands et lettrés de la vieille Chine. Trad. du Chinois, préfacé et annoté par André Lévy. Paris: Gallimard/Unesco 1970. 285 S. (Collection d'œuvres représentatives. Série chinoise.) 265-285: L'amour de la renarde. Aus *Erh-k'o P'ai-an ching-ch'i,* Nr 29.

Münke, Wolfgang: *Die klassische chinesische Mythologie.*
Stuttgart: E. Klett 1976,109-110

Ting, Nai-tung: *A type index of Chinese folktales in the oral traditions and major works of non-religious classical literature.*
Helsinki: Suomalainen Tiedeak. 1978. 294 S.
(Folklore Fellows Communication.223.)

Eberhard, Wolfram: *Lexikon chinesischer Symbole.*
Köln, Düsseldorf: Diederichs 1983,96-97

Mathieu, Remi: Aux origines de la femme-renarde en Chine.
In: Marie-Lise Beffa, Roberte Hamayon: Le renard, tours, détours et retours.
Etudes mongoles et sibériennes. 15.1984,83-110

Levi, Jean: Le renard, la morte et la courtisane dans la Chine classique.
In: Marie-Lise Beffa, Roberte Hamayon: Le renard, tours, détours et retours.
Etudes mongoles et sibériennes. 15.1984,111-139

Die Liebe der Füchsin. Geistergeschichten aus dem alten China. (Herausgegeben von Johannes Merkel.)
(München:) Weismann Verlag, Frauenbuchverlag (1988). 183 S.
Urteil in letzter Instanz. S.7-33 [Erh-k'o P'ai-an ching-ch'i; nach *L'amour de la renarde.* 1970,176-191]
Die Liebe der Füchsin. S.34-66 [P'ai-an ching-ch'i; nach *L'amour de la renarde.* 1970,265-283]
Urlaub vom Tode. S.67-99 [P'ai-an ching-ch'i; nach *L'amour de la renarde.* 1970, 243-262]
Die Geheimschrift der Füchse. S.100-133 [*Hsing-shih heng-yen*; nach The courtesan's jewel-box. 1957, 77.101]
Drei Pagoden am Westsee. S.134-149 [Hong Pien: *Liu-shih chia hsiao-shuo*; nach André Lévy, *Journal asiatique.*253.1965,259-272

Monschein, Ylva: *Der Zauber der Fuchsfee: Entstehung und Wandel eines Femme-fatale-Motivs in der chinesischen Literatur.*
Frankfurt: Haag & Herchen 1988. 417 S. (Heidelberger Schriften zur Ostasienkunde.10.)

Huntington, Rania: Tigers, foxes and the margins of humanity in Tang chuanqi fiction.
Papers on Chinese literature [Cambridge, Mass.] 1.1993,40-64

Blauth, Birthe: *Altchinesische Geschichten über Fuchsdämonen. Kommentierte Übersetzung der Kapitel 446 bis 455 des Taiping Guangji.*
Frankfurt [u.a.]: P. Lang (1996). 250 S.
(Europäische Hochschulschriften.XXIV/50.)

Hammond, Charles E.: Vulpine alchemy.
T'oung Pao. 82.1996,364-386

Yeh Ch'ing-ping 葉慶炳
Ku-tien hsiao-shuo chung-ti hu-li ching 古典小説中的狐狸精
Chung-wai literary monthly. 6.1977:1, 48-56; 2, 4-19

Wu, Fatima: Foxes in Chinese supernatural tales.
Tam Kang Review. 17.1986,121-154, 263-294

Shen Chi-ch'i (ca.750-800) 沈既濟
Jen shih chuan 任氏傳
T'ang-jen hsiao-shuo 唐人小説
Shanghai 1978,43-48

Chan, Tak-hung Leo
The discourse on foxes and ghosts: Ji Yun and eighteenth-century literati story-telling.
Honolulu: Univ. of Hawaii Press 1998. 300 S.

Japan

Skrzyncki, Adolph: Fuchskultus in Japan.
Am Urquell. 6.1896,13-14

Griffis, William E.: Japanese fox-myths.
Lippincott's magazine of popular literature and science. 13.1874,57-64

Visser, M. W. de: The fox and the badger in Japanese folk-lore.
TASJ 36.1908,1-159

Krauss, Friedrich Salomo
Das Geschlechtleben in Glauben, Sitte und Brauch der Japaner. Von Dr. Friedrich S. Krauss.
Leipzig: Deutsche Verlags-Aktiengesellschaft 1907. IV ,161 S., 80 Taf. 4°
(Beiwerke zum Studium der Anthropophyteia.2.)
Darin S.143-150: Anhang [Der Fuchskult.]

Akashi, S.: Inari. (Über Fuchsgottheiten.)
Zeitschrift für Missionskunde und Religionswissenschaft. 43.1928,146-152

Buchanan, D. C.: Inari: Its origin, development and nature.
TASJ 12.1935,1-191

Ashiya, Mizuyo: *Japanische und deutsche Tiermärchen, besonders Fuchsmärchen, in ihrem Wesen und nach ihrer volktumskundlichen Grundlage.*
Köln 1939: Orthen. 82 S.
Diss., Univ. Köln.

See: M. Eder: Eine Kölner Dissertation über japanische und deutsche Tiermärchen.
*Folklore studies.*1.1942,100-107

Casal, U. A.: The goblin fox and the badger and other witch animals of Japan.
Folklore studies. 18.1959,1-93

Nozaki, Kiyoshi: *Kitsune. Japan's fox of mystery, romance and humor.*
Tokyo: Hokuseido Press 1961. 235 S.

Kondô Yoshihiro 近藤喜博
Kodai shinkô kenkyû 古代信仰研究
Tôkyô: 角川書店 1963. 12, 502 S.

Scofield, Elizabeth: *A fox in one bite, and other tasty tales from Japan.* Ill. by K.
Wakana.
Tokyo: Kodansha 1965. 44 S.

Usami Keidô 宇佐美景堂
Oiso mebyakko kitan 老蘇女白狐奇譚
Nagoya: 靈相道書房 1969. 177 S.

Bouchy, Anne Marie: Le renard, élément de la conception du monde dans la tradition
japonaise.
In: Marie-Lise Beffa, Roberte Hamayon: Le renard, tours, détours et retours.
Etudes mongoles et sibériennes. 15.1984,9-70

Jordan, Brenda: The trickster in Japan: Tanuki and Kitsune.
Stephen Addiss [ed.]: *Japanese ghosts and demons.*
New York: Braziller 1985,122-137
Taf. 79: Tsukioka Yoshitoshi: The fox-woman leaving her child
Taf. 80: Fox cry

Smyers, Karen: Of foxes, Buddhas and Shinto Kami: the syncretic nature of Inari beliefs.
*Japanese religions.*16,3.1993,62-64

Yumi, Morishige: *Cultural construction of foxes.*
Cornell University 1994. M.A. thesis.

Heine, Steven: Putting the «fox» back in the «wild fox kôan»: The intersection of
philosophical and popular religious elements in the Ch'an / Zen kôan tradition.
HJAS 56.1996,257-317

Korea

Orange, Marc: De quelques aspects du renard coréen.
In: Marie-Lise Beffa, Roberte Hamayon: Le renard, tours, détours et retours.
Etudes mongoles et sibériennes. 15.1984,71-81

Mongolei

Serruys, Henry: Offering of the fox: a shamanist text from Ordos.
ZAS 4.1970,311-327

Bawden, C. R.: The offering of the fox again.
ZAS 10.1976,439-473

Heissig, Walther: Zur Morphologie der Fuchsopfer-Gebete.
ZAS 10.1976,475-519

Bawden, Ch. R.: An Oirat manuscript of the ‹Offering of the Fox›.
ZAS 12.1978,7-34

Lőrincz, László: *Mongolische Märchentypen.*
Wiesbaden: Harrassowitz 1979. 428 S.
(Asiatische Forschungen.61.)

Beffa, Marie-Lise, Roberte Hamayon: Qui confond pur et impur purifie par le renard.
In: Marie-Lise Beffa, Roberte Hamayon: Le renard, tours, détours et retours.
Etudes mongoles et sibériennes. 15.1984,141-151

Tungusen

Delaby, Laurence: Histoire des renards chez les Toungouses.
In: Marie-Lise Beffa, Roberte Hamayon: Le renard, tours, détours et retours.
Etudes mongoles et sibériennes. 15.1984,153-175

Ikegami Jirô: Orok texts.
Memoirs of the Research Department of the Tôyô Bunko. 17.1958,85ff.
Darin: A fox. S.86-89 (orokisch und englisch)

Tibet

Der Fuchs aus dem Himalaya-Gebirge.
Ausland 1837,1191

Francke, August Hermann: Wa-tsei-sgruṇs. Fuchsgeschichten, erzählt von dKon-mchog-bkra-shis aus Kha-la-tse.
Asia Major. 2.1925,408-431

Taube, Erika: War das Urbild des gestiefelten Katers ein Fuchs?
Proceedings of the Csoma de Körös Memorial Symposium held at Mátrafüred, Hungary, 24-30 September 1976. Ed. by Louis Ligeti. Budapest 1978,473-485

Dargyay, E. und L.: Der törichte Bär und der kluge Fuchs – ein Märchen aus Zanskar.
ZAS 14.1980,201-204

Taube, Erika: A. H. Franckes Fuchsgeschichten aus Ladakh im Kontext der zentralasiatischen Folkloretradition.
Wissenschaftsgeschichte und gegenwärtige Forschungen in Nordwest-Indien. Hrsg. v. Lydia Icke-Schwalbe und Gudrun Meier. Dresden 1990,266-272

Einige neuere Titel aus anderen Gebieten:

Biologie

Shih Kung-shan 史公山
Yang-hu yü yang-yu 養狐與養鼬
Shanghai: Chung-hua shu-chü 1948. 4,145 S.

Scott, Thomas G.: *Red foxes and a declining prey population,* by Thomas G. Scott and Willard D. Klimstra.
Carbondale, Ill. 1955. III,123 S.
(Southern Illinois University monograph series.1.Natural sciences.)

Atanasov, Neno: *Lisicata (Vulpes vulpes crucigera Bechstein) v Bălgarija.*
Sofija: Bălgarska akademija na naukite 1958. 324 S.
(Bălgarska akademija na naukite. Trudove na Zoologičeskija institut.5.)

Schmook, Alexander: *Der Fuchs, wie er lebt, jagt, und gejagt wird.* Mit einem Geleitwort von Otto Fehringer.
Thun: Ott (1960). 206 S.

Burrows, Roger: *Wild fox.*
Newton Abbot: David & Charles (1968). 203 S.

Jacquemard, Simonne: *De renards vivants.*
Paris: Stock 1969. 128 S.
(Les livres de nature.26.)

Vesey-Fitzgerald, Brian Seymour: *Town fox, country fox.*
London: Corgi 1973. 158 S.
(A survival book.)

The red fox. Symposium on behaviour and ecology. Ed. by Erik Zimen.
The Hague: Junk 1980. VI,285 S.
(Biogeographica.18.)

Henry, J. David: *Red fox. The catlike canine.*
Washington, D.C.; London: Smithsonian Institution Press (1986). 174 S.
(A Smithsonian Nature Book.)

Schumann, Günther: *Mein Jahr mit den Füchsen.* Ungewöhnliche Erlebnisse in freier
Wildbahn.
Gudensberg-Gleichen: Wartberg Verlag 1992. 64 S.

Dähn, Astrid: Stadtbummel. Der Fuchs hat genug vom Landleben.
Die Zeit 1998:46, S.43

Domino Reinhard. Die Lebensgeschichte eines Silberfuchses. Von Ernst Thompson
Seton. Mit 10 Vollbildern und zahlreichen Textbildern nach Zeichnungen des Verfassers.
Berechtigte Übersetzung von Max Pannwitz. 21.Aufl.
Stuttgart: Kosmos o.J. 106 S.

Zucht

Der Silberfuchs-Züchter. Silberfuchs, Blaufuchs und Edelpelztierzucht. Jahrbuch mit
illustriertem Leitfaden für Edelpelztierzüchter von August Voelker.
Köln, Freiburg: Voelker 1926. 239 S.

The black fox magazine. Herausgeber: F. C. Kaye.
New York 1917-1948.

Silver fox breeder. Hrsg.: George Brackett.
Boston 1924-1926.

American National Fox Breeders Association. *Year book of the silver fox and fur farming
industries.*
Minneapolis, MN 1928. 175 S.

Literatur

Werner Jaspert erzählt die Geschichte des listenreichen Reineke Fuchs. Die Bilder dazu
zeichnete Cefischer.

Frankfurt a.M.: H. Cobet o.J. [um 1948]. 41 S.
Typographie und Schriftgraphik von Hermann Zapf.

Nogués, Juan: *Estudios sobre el Roman de Renard; su relación con los cuentos españoles y extranjeros.*
Salamanca 1956. 266 S.
(Acta Salmanticensia. Serie de filosofía y letras.9,2.)

Finbert, Elian J.: *Renard le mal-aimé.*
Paris: A. Fayard (1960). 314 S.
(Les plus belles histoires de bêtes.)

Eberle, Irmengarde: *Foxes live here.*
Garden City, NY: Doubleday (1966). 59 S.

Garnett, David: *Frau oder Füchsin. – Ein Mensch im Zoo.* Übersetzung aus dem Englischen und Nachwort von Fritz Güttinger.
(Zürich:) Manesse (1973). 274 S.
Originaltitel: Lady into fox. London 1922.

Goethe, Johann Wolfgang von: *Reineke Fuchs.* Mit 36 Illustrationen von Wilhelm v. Kaulbach.
Wiesbaden: Hasso Ebeling (1973). 302 S. 4°
Nach der Ausgabe Stuttgart: Cotta 1846.

Roberts, Charles G. D.: *Der rote Fuchs.*
Berlin: Erika Klopp 1978. 189 S.
Illustrationen: John Schoenherr
Originaltitel: Red fox

Comique, satire et parodie dans la tradition renardienne et les fableaux. Actes du colloque des 15 et 16 jan. 1983. Publ. par les soins de Danielle Buschinger et André Crépin.
Göppingen: Kümmerle 1983. 166 S.
(Göppinger Arbeiten zur Germanistik.391.)

Llull, Ramón: *Die treulose Füchsin.* Eine Tierfabel aus dem 13.Jahrhundert mit zeitgenössischen Miniaturen. (Aus dem Spanischen übertragen von Joseph Solzbacher.)
Freiburg, Basel, Wien: Herder (1992). 77 S.
(Edition Herder.5.)
Aus: Llibre de les besties.

Füchse. Geschichten von Reineke Fuchs. Ausgewählt und zusammengestellt von Hans Würtz. Mit neun Textbildern von Jan Blisch.
Berlin: Werner Kube o.J. 107 S.
(Die Tierbücher. Eine Auswahl der schönsten Tiergeschichten.14.)

Kunst

Varty, Kenneth: *Reynard the fox. A study of the fox in medieval English art.*
Leicester: Univ. Pr. 1967. 169 S., 48 l. Abb.

Peterson, Per: *Rävens och tranans gästabud. En studie över en djurfabel i verbal och iko-
nografisk tradition.*
Uppsala 1981. 134 S.
(Acta Universitatis Upsaliensis. Studia ethnologica Upsaliensia.8.)

Goossens, Jan: *Die Reynaert-Ikonographie.*
Darmstadt: Wiss. Buchges. 1983. 34 S., 43 l. Abb.
(Texte zur Forschung.47.)

Kil, U-gyŏng: *Les avatars du Roman de Renart au dix-neuvième et au vingtième siècle.*
Paris, Univ., 1986/87. II,214 Bl.
Diss., Mikrofiche.

Kinderbücher

Æesop for children. With pictures by Milo Winter.
New York: Checkerboard Press 1986. 96 S. 4°
Nachdruck der Ausg. 1919.

Lisoček. Poèma dlja detej. G. Rosimova. Kartiny È. Beskovoj.
Berlin: Knigoizdatel'stvo Volga 1924. Unpag.
Druck: B. Girschbaum, Berlin

Rohr, Karl: *Der Fuchs geht um.* Bilder und Reime.
Eßlingen, München: Schreiber (1948). 7 Bl.

Brown, Margaret Wise: *Fox eyes.* Pictures by Jean Charlol.
New York: Pantheon Books 1951. 16 Bl.

Bulatov, M.: *Lisička so skaločkoj.* Russkaja narodnaja skazka. Risunki Ju. Vasnečova.
Moskva: Detgiz 1952. 5 Bl. 4°
(Bibliotečka detskogo sada.)

Bergmann, Astrid: *Ricki, der junge Fuchs.*
Wien 1954. Unpag.

Bergmann, Astrid: *Micki, the baby fox.*
New York: Macmillan 1955. Unpag.

Elin Pelin: *Petlju i Lisa.* Risunki Vadim Lazarkevič.
Sofija: Narodna mladež 1956. 8 S. 4°
[Der Hahn und der Fuchs]

Ollivier, Jean: *Les ruses de renard.* Dessins de René Moreu.
Paris: La Farandole (1956). 8 Bl. 4°

Sokolova-Mikitova, I. S.: *Liśi uvertki.* Risunki Ju. Vasnečova.
Leningrad: Detgiz 1956. 19 S. 4°

Bergmann, Astrid: *Micki Rävungen.* En bilderbok.
Stockholm: Rabén & Sjogren 1957. 24 Bl. 8°

Klages, Jürg: *Die goldene Feder.* Ein Fuchsmärchen.
Zürich: ExLibris (1958). 24 Bl. 4°

Le Roman de Renard. Texte de Pierre Servais. Illustrations [Aquarelles] de Simonne
Baudoin.
(Tournai:) Casterman (1958). 32 S. 4°

Richter, Marianne: *Murkel, das schlaue Füchschen.*
Ravensburg: Maier 1958. 13 Bl.
(Ravensburger Bilderbücher.)

Urbán, Eszter: *A róka meg a gólya.* Szerk. Erényi András.
Buapest: Minerva (1958). 4 Bl. Leporello
[Der Fuchs und der Storch.]

Fay, Hermann: *Tapsi.* Verse v. Suse Duken[-Dingler].
[Eßlingen, München: J. F. Schreiber 1959.] 8 Bl. 4°

Janczarski, Czesław: *Bajka o Koguciku-Wędrowniku i przemądrym Lisie.* Ilustrował
Zbigniew Rychlicki.
Warzawa: Filmowa Agencja Wadawnicza 1959. 12 Bl.
[Fabel über des Wanderhähnchen und den schlauen Fuchs.]

Elin Pelin [= Dimităr Ivanov]: *Petlju i lisa.*
Sofija: Bălg. Pisatel 1960. 8 Bl. 4°

Fritsche, Veronika: *Der betrogene Fuchs.* Text v. Walter Krumbach.
Leipzig: Dr. H. Schulze (1960). 14 Bl.

Dojčev, Ljubomir: *Garguška-Černoguška.* Ris. ot Nikolaj Stojanov.
Sofija: Bălg. Chudožnik 1961. 8 Bl.
[Der Rabe G.-Tsch.]

Bianki, W. [Vitalij Valentinovič], Erich Gürtzig: *Der schlaue Fuchs und das kluge Entlein.* (Übers. aus dem Russ. v. Max Hummeltenberg.)
Berlin: Kinderbuchverlag 1962. 8 Bl. m. Abb.
(Die kleinen Reiterbücher.)

Borg, Inga: *Rotpelz der Fuchs.* Aus dem Schwed. übers. v. Emmy Girsberger.
Zürich. Stuttgart: Rascher (1964). 16 Bl.

Miles, Miska: *Fox and the fire.* Illustr. by John Schoenherr.
Boston: Little 1966. 40 S. quer-8°
(An Atlantic Monthly Press book.)

Burningham, John: *Harquin. The fox who went down to the valley.*
London: Cape (1967). 16 Bl. 4°

Piers, Helen: *Fox and hen.*
London: Methuen (1968). 8 Bl.

Ginsburg, Mirra: *The fox and the hare.* Retold. Ill. by Victor Nolden.
New York. Crown 1969. 17 Bl. quer-8°
(Young books.)

Nanyoshi: *Gongitsu.* [Ill. v.] Asakura Setsu.
Tôkyô: Kôdansha 1969. 40 S. 4°
(Nihon no meisaku.)

Baumann, Hans: *Fenny.* Eine Wüstenfuchsgeschichte. Ill. v. Eleonore Schmid. 2. Aufl.
München: Betz (1970). 11 Bl.
(Bilderbücher der sechs.)

May, Julian: *Cactus fox.* Illustr. by Rod Ruth.
Mankato, Minn.: Creative Educ. Soc. 1971. 16 Bl. quer-8°

Watson, Clyde: *Father Fox's pennyrhymes.* Ill. by Wendy Watson.
New York: Crowell (1971). 56 S. 8°

Renard surprise. Texte. Illust. Dessons.
(Paris:) Dargaud 1974. 8 Bl. 8°
(Les amis d'Idefix.)

Kishida, Eriko: *Kaette kita kitsune.* [Ill.] Nakatani Chiyoko. 3.Aufl.
Tôkyô: Kôdansha [1974]. 31 S. quer-8°

Jan Schniebel's Fuchs-Jux. Comic strips.
(Reinbek b. Hamburg:) Rowohlt (1974). Unpag. (rororo Rotfuchs.51.)

Dahl, Roald: *Der fantastische Mr. Fox.*
(Reinbek b. Hamburg:) Rowohlt (1979). 70 S.
Originaltitel: Fantastic Mr. Fox.
Deutsch von Charles Schüddekopf. Bilder von Irmtraut Teltau.

Ruck-Pauquèt, Gina; Sabine Wilharm: *Fu, der Fuchs.*
(Reinbek b. Hamburg:) Rowohlt (1979). Unpag.
(rororo Rotfuchs.222.)

Korschunow, Irina: *Der Findefuchs. Wie der kleine Fuchs eine Mutter bekam.* Mit Bildern von Reinhard Michl.
(München:) Deutscher Taschenbuchverlag (1982). 46 S.
(dtv junior. 7477.)

The fox. By Margaret Lane. Pictures by Kenneth Lilly.
(New York: Penguin 1982.) Unpag. 8°
(A Puffin Pied Piper.)

Fox's dream. By Tejima [Keizaburô].
New York: Philomel Books (1987). Unpag. 4°
Originaltitel: Kitakitsune no yume.
English translation by Susan Matsui.

Mutter Gans und der schlaue Fuchs. Eine Geschichte mit Bildern von Chris Conover.
(Frankfurt a.M.:) Insel-Verlag (1989). Unpag. 4°
Originaltitel: Mother Goose and the sly fox.
Übersetzung von Christine Beck.

Sonstige Titel

Kaneko Junji 金子準二
Nihon kitsunetsuki shi shiryô shûsei 日本狐憑史資料集成
Tôkyô: 日本精神病院協會　1966. 191 S.
Zweibändige Neuausg. 1966-1667.

Shibata Reinosuke 柴天昤之助
Megitsune to tanosaku 女狐と田ノ作
敷島町: Michikata kobo 1971. 30 S.

Takeda Akira 武天明
Nihon no bakashibanashi hyakusen 日本の化かし話百選
Tôkyô: 三省堂　1973. 358 S.

Nannichi Gimyô 南日義妙
Inari o tazunete 稲荷をたずねて
Ôsaka: 文進堂 1974. 256 S.

Kida Teikichi; Yamada Norio 喜田貞吉 山田野夫
Tsukimono 憑物
Tôkyô: 寶文館 1975. 491 S.

Hayami Yasukata 速水保孝
Izumo no meishin 出雲の迷信
Tôkyô: 學生社 1976. 221 S.

Bechtle, Walther Wolfgang: *Knitz, die Geschichte meines Fuchses*. Mit 63 Aufnahmen des Verfassers.
Stuttgart: Franckh (1958). 121 S.

Shaw, Richard: *The fox book.*
New York: Frederick Warne (1971). 47 S.

Dudley, Ernest: *Rufus; the remarkable true story of a tamed fox.*
New York: Hart (1972).

Fox, Michael W.: *Vixie, the story of a little fox*. Illustrated by Jennifer Perrott.
New York: Coward, McCann & Geoghegan (1973). 91 S.

Walther Heissig (Rheinböllen)

Marginalien zur Fuchsgestalt in der mongolischen Überlieferung

Erwähnungen des Fuchses in den meist mündlich tradierten mongolischen Märchen, Epen und den volksreligiösen Fuchs-Rauchopfergebeten zeichnen diesen in drei Erscheinungsformen als überlegen schlauen Trickster, als verwandlungsfähige Dämonengestalt und als Opfertier gegen Beschmutzung und sittliche Verstösse.

Die Beweise der Schlauheit des Fuchses sind oft in der Form der Tiermärchen gekleidet, in denen seine betrügerische Überlegenheit anderen Tieren gegenüber geschildert wird, er selbst aber auch gelegentlich schliesslich das Opfer seiner eigenen Schlauheit ist. Diese Betonung des Listenreichtums und der betrügerischen Handlungen des Fuchses entspricht der allgemein verbreiteten Einstufung der Fuchsgestalt.[1] Stets haftet aber den Fuchsgeschichten ein Hauch von unheimlicher Dämonie an. Die Zahl der Tiere, deren Begegnungen mit dem schlauen Fuchs in den mongolischen Tiermärchen geschildert wird, ist hoch. Eine für diesen Aufsatz vorgenommene gelegentliche Durchsicht einiger innermongolischer Märchensammlungen ergab Erwähnungen folgender Tiere und ihrer Berührungen mit dem Fuchs: Andere Füchse, Hase, Igel, Maus, Zobel (Marder), Frosch, Schlange, Wolf, Bär, Löwe, Tiger, Garuda, Wachtel, Krähe, Reiher, Rind, Affe.[2] Ausser Einflüssen der alten indischen Parabelliteratur, die im Laufe einiger Jahrhunderte durch Übersetzungen wirksam wurden[3] spiegelt sich in der mongolischen Überlieferung über den Fuchs vor allem die Reaktion einer Jäger- und Viehzüchtergesellschaft auf Verhalten und Wesen des Fuchses wieder. Langes, vergebliches Verfolgen des Fuchses durch den Jäger wird im Epos als Irreführung des Helden dargestellt. Der Fuchs nimmt im Laufe der Verfolgung durch den Jäger verschiedene Verwandlungen ein, wird zu einem Mühlstein, ein Kieferbaum, ein von einem Esel gezogener Wagen und ein weißhaa-

---

1 Hans-Jörg Uther: Fuchs. In: *Enzyklopädie des Märchens*. Bd 5. Berlin 1987, bes. 457-464; M. L. Beffa, R. Hamayon: Qui confond pur et impur purifie par le renard. *Études mongoles*. 15.1984,141-151.

2 Ünege, taulai, Melekei anda boluγsan, ba üker (*Üjümüčin aman üligerün čiγulγa.* 1.1986,195-196); Ünege bars činua γurba (Nima, Mende: *Artaγ küreng moritai aldar tayïji.* Ulaγanqada 1986,355); Ünege jaraγa qoyar (J. Rinčindorji, Damrinjab: *Jirγuγadai mergen.* 1988,271-273); Ünege jiraγa ba melekei (*Aru qorčin qosiγun-u arad-un aman jokiyal.* 1986,254-255); Ünege kiged quluγana-yin domoγ (a.a.O., 283-286); Melekei ünege jaraγa γurbaγula (A. Mostaert: *Arji borji qaγan.* 1982,232); Ünege büdüne qoyar (Nima, Mende 1986,352-354); Ünege ba toγoruu (*Ordus arad-un yabγan üliger.* 1980,329-331); Ünegen qaγan saγuγsan ni (Qoosmenge: *Oyirad mongγol-un arad-un aman üliger-ud.* 1986,252-253); Qobdoγ qaltar ünege (a. a. O., 255); Qubilγan ünege bolun qan γarudi (a. a. O., 258-259); Bulaγan ba ünege (a. a. O., 260); Qobdoγ qoyar ünege (a. a. O., 264-265); Arslan ünege qoyar (a. a. O.,266); Ünege ba ötege (a. a. O., 267-268); Sarmaγčin köküljirgene ba ünege (a. a. O., 269-272); Bars ünege činu-a γurbaγula (*Mongγol ündüsüten-ü arad-un aman jokiyal-un tegübüri.* 2.1983,178); Muur kiged ünege (a. a. O., 85); W. Heissig: *Mongolische Märchen.* München 1993, 17, 21, 33-37, 45.

3 D. Jondon: *Skazočnye sjužety v pamjatnikach tibetskoj i mongol'skoj literatur.* Moskau 1989.

riger Greis.[4] Aufgespürte Füchse werden getötet. Heulen des Fuchses gilt als schlechtes Omen.[5] Begegnung mit einem Fuchs vor Beginn der Jagd kündet schlechte Jagdaussichten an.[6]

Ausser gelegentlichen Fuchsbeuten wurden Füchse in Gegenden der Mongolei, in denen sie wie im Bagharin-Gebiet der Inneren Mongolei überaus zahlreich auftreten, ihrer Felle wegen im September gejagt, da die Felle in dieser Zeit am besten sind. Im zehnten Monat gilt die Jagd dann den Wölfen. Die Füchse werden von kleinen Jägergruppen von fünf bis sieben Mann gejagt. Während das Fleisch aller anderen erlegten Jagdtiere verzehrt wird, erfährt das Fuchsfleisch nach dem Abziehen des Felles eine besondere Behandlung, die auf ein Tabu-Verhalten hinweist. Die einzelnen Glieder werden abgetrennt und zerkleinert, Sehnen und Kaldaunen klein geschnitten und in kleinen Stücken weggeworfen. Der Schädel des Fuchses wird nach dem Boden zu gewendet hingelegt. Dies nennt man «Spruch für Behinderung des Laufens des Fuchses»[7]. Die Zuordnung dieser zauberischen Handlung zu der Gruppe der bisher wenig erforschten, von mongolischen und altaiischen Heilern benutzten Bannsprüchen von Krankheiten und Verletzungen (*dom*)[8], erfordert besondere Aufmerksamkeit im Zusammenhang mit dem Brauch des Fuchs-Rauchopfers wie auch das Zerschneiden des Fuchskörpers[9]. Auch in verschiedenen innermongolischen Gebieten werden vor Beginn der Jagd *Dom*-Sprüche gesprochen.[10]

Selbst dort, wo in den mongolischen Märchen der Fuchs als Helfer erscheint, schimmert letzten Endes doch seine Eigensucht durch. Dies kommt deutlich auch in dem im Ordusgebiet erzählten Märchen Üre–guyugsan emegen ebügen (Wie der alte Mann und die alte Frau Kindersegen erbaten)[11] zum Ausdruck. Dort wird erzählt, wie ein Manggus einen Baum abschlagen will, auf den sich eine Mutter mit ihrem Kind geflüchtet hat. Wolf und Fuchs bieten dem Manggus ihre Hilfe an. Darauf gibt der Manggus dem Wolf seine Axt und geht selbst erschöpft schlafen. Kaum ist der Manggus eingeschlafen, wirft der Wolf die Axt in den See und läuft fort. Als der Manggus aus dem Schlaf erwacht, sind Axt und Wolf fort. Nun bietet sich der Fuchs als Helfer an, wenn er mitfressen dürfe, nachdem die Frau und das Kind vom Baum heruntergeholt seien. Der Manggus lehnt ab und weist auf den Betrug des Wolfes hin. Der Fuchs meint, so ein böses Tier wie der Wolf sei er nicht und weist daraufhin,

---

4   Epos Haan činggel baatar (W. Heissig: *Erzählstoffe rezenter mongolischer Heldendichtung.* Wiesbaden 1988,547).

5   Heissig: *Erzählstoffe ...* 1988, 432.

6   Heissig: *Erzählstoffe ...* 1988, 535; C. Badamhatan: Höwsgölijn darhat jastan. *Studia ethnogr.* III,1. Ulanbator 1965,111.

7   «*Ünege-yin güyüdel-i baɣuraɣulqu dom.*» Soyoltu Baɣarin-u sayiqan ĵang. Hailar 1994,247.

8   A. Mostaert: *Dictionnaire Ordos.* 1966,151: cérémonie religieuse pour conjurer le mauvaise sort ...; Beispiele: Serendorĵi: Dom sibsilge. *Oyun tulkiɣur.* 1992:2,49-57; S. Čoglayinamǰil: *Ordus arad-un iraɣu nayiraɣ.* Peking 1993,113-119; T. D. Bulgakova: An archaic rite in Nanai shaman ceremonies. *Shaman.* III,1.1995,67-79; G. Dambiĵalsam: *Mongɣol ĵang üile-yin ĵuu.* Liaoning 1995,665.

9   Oben, wie Anm.7.

10   *Mongɣol-un ĵang aɣali-yin toyimu.* Liaoning 1990,422.

11   *Aqamad üligerči čoɣrub-un yariɣsan üliger-üd (Ordus-un soyol-un Öb-ün čuburil.4).*1989,47-55.

seine Brust sei rein und weiss, wenn er auch eine schwarze Nase habe. Der Manggus sieht die weisse Brust des Fuchses, ist überzeugt, holt eine neue Axt und lässt den Fuchs auf den Baum einschlagen. Er selbst geht wieder ermüdet schlafen. Als er nach zwei Tagen aufwacht, sind Fuchs und Axt weg. Der Baum aber steht noch immer. Im Zusammenhang mit diesem ambivalenten Verhalten des Fuchses ist darauf hinzuweisen, dass unter den in einem mongolischen Fuchs-Rauchopfer die schwarze Nasenspitze und die weisse Brust unter den fünfzehn Eigenheiten des Fuchses genannt werden[12].

Die mongolischen Fuchsmärchen zeichnen Schlauheit und Täuschungsfä-°higkeiten des Fuchses als so gross, dass ihr sogar der Oberste der neunundneunzig mongolischen Götter, Hormusta (qormusta tngri) zum Opfer fällt. In einer der vielen Märchenvarianten um den Önöčin küü (Waisenknaben)[13], erzählt eine Version aus Sinkiang, wie der Fuchs, weil hn ein Waisenknabe, in dessen Falle sich der Fuchs gefangen hat, freigelassen hat, diesen Knaben durch Täuschung aller notwendigen Personen einschliesslich Hurmustas, den Waisenknaben zum König macht. Dafür durfte der Fuchs auch «auf der rechten Seite»[14] des Fürstenzeltes auf einer Seidenschlafdecke nach Lust und Laune liegen, bis er alt wurde[15] und starb.»

Beispiele für eine dämonische Personifizierung des Fuchses in der Gestalt einer schönen Frau treten in mongolischen Märchen und Epen öfter auf. Die Vermutung, dass es sich dabei um die Übernahme eines schon vor der Tang-Zeit in China[16] vertretenen Verwandlungsmotives handelt, wird immer wieder vorgebracht, ist aber noch immer nicht bewiesen. Meistens wird diesen Dämonenerscheinungen (*šulmus, yagča eme*) in Fuchsgestalt die gleiche Vernichtung zuteil, wie im Epos dem Manggus-Ungeheuer: Sie werden zerstückelt und verbrannt, ihre Asche verstreut, um eine Wiedergeburt zu verhindern.

In manchen mongolischen Erzählungen, die als Vorbild für die Spielmannsgeschichten[17] des 19. und 20. Jhdts. gedient haben, hat auch die Gestalt der Fuchsfrau ihren Platz gefunden. Ein Beispiel findet sich in der nur in einer Handschrift aufgefundenen Erzählung *Altan debigür-ün üliger* (Der goldene Fächer)[18]. Dort findet sich eine, für die viele Motive aus mongolischer wie auch chinesischer Überlieferung vermischende Erzählform typische, Schilderung einer Begegnung mit einer Fuchsfrau: Die anonyme Erzählung schildert fiktive Ereignisse der Ming-Zeit; ihr Titel leitet sich von einem goldenen Fächer her, den der aus dem chinesischen Roman *Hsi-yu-chi* (Die Reise nach dem Westen) bekannte Affe (Bečin–bagsi) stiehlt.

---

12   W. Heissig: Zur Morphologie der «Fuchsopfer-Gebete». *ZAS* 10.1976,481.
13   B. Damrinǰab, Ulaɣantuyaɣa: *Saɣali mergen bolun saɣadaɣ mergen (Qara usu-yin mongɣol üliger)*. Peking 1996,388-392.
14   Der Platz für zu ehrende Gäste und Besucher.
15   B. Damrinǰab, Ulaɣantuyaɣa. 1996,391: *tere ünege ni qaɣan köbegün-ü ger-ün baraɣun beye* [392]-*dü torɣan könǰile-dü dura daba-yin kebteǰü kögsireged ükügsen gene.*
16   W. Eberhard: *Lokalkulturen im alten China*.1. Leiden 1942,40.
17   W. Heissig: *Siliyang. Varianten und Transformationen eines mongolischen Spielmannsliedes.* Wiesbaden 1996,3-18, zu diesem literarischen Genre.
18   *Altan debigür-ün üliger. (Mongɣol tulɣur bičig-un čuburil)*. Peking 1997, Kapitel 75, 380-381.

Als in einem der vielen Kämpfe die Gefahr einer feindlichen Übermacht droht, stürzt sich die schöne Frau Fei sia niyang niyang in den Kampf. Sie weist alle Zeichen weiblicher Schönheit auf, ist mit Edelsteinen und Perlen geschmückt, aber in eine Männerrüstung gekleidet, trägt einen goldenen Harnisch, einen goldgesäumten Unterleibsschutz, und ist gegürtet, trägt eine goldene Lanze und reitet ein pfirsichfarbiges Pferd. Sie greift einen der Führer der feindlichen Armee, Jiyang lin an, der sofort erkennt, dass er es mit einer Frau zu tun hat. Nachdem drei Waffengänge erfolglos bleiben, öffnet die Frau auf einmal den Mund und bläst ihren Atem gegen ihren Gegner Jiyang lin, der davon jedoch nicht erreicht werden konnte, weil sein Körper von einer Zauberformel geschützt war. Die Frau blies nochmals mit aller Macht, aber Jiyang lin hob nun ein Bild der zehntausend Buddha hoch, auf dem Firmament zeigten sich zehntausend Lichter. Kaum sah Fei sia niyang niyang diese Lichter, als sie auch schon wie sterbend vom Pferd fiel. Jiyang lin rezitierte daraufhin eine Dhâranî-Formel, schlug dann dreimal mit seinem [Zauber]-stock, worauf die wahre Gestalt der Fei sia niyang niyang sichtbar wurde. Man sah einen Fuchs mit einem jadeweissen Gesicht. Jiyang lin sagt ihr, nun sei ihr wahres Gesicht erkennbar geworden, nach dem sie aus bösem Denken die Menschen dieser Welt verdummt habe, aber er schenke ihr das Leben. Sollte sie aber nochmals wie bisher handeln, werde sie von fünf Blitzen vernichtet werden.

Bestätigend nickt der Fuchs daraufhin mit dem Schädel und läuft nach den hohen Bergen und Felsen zu weg. Als die Kämpfenden den Fuchs weglaufen sehen, hören sie auf zu kämpfen und zerstreuen sich.

Hier hat die buddhistische Formel gegen die Dämonin gesiegt. Der Einfluss der buddhistischen Purifikations-Opfertexte auf die mongolischen Fuchs-Rauchopfer ist schon erwähnt worden[19]. Und dies bestätigt sich auch in dem Titel der St. Petersburger Handschrift C 394 «Möge damit für alle sechs Arten der Lebewesen die Befleckung gereinigt werden!»[20]

Dass es sich beim mongolischen Fuchs-Rauchopfer um eine Purifikationszeremonie handelt, bestätigt auch L. Qurčabator aufgrund von Angaben aus dem Ordus-Gebiet[21]. Aus der Inneren Mongolei ist auch noch eine Handschrift des Fuchs-Rauchopfers aus dem Ügümücin-Gebiet bekannt geworden[22] (Abb. 1), die inhaltlich fast wörtlich mit der oiratischen Handschrift C 394 in St. Petersburg und der oben genannten Ordus-Version übereinstimmt. Dies spricht für eine einheitliche Tradierung über das ganze Wohngebiet der Mongolen zwischen Süden und Nordwesten. Ungeachtet des variierenden Umfanges aller bisher bearbeiteten Texte des mongolischen Fuchs-Rauchopfers ist ihnen allen gleich die Aufzählung der einzelnen Körperteile des zu opfernden Fuchses[23]. Ähnliche Aufzählungen der einzelnen Körperteile des Opfer-

---

19   Zur Morphologie der «Fuchsopfer-Gebete». *ZAS* 10.1976,475-519.
20   A. G. Sazykin: *Katalog mongol'skich rukopisej i ksilografov*. Tom 1. Moskau 1988,219, Nr 1168: *Ünegen sang: zurγan züil xamuq amitani tulada burtaq arilγatuγai.*
21   *Qadakin arban γurban ataγa tngri-yin* tayilγa. Hailar 1992.
22   7 fol., 29-zeilig, ohne Titel.
23   Vergleichende Liste in «Morphologie der ‹Fuchsopfer-Gebete›». *ZAS* 10.1976,482.

tieres, meist eines Schafes, finden sich in als «schamanistisch» bezeichneten Opfergebeten aus der Inneren Mongolei an den Jayaγači tngri, Jayaγači sigüsülekü aus dem ostmongolischen Küriye Qosiu[24] wie Jayaγači takiqu ebenfalls aus der östlichen Mongolei[25].

Im letzteren Text werden beispielsweise die einzelnen Körperteile und Innereien, die geopfert werden sollen, einzeln aufgezählt. Wie die Beschreibung eines Rauchopfers aus dem Mongγoljin-Gebiet, in dem die Aufopferung eines Schweines, - eines bei den Mongolen seltenen Opfertieres - , geschildert wird, zeigt, wurden Teile des zerschnittenen Tierkörpers als Opfergabe hingelegt, um nachher gekocht und verspeist zu werden[26]. Auch in einer Schafopfer-Anrufung der Hori und Agiburjatischen Schamanen finden sich ähnliche detaillierte Angaben.[27] Ob beim Fuchs-Rauchopfer nur die einzelnen Teile des ja nicht essbaren Fuchsfleisches erwähnt wurden, um dann weggeworfen zu werden, ist aus den Texten nicht ersichtlich.

Dies lässt die Aufzählung der einzelnen Körperteile als eine ältere, schamanistische Form erscheinen, die von den buddhistisch beeinflussten späteren volksreligiösen Texten übernommen wurde.

In dem tibetischen Fuchsopfertext (Abb. 2) «Wa bsaṅs»[28], der vermutlich aus dem Besitz eines innermongolischen Wanderlama stammt und sehr enge Übereinstimmungen mit den bisher erschlossenen mongolischen Fuchs-Rauchopfertexten aufweist, werden an Teilen des Opfertieres genannt: Schädel, vier Läufe, die Körperwärme des Fuchses, sein Blut, Knochen, Rückenhaare, obere Rückenknochen, untere Rückenknochen, Fleisch, Blut und Knochen, Augen, Zähne, rechte und linke Rippen, fünf Sinnesorgane[29]. Ihre Aufopferung beseitigt die einzelnen Beschmutzungen.

Das Auftreten eines einzigen tibetischen Fuchs-Rauchopfergebetes bestätigt noch nicht die Entstehung des Gebetes im tibetischen Sprach- und Kulturgebiet. Es sei hier auf die Erinnerung eines Tsakhar-Mongolen verwiesen, der in seiner Jugend eine tibetisch geschriebene Handschrift eines Fuchs-Rauchopfers gesehen hat, die auf dem Titelblatt aber den mongolischen Titel *Ünegen sang-un sudur* trug[30]. Wenn sich andererseits im tibetischen «Wa bsaṅs»-Rauchopfer der Hinweis auf eine Beschmutzung durch Satteln des eigenen Pferdes mit einem schmutzigen Sattel (10v) hingewiesen wird, so gehört dies sicherlich eher in die Liste der Tabus eines Reitervolkes wie den Mongolen statt der Tibeter. In der Tat haben sich Handschriften mit einem Ritual zum Ausklopfen der Satteldecke mit dem Schlagstock Toqum göbikü

---

24   B. Rintchen: *Matériaux pour l'étude du chamanisme mongol*. III. Wiesbaden 1975 (Asiatische Forschungen.40.), 4-8; Übersetzung: M.-D. Even: *Invocations chamanistiques mongoles*.1987, I, Nr 3, 45-55.

25   Mansang: *Mongγol böge mörgül*. Kökehota 1990,219-221.

26   Altanγarudi, Boo ye: *Mongoljin-u šasin surtaγun*. Hailar 1994,83-85.

27   G. Gantogtoch: Tajlgyn hon' züheh böö mörgölijn üg helleg. *Erdem šinzilgeenij bičig. Mongol ulsyn surguul' Mongol sudlalyn hüreelen*. 8 (116). Ulaanbaatar hot 1997,37-44.

28   10 fol.

29   fol. 8r-9r.

30   *ZAS* 10.1976,478 u. 497, Anm. 12.

yosu aus dem Ordus-Gebiet gefunden. Die Befolgung des Purifikationrituals verspricht durch die Beseitigung von Staub und Schmutz der Reise, wie auch anderer Beschmutzungen (*burtag*), feste und gesunde Hufe der Reittiere.[31]

Offen bleibt auch die Frage, ob das Zerteilen des Fuchskörpers nach erfolgreicher Jagd der Ursprung dieses Brauches oder nur der Rest eines Fuchs-Rauchopferrituals ist?

Vielleicht regen diese Zeilen eine weitere Nachsuche nach mongolischen Texten an, die eine weitere Untersuchung dieser Fragen ermöglichen.

---

31 Mönggünquvar: Ordus-un toqum göbikü yosun-u tuqai angqan-u aǰiɣlalta. *Neyigem-ün sinǰilekü uqaɣan (Inner Mongolia Social Sciences).* Kökehota 1997:6, 103-105.

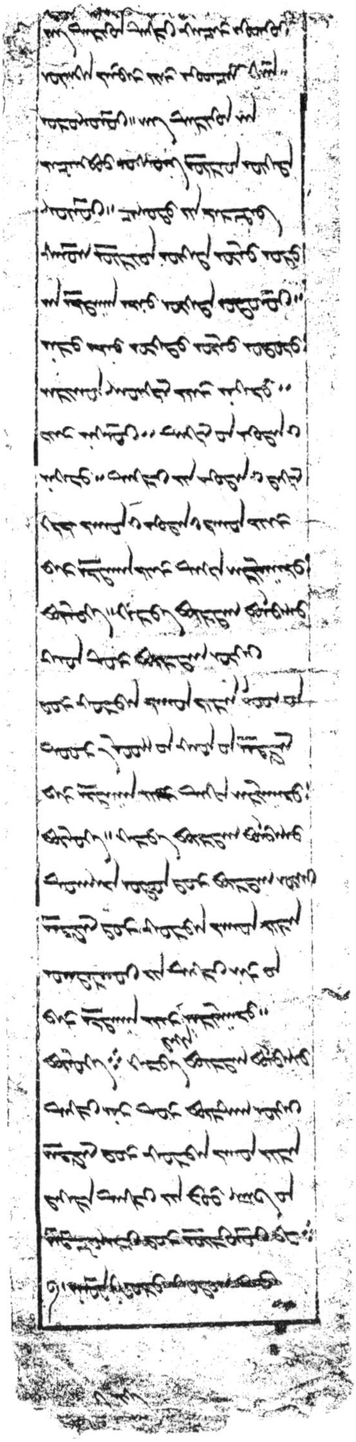

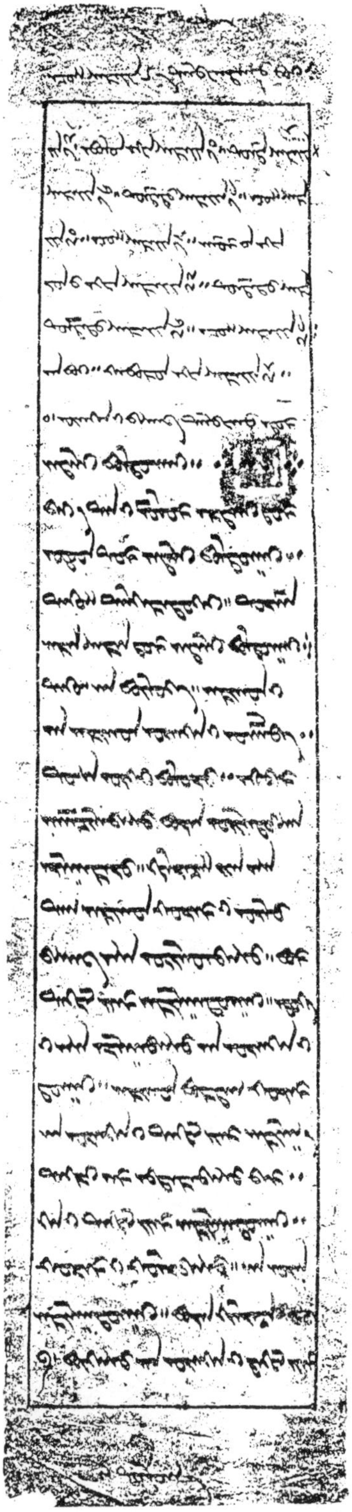

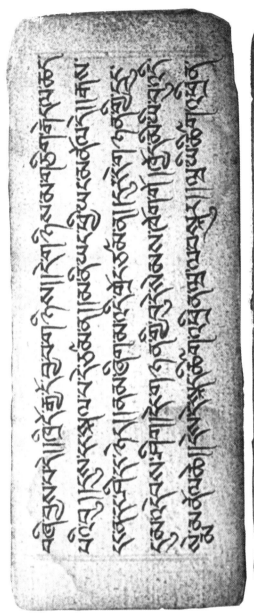

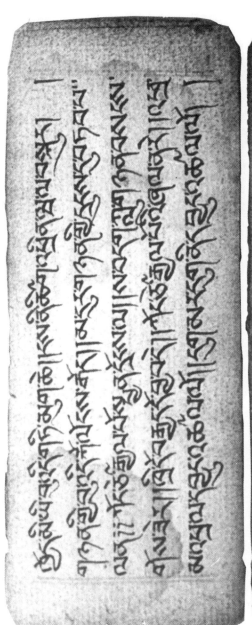

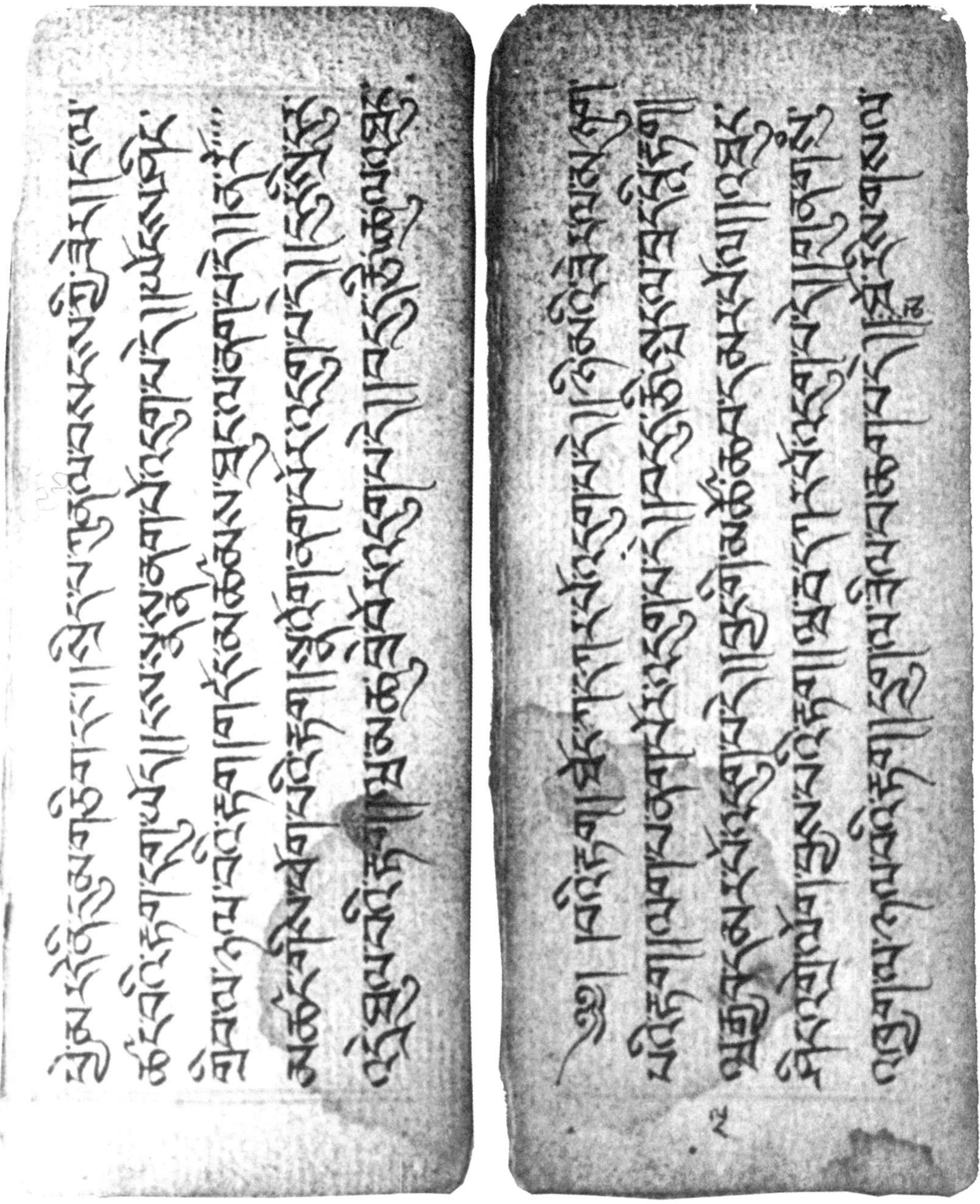

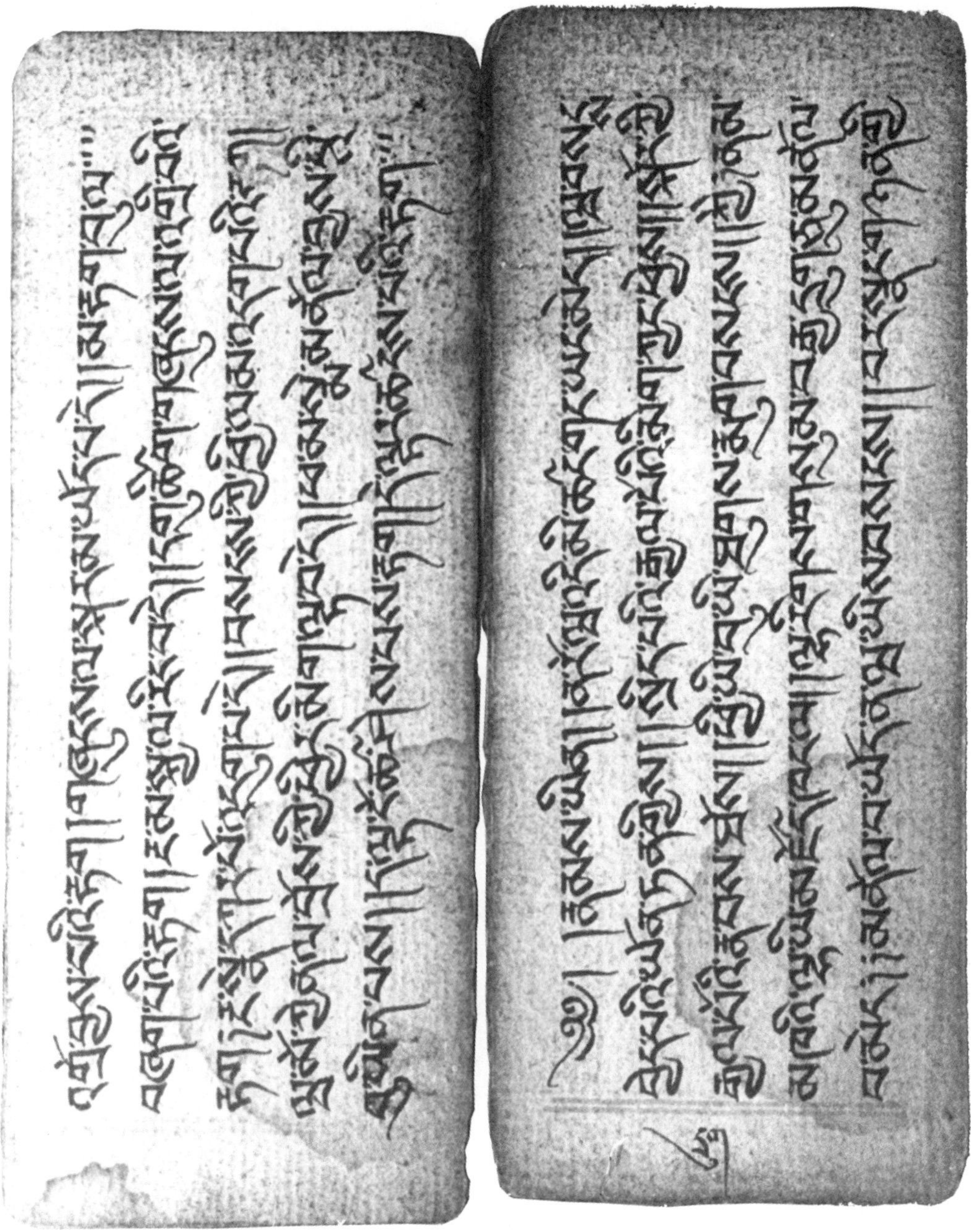

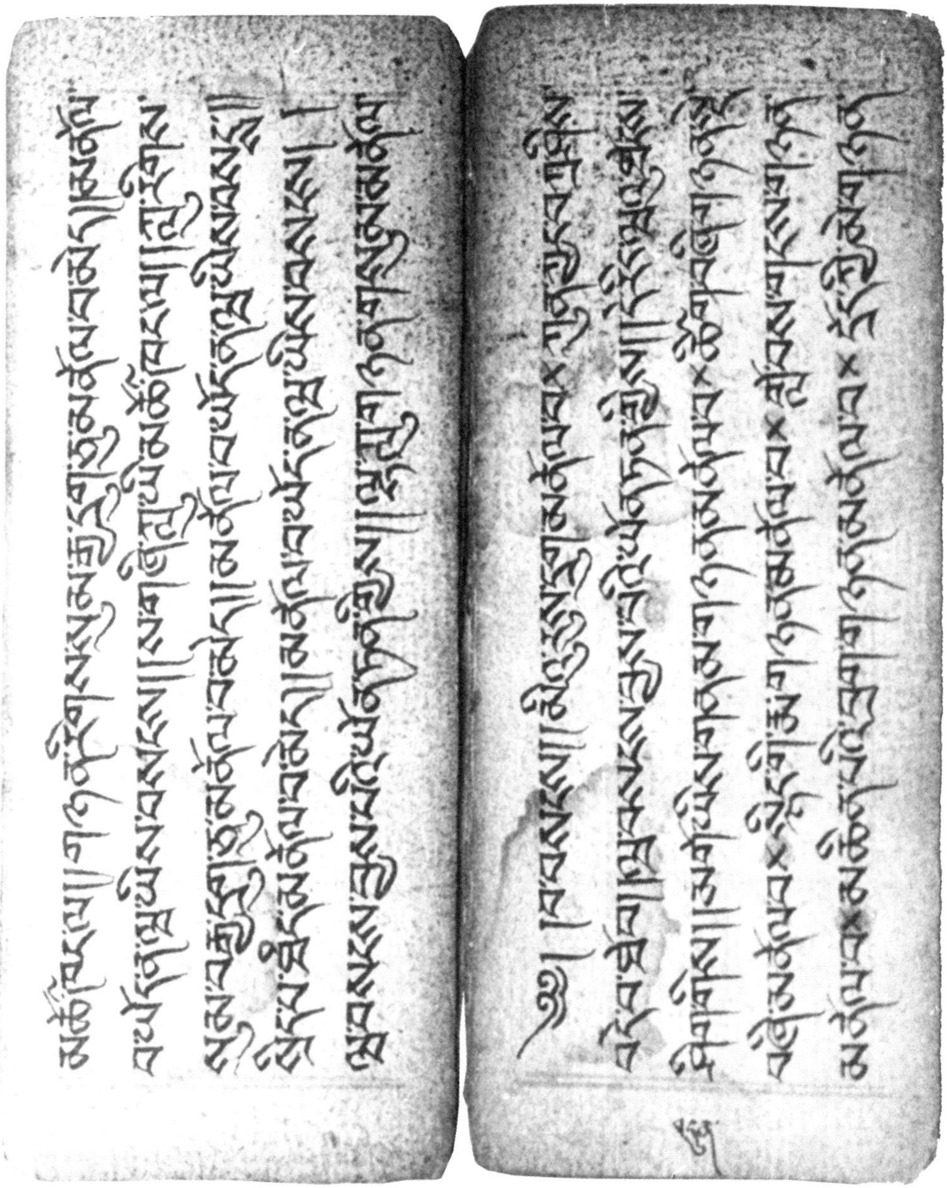

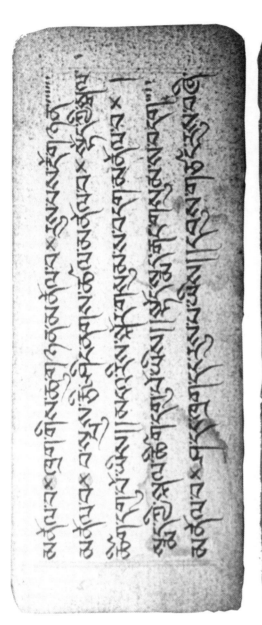

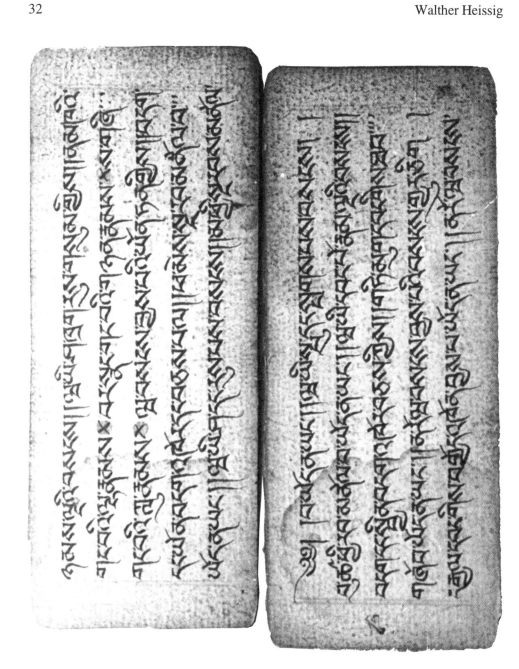

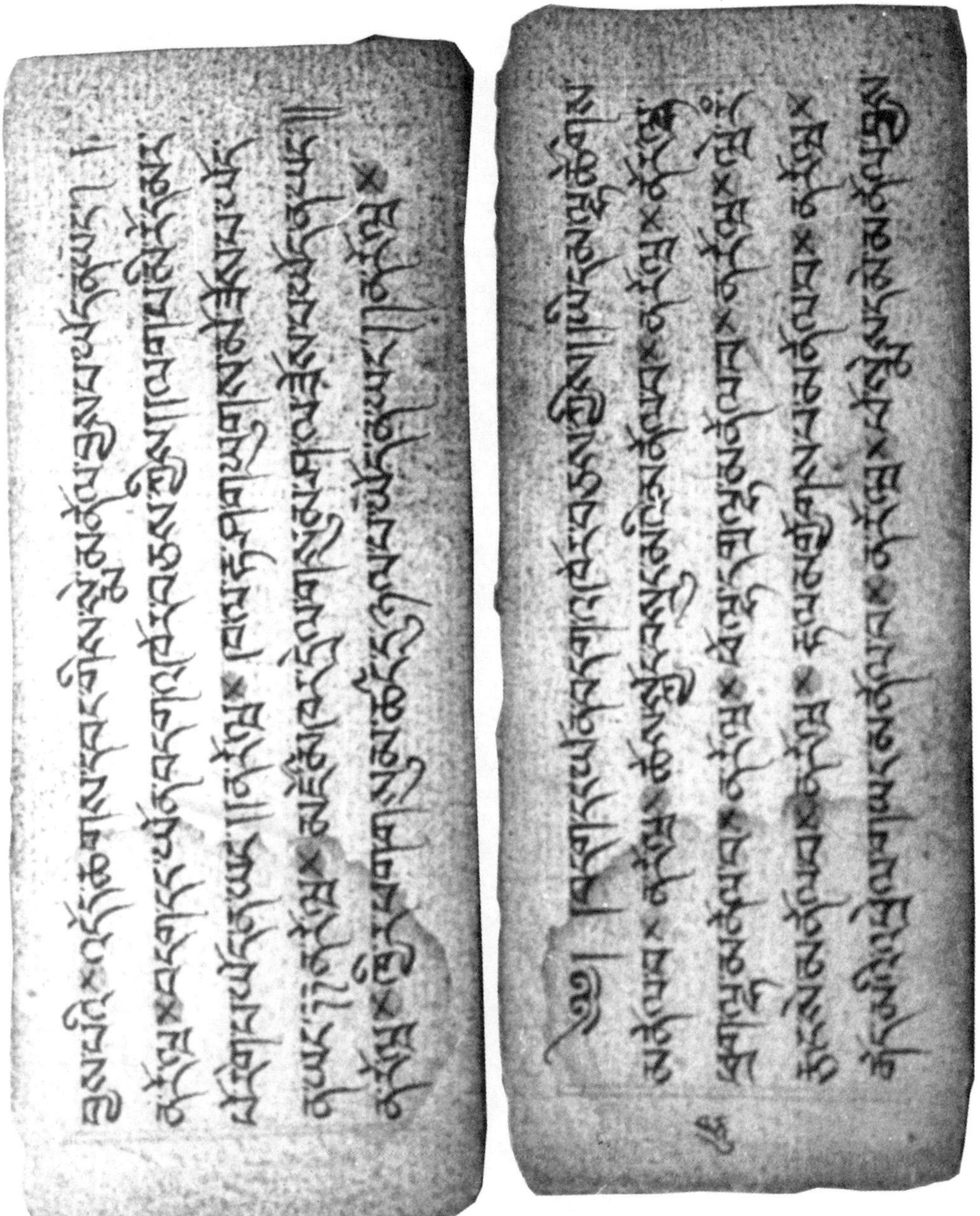

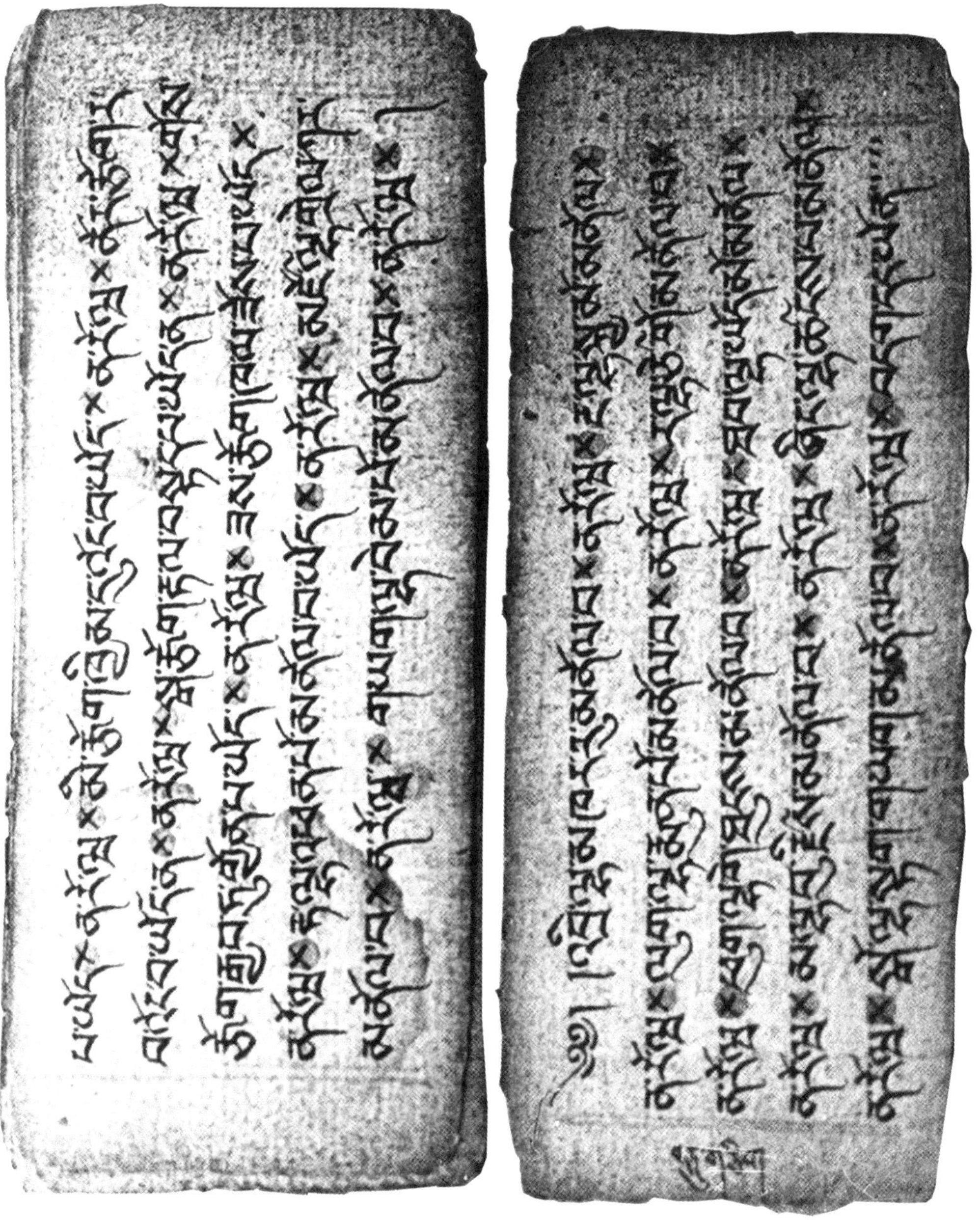

Ágnes Birtalan (Budapest)

A survey of the fox in Mongolian folklore and folk belief

The fox is a well-known phenomenon in the mythology and folklore of the world, and although the fox is the symbol of «negative phenomena» in most cases, it could also appear in a positive role.

The fox, namely the fox-fairy plays a very important role in neighbouring Chinese mythology and literature, too, especially in ghost stories: two main motives of Chinese tales about the fox fairy are the following: 1. the power of transformation into a human being or terrifying demon, and 2. stories of the revenge of the fox[1]. Both the mentioned characteristics of fox-stories also appear in the Mongolian folklore but are definitely the outcome of Chinese influence (s. below). The Mongolian concept of fox contains lots of original, Mongolian or Siberian elements, most of which refer to the hunting rituals, ceremonies. Further I would like to identify the ancient layer in the concept of fox among the Mongols and also find out the elements of Chinese influence. The basis of the present paper is provided by my fieldwork materials[2], and several already published tales, epics, etc. (the original texts s. in the Appendix). Here I will not touch upon the ritual text of *ünegen sang* «the incense offering of the fox», which is an important part of ancient Mongolian folk religion, but there are several articles devoted to this topic, among others two in the present volume (J̌. Coloo and A. Sárközi – A. G. Sazykin).

The Mongolian fox-phenomenon (Mong. *ünegen*, Khalkha, *üneg*, Oirat *ünegn*, *ünügn*, *üng* Kalm. *üngn*, Bur. *araata*, *ünege*) similarly to its appearance in world folklore, is also ambivalent in the Mongolian folk belief. The fox occurs in almost all the Mongolian folklore genres, and embodies different phenomena, different characteristics:

1. ill-omen, misfortune before hunting or starting for a journey
2. tabooed animal
3. messenger of underworld
4. astral phenomenon
5. transforming fox-fairy
6. trickster, fool, helpful friend in the folk tales
7. amulet.

Why is the fox an enemy?

---

1   D. Bodde: Some Chinese tales of the Supernatural. Kan Pao and his Sou-shên chi: *HJAS* 6.1942, 338-357, on pp. 348-349.

2   The Hungaro-Mongolian Joint Expedition, under the guidance of A. Sárközi started its work in 1991 and continues it almost every year in Northern and Western Mongolia. The materials used here were collected in 1991 and 1992 among *Oirats (Myangat, Zaxčin)* in Western Mongolia. The fieldwork was supported by the British STEIN Foundation and the Hungarian OTKA Foundation.

Although it is not clear why the fox means misfortune, there is an etiological myth explaining the origin of the enmity between the fox and human being. One story about the hostility between fox and man is a kind of creation myth, influenced by Buddhism, and Buddha himself figures in it as the creator:

The fox[3](Appendix 1)
«Once upon a time the Buddha created the sixty-one tricks. The fox was striving to get all those many tricks. But the Buddha decided to give all the sixty-one tricks to the two-legged being.[4] After the man the fox got sixty tricks. Because the man has one more trick than the fox, the man [is able] to hunt and kill him. Because the fox lost one trick against the man, he curses the man while perishing. If the man kills a fox, he shuts one eye to be unrecognisable, since the man is afraid of the curses of the fox.»

Fox - ill-omen, misfortune, taboo
The most important aspect of the fox in the Mongolian folk-belief is that its appearance is an ill-omen, causes misfortune, trouble. This conception roots in the hunting way of life, in the rules and customs of hunting that has been regulated by strong principles. Even now hunters follow those ancient customs: e.g. rules of starting for hunting, obtaining and distributing booty, the hunter's behaviour on his way to hunt, etc. are restricted[5]. Such rules helped the community to save wildlife, nature and environment.[6] Here follow some rules, customs, taboos that must be kept during hunting:
    1. The Mongolian hunter returns home from his way if he first sees a fox on his way to hunting.[7] According to another taboo conception, if the hunter sees a fox first on his way and can not kill it, he should return home: *Ang-un ǰam-du ünege taɣaral-duɣad alaǰu deyilekü-ügei bol maɣu iru-a geǰü čegerleged bučaǰu qarin-a. Qarin činu-a taɣaraldubal sayin belge gen-e.*[8] «If one meets a fox on his way going hunting and can not kill him, is a bad omen, considering it as a taboo, one should return home. But meeting a wolf is a good sign.»

---

3   *Mongol ardiin domog ülger.* Ulaanbaatar: Ulsiin Xewleliin Xoroo 1989, p. 91. [Mongolian folk legends and tales] further MADÜ.
4   In Khalkha *xoximoi* «skeleton».
5   In detail about hunting customs and taboos: *BNMAU-iin ugsaatnii jüi* 1. Ed. by S. Badamxatan. Ulaanbaatar 1987, pp. 75-84. [Ethnography of Mongolian People's Republic], O. Szambúdordzs: A vadászat hagyományos elemei. *Őseink nyomán Belső-Ázsiában. Tanulmányok a mongol népi hiedelemvilágból* 1. Budapest Nemzeti Tankönyvkiadó 1996, pp. 119-140 [The traditional elements of hunting, in On the traces of our ancestors. Studies on Mongolian folk belief], Á. Birtalan, Mongol szarvasvadász dalok. *Keletkutatás* 1993 ősz pp. 31-44 [Mongolian deer hunting songs].
6   M. Tatár, Nature protecting taboos of the Mongols. *Tibetan and Mongol studies.* 1984. Budapest: Akadémiai Kiadó 1984, pp. 321-325.
7   From the materials of the Hungaro-Mongolian Expedition (further expedition).
8   *Mongɣol čeger-ün yosun.* Ed. by Sonom, Sodnamdorǰi, Sayiǰiraqu. Öbör Mongɣol-un Yeke Surɣaɣuli-yin Keblel-ün Qoriy-a 1991, p. 99. [Mongolian taboos], further MČY.

2. The fox should not be the first game to be killed during a hunting. The first booty, «the opening of the hunt» (Khalkha, Oirat *ang neex*) should not be a fox.[9] According to another custom there are more also tabooed beasts that could not be killed first by shooting: *An amitniig agnax üyed čono, üneg, myagui (muur), noxoi jereg amitan toxioldwol xarwaǰ alaxiig ceerlene. Xelxee jalgaatai yawdag gex tul tiin boloi.*[10] Meeting a wolf, fox, cat or a dog on the way to hunt, one should not kill them by shooting. It is so because [those beasts] are said to have ties and connections.[11]

3. While killing a fox man should shut one of his eyes, to remain unrecognisable for the killed fox. This behaviour is described in an etiological myth (s. above) and explained with the man being more clever, than the fox. This custom could be seen as analogous with the Chinese fox-revenge stories: the killed fox is able to punish his murderer, being almost as clever as he (s. the origin myth about the enmity between man and fox).

4. Seeing a fox means misfortune not only before hunting, but also before travelling, we collected data about this taboo among the Western Mongolian *Zaxčins* according to which: *Ünügüün güüǰi yowǰi üzügdüwül muu. Bucaǰi irääd xonaǰi önǰääd, tiim yumun taaraldlaa, nada odaa, yamar ödör ayan zamda garaxxuu? gidgiig ödör sudur xaruulǰi bäägääd xola yumunda yownaa. Deer üyüd tegeǰi yowuulǰi, yowdak bääw.*

«Seeing a running fox on the way means misfortune.[12] One has to return and pass the night and skip a day. If I want to know which day I may go away, I have to ask [the lamas] to look up the ‹day-sūtra›.[13] People travelled earlier this way.»[14]

As in the tales, also in folk belief the opposite of the fox is frequently the wolf; a wolf similarly to a dog and a fox (s. bellow) could appear as a messenger, and while the dog is the messenger of shamans that is, of the middle world, the fox is that of the under world and the wolf is that of the upper world, of Heaven: *Čono taaraldwal sään. Čono boluul tengeriin cagaan noxaa. Gäät garxadiig daruulǰi ideǰäädäk. Tengeriin cagaan noxaa gidik čini boluul küimör säätää. Küimörtää, čona däärildlää ini ike sään.*

«Meeting a wolf is good. The wolf is the white dog of Heaven.[15] [The wolf] runs

---

9   A lucky omen for hunting is the appearance of birds, and a lucky beginning is obtaining a hare or any type of rodent (materials of the expedition).

10   *Mongolčuudiin ceerlex yosnii xuraangui toli.* Ed. X. Nyambuu, C. Nacagdorǰ. Ulaanbaatar 1993, p. 8 [Brief dictionary of taboo customs of the Mongols], further MCYXT.

11   Probably they will revenge, for their annihilation.

12   Cf. Birtalan, *Op. cit.*

13   Astrological work.

14   Materials of the expedition.

15   Cf. the numerous taboo-names of wolf like: *tengeriin noxoi, saaral noxoi, sunadag saaral, böön cagaan, xecüü nert, ix amt, godon malgait* etc. «heavenly dog, grey dog, stretching grey, completely white, having hard name, having big mouth, having a tail-like hat etc.» (*BNMAU-iin ugsaatnii jüi* 1. p. 80.). It is remarkable that the quoted book mentions the *tengeriin noxoi* as data from Xentii and Buriat territories. According to this information this taboo-name is used mostly among the Oirats and Buriats.

over and eats loss and misfortune. The white dog of Heaven has a good blessing. Meeting a blessed wolf is very good.»[16]

5. The body of a fox should not be thrown away entirely. An Inner-Mongolian *čeger* «prohibition, taboo», connected with the hunting of the fox witnesses the connection of the fox with the bad forces that could harm people. It is well-known that the bones of sacrificed or slaughtered animals should be kept without breaking (although there are some ceremonies, when the bones must be broken e. g. at the end of Scapulimancy, preventing the harmful forces to be able to get to know the divination, but those are not sacrifices[17]), to ensure a certain rebirth of the whole animal, but the body of a killed fox must be thrown in different directions: *Ünege alabal ger-tü abačiraǰu ger-ün sarabči üǰegülkü-yi čegerlekü-ba ünege-yin kegür-i büküli-ber ni qayaqu-ügei. Möče-möče-ber ni salɣaǰu dörben ǰüg-tü qayaqu-daɣan ǰabal segül-i ni aman-duni čikїǰü kündei kenggerge čegeǰin bey-e-düni čilaɣu kїǰü talbin-a. Učir ni ünege kümün-dü orosiqu-yi čegerleǰü bain-a gen-e.*[18]

«If someone kills a fox, it is forbidden to show [to the fox] the roof of his home[19] and he should not throw away the body of the fox entirely. The four extremities of the fox must be separated and thrown in the four directions, a piece of stone must be put into its chest and its tail must be cut and put into its mouth. The reason is, that it is prohibited for a man to dig a fox.»

Cutting up the body of the fox means that the fox should not have a rebirth. By contrast, a dog should be buried (sic! also with its tail cut and put in its mouth) to have a rebirth. Among the *Zaxčin*s we collected data about the burial of a dog, the purpose of which was to make the dog to be born again as a human being.[20]

6. Digging, emptying, stealing the fox-hole is also prohibited, if someone breaks this taboo he will harm his family, or will be pursued by demons: *Ünegen-ü nüke-yi maltaqu-yi čegerlen-e. Inggebel ündüsü-yi ni tasuluqsan-tai adali geǰü üǰen-e.*[21] «It is tabooed to dig the fox-hole. If someone does it, it is similar to cutting off [his own] roots.» *Ünegnii üür nüxiig uudlax, suilaxiig ceerlene. Jörčwöös ünegen šulam dagana gene.*[22] «It is tabooed to empty, rob out the fox-hole. If someone acts against this taboo, he will be pursued by a fox-demon.».

7. The fox is hunted because of its hide, and it is tabooed to eat its meat: *Ünegnii max idxiig ceerlene. Idwees jolbin juiguur bolno gene.*[23] «It is tabooed to eat fox

---

16   Materials of the expedition.
17   Á. Birtalan: Scapulimancy and purifying ceremony. *Proceedings of the 35th Permanent International Altaistic Conference Sept. 12-17, 1992 Taipei, China* (ed. by Chieh-hsien Ch'en) Taipei, Taiwan 1993, pp. 1-10.
18   MČY pp. 100-101.
19   To take the body of the fox home.
20   A. Sárközi: Burial of a dog. *Proceedings of the 35th Permanent International Altaistic Conference Sept. 12-17, 1992 Taipei, China* (ed. by Chieh-hsien Ch'en) Taipei, Taiwan 1993, pp. 431-436.
21   MČY p. 101.
22   MCYXT p. 48.
23   MCYXT p. 48.

meat. If someone eats it, he will become stray and homeless.» Throwing away the
flesh of a killed fox also means unlucky hunting, it is called in Khalkha *angiin am
xaagdax* «to close the mouth of hunting»: *Üneg agnaad maxiig xamaagüi xayaxiig
ceerlene. Jaawal süüliig ni amand ni ümxüüleed but dersnii nömört orxino. Yosiig es
xaixarwaas angiin am xaagdaj, oljgüi bolno gene.*[24] «If someone kills a fox it is
tabooed to throw away its flesh. It should be left in a shelter of feathergrass, putting its
tail in its mouth. If this custom is not followed, the mouth of hunt will be closed and
the hunting will turn unlucky.»

The ill-omen, connected with the appearance of the fox is represented in folklore
genres, first of all in the Mongolian folk heroic epos, in *baatarlag tuuli*. In his foremost
work devoted to the motif analysis of the Mongolian epos, W. Heissig[25] studied the
motif of the appearance of a fox before the hero starting for hunting. W. Heissig em-
phasised the sameness of the meaning of the fox appearance in the epos and in the
everyday customs of hunters, nomads. One of the examples, partly also quoted by
him,[26] belongs to Vladimircov's Oirat folklore-collection, the epos *Xaan Činggel*. The
appearance of the fox means that like anybody else, the hero also must return from his
way. The hero, *Xaan Činggel*, observing the taboo-prescription, does not try to hunt
the fox himself first, but makes his black eagle and then his two dogs grasp him.
Because neither his eagle, nor his dogs could catch him, he tries to do it himself,
without any success. This unlucky hunt is an ill-omen of misfortune and is probably
the cause of misfortune. The tradition of tabooed hunting, or breaking a taboo, namely
the taboo of not pursuing a fox at the beginning of hunting, and returning from the
hunt is so strong, that even an epic hero should not break it. The fragment from
Vladimircov's epos, *Xaan Činggel*[27] (App. 2.) says:

«From the direction of Southwest
a black cloud, similar to a cap[28] was being seen.
They saw it and looked at it again.
The Khasak bird(?)[29] yellow horse said:
‹What you wished, what you wanted
is coming to you, as you expected.
What is that which is coming near
to the direction of Northwest?
There is a lean, blue, fox,
having a cheek of three spans,
having a tail of three fathoms.
'For someone, starting on a journey

---

24   MCYXT p. 48.
25   W. Heissig: *Erzählstoffe rezenter mongolischer Heldendichtung* I-II. Wiesbaden Otto
      Harrassowitz 1988. (Asiatische Forschungen 100.)
26   W. Heissig, *Op. cit.* II, p. 531.
27   B. Ja. Vladimircov: *Obrazcy mongol'skoj narodnoj slovesnosti.* Leningrad 1926, 192-193.
28   The taboo name of the fox is also «cap».
29   Oirat *tüügn* ~ Kalm. *tüüγan* «irgendein Raubvogel» ~ *tuuγan* (Ramstedt: *Kalmückisches
      Wörterbuch*, p. 418.).

isn't it an ill-omen to see a fox?
For someone starting for hunting
isn't it an ill-omen to see a weasel?
Of course it is.›
He took the golden cap [from
the head] of his screaming black eagle
and set him [on the fox] with a cry.
[The eagle] flew, like a storm
thirteen times around the Altai,
flew like a storm
twenty-three times around the Xangai.
His talons
were torn away completely.
The screaming black eagle
flew back.
'Although the screaming black eagle could not catch him,
why could [my] two dogs, Xasr, Wasr not do it?'
He took off their golden chain.
They ran, like a storm
thirteen times around the Altai,
ran like a storm
twenty-three times around the Xangai.
They could not catch him.
'Why could [my] Xasak bird yellow horse not catch up?'
And he started to spur his Xasak bird yellow horse, and
to chase the fox.
The Xasak bird yellow horse got worst,
the black-blue fox got better.
...
...
Xasak bird yellow horse said:
‹Pull my mouth from right
strike on my right hip!›
He took a strap for a whip
from the hip [of the horse],
so the fox got worst,
the yellow horse got better.
He took his *kewzn* black sword,
with ice iron edge,
and with silver iron hilt
and hit the blue fox.
While he was hitting it
although the fox had not gone upwards and

had not gone ahead
and he did not know where the fox had gone,
it had disappeared.»

Ill-omened fox as fox-fairy and the hunter

The belief in the fox as an ill omen, clearly represented in the epic traditions of the
Mongols, could also be connected with the Chinese fox-fairy that is met by the hero
during hunting or travelling.

The appearance of the fox having the ability of transforming, namely transforming
into a woman, calls into mind the Chinese fox-fairy, but in a definitely Mongolian
background of *aba* «battue», carried out by *Činggis Khan* himself in the etiological
myth about the origin of the Inner Mongolian *Muuminggan* banner from the A.
Mostaert's Ordos collection.[30] The white fox that is able to transform into a beauty or
even into an evil being represents the temptation of the hero and could be killed only
with the help of Heaven, the upper world. *Činggis* was not able to annihilate the fox
alone, he called the help of Heaven through recitation of incantations *tarni*. Heaven
sent a storm to support *Činggis*, and the fox frightened by the lightening and thunder
(voice of dragon) could not escape and the Khan was able to defeat her with his
sword. It is remarkable that the fox could be annihilated by the power of fire (fire
protects the family from the fox, the evil's messenger, s. below) and that the Khan
completed the abolition of the fox by sticking his sword into the ground, which could
mean that the fox is a chthonic phenomenon, that could be entirely annihilated by
piercing through the ground.

The myth about the *Muuminggan* was collected in Ordos, which is one reason for
the presence of the Chinese fox-fairy type enemy, having the ability of transformation.
This motif is not unknown in the Mongolian epos: the demon or merely the wife of the
demon, or a female enemy (sometimes relative) transforms into a fox and later into a
beautiful woman. This fox is usually killed by the hero and the corps of the fox
transforms again into a human body. In a version of the *Xaan Činggel*[31] a fox was
killed and its body cut into five parts and thrown away into five directions, according
to the taboo-prescription mentioned above.

---

30 A. Mostaert: *Textes Oraux Ordos*. Peip'ing 1937 (Monumenta Serica Monograph Series.1.),
    pp. 126-131.

31 This epos was collected in 1973, in Western-Mongolia and contains the motif of fox having
    the ability of transformation: «Er zieht sein Schwert und trennt dieser den Kopf vom Hals, teilt
    ihre fünf Gliedmaße (*tawan möč*) in fünf Teile, die er in fünf Richtungen wirft.» Heissig, *Op.
    cit.* p. 541.

Muuminggan (App. 3)[32]

Once upon a time the emperor Činggis started for a hunt with a thousand hunters, they suspended a thousand arrows, and were followed by a thousand greyhounds.

> They crossed the steppe plain
> they caught *xölöw*[33] sables.
> They crossed the white plain
> caught white spotted snow-panthers,
> caught white foxes.
> They crossed the mountain crest
> to hunt lynx and deer,
> they climbed the yellow hill,
> they were going
> the catch a yellow-stripped tiger

when fog descended and there was no place to stay. The thousand dogs were bound, and while the thousand hunters were cooking and eating meat of deer and antelope, a black faced old man with a fathom beard appeared and went to Činggis, the leader of the hunt:

– Činggis, I have a good reason to speak to you. My name is *Bayan Xan Mani*[34] «the Rich King, *Mani*». I am 123 years old. My wife is 117 years old. I am in charge of all wild animals on this Royal World, I rule them. All the animals, depending on me: antelope, hare, deer, fox, tiger, panther and others are mine. I offer a few of them to you, Činggis. (But) please, save the life of others. I also have a further request from you Činggis, give me the living land, walking pasture (of the wild). – Then Činggis:

– Your beasts can live on my land freely. And I will not harm your beasts, just obtain and give my people meat to eat in summer, and meat-preservation to eat for winter and

---

32   Although A. Mostaert already translated the Ordos version of the tale (A. Mostaert: *Folklore Ordos Traduction des Textes oraux ordos*. Peip'ing 1947. [Monumenta Serica Monograph.9.], pp. 181-187), I give the translation of the Khalkha interpretation of the text: *MADÜ* pp. 172-176.

33   In Mostaert's original version: *gölbö*, but even he had no solution for this word. Mostaert: *Textes*, p. 127, 667.

34   Mong. *Manaqan*, the god of hunting. «*Manaxan, Managa, Manihan, Cagaan Manaxan tengri* (khalkha) ‹Weiße Manahan Gottheit›, *Bayaan xaan maani* (ord.) ‹Reicher Khan Maani›. Jagdgeist, Jagdgottheit, bekannt unter den meisten mongolischen Völker. In den Gebeten wird er als *Görögesün-ü Ejen* ‹Herrengeist der Wilden» und auch *Tenggri* ‹Gottheit, Gott› genannt. Seine frühere Gestalt ist der Gebieter, Herrengeister der Natur ähnlich, und wurde später vergöttert. M. ist als ein meistens riesengroßer (alter) Mann, mit langem Bart vorgestellt, und wird manchmal ‹silberkörperlicher› genannt. Sein ständiges Epitethon ist auch *Cagaan* (mong. *Čaɣaɣan*) ‹Weißer›, ähnlich des Herren der aller Geister der Natur, *Čaɣaɣan Ebügen* ‹Weißer Alter›, das und sein Aussehen verbindet M. mit ihm. Ein anderer Name für M. ist *Qayiraqan* ‹Gnädig›, das Epitethon der heiligen Berge. So könnte M. ursprünglich ein Jagd- und Berggottheit gewesen sein (in seiner Gestalt wären diese später getrennte Funktionen noch in M. verschmolzen. In den Gebeten werden auch die Dreizehn Opfergaben erwähnt, die am Berggipfel ausgeführt werden. Man betet zu ihm vor dem Jagd, für die reiche Beute, und um die Rache der gejagten Wilden zu vermeiden. Die Verehrung von M., ähnlich den Schamanenzeremonien, ist auch mit Schulterblatt-Wahrsagerei (über die Beute) begleitet. Man muß zu M. auch beim ersten Aufenthalt während der Jagd beten. (Birtalan: Manuscript for the *Wörterbuch der Mythologie* Ed. by E. Schmalzriedt)

spring. But if you do not yield me [the necessary ones] I will collect and kill yours one after another and annihilate them completely, and also punish you.[35] – *Bayan Mani* asked:

– *Činggis*, wherever you are living, I will offer you the distinguished part of wild meat. I will also give the skin of beasts to your followers. Does it suit you? – Then *Činggis*:

– So is good for me. But do not give [the booty] yourself. My hunters, should get it according to their ability, eat meat, put on leather [clothes], or sell the spoil and try to be engaged in trade and sell it. – so they ended talking.

The next day *Činggis* got up early, called his brown-chestnut horse, made his many people get up, took his breakfast and started with his thousand hunters. Meanwhile all the fox-demons, riotous animals, yetis, one-legged demons were annihilated too.

Činggis first suspended his thousand bows, let his thousand greyhounds run, they spent the noon between the two *Bogd* mountains and while walking in the range of the mountain, a white fox-demon appeared suddenly and ran away. *Činggis* saw it running away, and let his thousand greyhounds follow it. Although they chased it the whole day, it had impossible to catch it. They arrived to the edge of *Tuul* river. The fox slipped again and run away. [The fox] was chased again and they arrived at the Northern side of *Muna* mountain and [the fox] disappeared in a hole on a hollow. *Činggis* dug and smoked that hole but [the fox] did not appear again. There was no other way, but when [*Činggis*] went around and saw the hole, there was a more than 300-fathom long hole through which [the fox] escaped.

[*Činggis*]followed the traces of the fox and suddenly met a yellow old man with bushy hair. *Činggis* asked him:

– Have you seén on your way various beasts, foxes, birds, swallows? – The yellow headed old man leaning and with arms akimbo:

– What is your name, hunter? So many greyhounds follow you, that they are but graze in the pasture. As I see you, you seem to chase and hunt the game of plain as you please, so why do you ask me, an old man called *Xünxee*. If you want to hunt, you will surely hunt. What is the reason to ask me to show [traces] of a fox. I am not that man who will help you to find his own beasts. – *Činggis* got angry:

– I am a man who not only hunts the fox of the plain to his own gratification, but also rules an empire so. I am not a man who will negotiate with you, wandering, stray yellow old man. I am just hunting with my thousand greyhounds, and I have not entered your land, you needy, stray old man. – Then *Xünxee*, the old man replied:

– I do not mind that you damned me, an old hunter wandering on his way. But you should know your sin, that you missed the white fox-demon. – *Činggis* knit his brows and stamped his foot on the ground:

– You, bowed yellow wandering old man, you are unmannered. Although you chatter nonsense, I made you equal (to me) and you are talking with me as you please. Why do you check me? – he said and took his narrow, white lance, and was about to spear his

---

35   Word by word «I will talk to you about the reason».

heart through, but a yellow greyhound came and seemed to bend its knee, to bow and begged [him] yelping. *Činggis* looked at him, started and shot in the direction of the dog, then he saw there were some letters to be seen in the wind *Činggis* put down his lance and read those letters aloud:

– Save the life of the bowed yellow, *Xünxee* old man. Although this old man looks like a wandering yellow one, his three sons will help you to catch the fox-demon. – the letters read. As *Činggis* saw the letters, his anger abated.

– You bowed, old man, you came to offer your life to me today. But this poor yellow greyhound came to beg for your life, and this dog is a really good one, so I will let you live. – said [*Činggis*] and the wandering yellow old man replied with his arms akimbo:

– Among your thousand greyhounds this dog is better than you, *Činggis*. The dog, that cannot speak, how could beg [for me] tabooing life, why should not I taboo showing the fox, and make you kill it. But because the dog begged for my life, I stop talking to you. – and [the old man] left trembling and stumbling. *Činggis* was wandering, but he said gnashing his teeth:

– This time I let you go. But if I meet you again, I will flay your yellow skin, you wandering old man, and make a leather vessel of it. – he said and continued his hunting. Then it became late. They decided to stay for the night. All of them said «Let us somehow catch the fox-demon [later].» and went to sleep.

[*Činggis*] got up early next morning and made all the thousand hunters hunt, they went up the *Muna* mountain, moved in the valley (?). *Činggis* himself went up the top of the highest mountain, sat down took his pipe and tobacco, stoke his firesteel, and while he was smoking his tobacco, he saw a woman, with a beautiful face, wearing dark green garment, who appeared singing in a mountain split. Judging by her face, she could be seventeen or eighteen. *Činggis* stared at her with keen interest, he beckoned [his suite], to bring her to him, and he saw that there is no other such beauty in his empire as she. *Činggis* said with strong desire:

– Lady, looking at you, your character also seems to be beautiful, calm, peaceful. If you esteem me, let us go in the evening to the camp, and untying [our] belt,s sleep together.[36] – But that little lady said with affection:

– I am a woman, with bad character and ugly face, it is not my destiny to unite my fate with you, hunter. I can not do such a bad thing. – Then *Činggis*:

– What could be bad in sleeping together? Me, an old man, I am touched by your character, and face. Let us two go, – and leading her by the arm they went to the camp and stayed there.

At night they had just fallen asleep, when three small children came suddenly and stood directly in front of *Činggis* and blinking their eyes, pointing with their fingers gave a signal for [*Činggis*], who recognised them inside and asked the three children:

– Where is the *yurt* of you three? Whose children are you? – then the three children said:

---

36   Word by word «to unite our livers».

– Our *yurt* is on the western and eastern sides and in the middle of the mountain. Our Father is the wandering *Xünxee*. – And [*Činggis*] remembered him «He was the old man with the dogs, it was in the writings of yesterday. This three children are supposed to come to help me.» – And he brought some cookies for them. The three children said:

– The small lady sitting on the place of the hunter's wife, became a demon in our mountain two-three years ago. Some days she turns into a white fox and runs, some days she turns into a beautiful lady and steels the soul of living beings, some days she turns into evil and frightens people. There is not such a being that could overcome her. – They said and left. As soon as *Činggis* heard it, he drew his narrow white sword he was wearing, blew his poplar tree horn, gave signal to his people, and while those many hunters saddled their horses and were about to let free their dogs, *Činggis* taking his sword entered his tent and stroke quickly but slightly in the direction of that woman, who disappeared with a terrible evil cry. *Činggis* let his thousand hunters pursue her, and himself ran in front of them. They chased her for a long time and finally arrived on the southern slope of the «Two *Bogd*», and *Činggis* shouted:

– Where could you escape, fleeing now? Your time is over, stop now! – and some clouds appeared, dragons growled, lightning flashed and that fox-demon got frightened, and while trying to hide herself, *Činggis* stuck on her on the forehead with his white sword. When a piece of leather fell down, that place was flooded with light. *Činggis* saw it, recited incantations to himself for fear and the light started to disappear and at last there were only some yellow-green pieces of hair. He took and put them into the fire, and the body of the fox-demon turned into bare bones. *Činggis* stuck his sword into the ground:

– Fox-demon, you fought with me and tried to escape, but I executed you here. – and while he said it, another demon started to fight with him. They fought three days and nights without a break, and *Činggis* seemed to be defeated, and had no other way than recite incantation to himself, and to pray to Heaven. Then three golden rings descended from Heaven into *Činggis'* hand. He took them and using their magic power[37] said:

– Strike into half the head of this demon and set it on fire. – He struck with the ring, and the ring reached the demon's head, set fire there, struck him into half and completely burned him. After the demon was killed, *Činggis* reading a recitation called that ring with magic power, struck his sword into the ground of the demon's land and so executed the demon.

Činggis hunting with his thousand hunters defeated all demon enemies and after he arrived in his homeland, he made [his servants] call the three sons of *Xünxee*. *Činggis* praised them for their achievement, merit, and rewarded them with the titles *Gün*[38] of Right, *Gün* of Left, *Gün* of Centre, and gave them three banners. Because the bowed yellow old man disparaged the thousand greyhounds, they were made leading nobles of banners called *Muuminggan* «the Bad thousand». The wandering yellow old man lived in peace and calm with his three sons, guarding each banners.

---

37   Word by word «transformation, incarnation».
38   Mong. *güng* < Ma. < Chin. «A feudal title roughly equivalent to duke or count» (Lessing 391).

The fox - messenger

Another myth about the taboo of killing foxes collected by M. N. Hangalov among the Buriats contains a more ancient layer of mythology and also contains reference on the threefold conception of the world:

«The lord of the underworld, *Erlig Khan* has a fox, that is his dog. This fox is *galta xar ünegen* ‹silver fox». If someone kills this fox, he should bury it under the fireplace and keep it there for three years, because that is the only place where *Erlig Khan* is not able to find his beloved dog. If someone does not keep this taboo and digs the fox somewhere else, he will be horribly punished by *Erlig Khan*.»[39]

This short fragment contains the following important elements, references to Mongolian beliefs and mythology:

1. The fox is the dog of *Erlig* Khan, the lord of the Underworld. The dog appears frequently as the messenger of shamans, sent for the souls of the deceased or to catch spirits, helping spirits of other shamans, or to punish enemies of the shamans.[40] *Erlig Khan* is the ruler of the under world, which is also regarded as the realm of death and because in the realm of death everything is turned into the opposite of the world of living beings, so the ill omened fox could be considered as the soul-hunting dog, messenger of the king of death.

2. The fireplace is the place where the Fire spirits (in the later mythology Fire gods), usually regarded as Fire Mother, the protector of the family, luck and fertility reside, so the killed soul-hunting fox, buried under the fireplace can not harm the family, can not take souls, or cause illness.

3. The fireplace similarly to the smokehole is in the middle axis of the *yurt*, and as the smokehole is the passage to the upperworld, so could the fireplace be the passage to the under-world. But the fact that the ill omened messenger of death should be buried under the fireplace, and in this way is not able to harm the family, means, that the family fire is one of the most important phenomena of family fertility.

Fox ancestress, fox family

Fox is also supposed to be a tribal ancestress in Mongolian Mythology. This rather interesting role is described in the texts of *Ünegen sang* «Incense offering of the fox» a detailed analysis of which is given in the article of A. Sárközi and A. G. Sazykin.[41] Their outstanding research findings could be illuminated another aspect from the point of view of mythology. Foxes acting in the ritual text feature as messengers in a Cosmic way, they are sent by gods and they are able to cross the boundaries between the world layers. The *Erlig Khan's* fox, messenger from the underworld, is in the same role as the fox sent to the people in the incense ritual texts. The incense offering texts contain an astral sujet of Mongolian mythology.

---

39   M. N. Hangalov: *Sobranie sočinenij* III. Ulan-Ude: Burjatskoe Knižnoe Izd. 1960, p. 69.
40   Á. Birtalan: Some animal representations in Mongolian shaman invocations and folklore. *Shaman* 1995 Autumn, pp. 99-111; S. Badamxatan: *Xöwsgöliin darxad yastan.* Ulaanbaatar 1965, p. 226. [The Darkhats of Khöwsgöl].
41   Bibliography of the topic, s. in the mentioned article.

Foxes similarly to other astral phenomena like the Sun, Moon and stars, or like the important world elements such as fire, have their own families, the fox has daughters, sons, the concept of fox family is clearly represented in the Mongolian folklore tradition. The hero pursues the foxes, and annihilates the whole fox family. In the case, when the fox does not appear suddenly at the beginning of the hunt, there are no prohibitions, taboos to chase and kill the fox. Such stories end with the complete annihilation of the fox or fox family. According to a Dahur tale, published by J. Bäcker[42] the motifs of such sujet are the following: 1. The fox transforms into several beings (four times: into millstone, pinetree, ass-couch, grey-haired old man). 2. The hero's dog recognises the fox in all her transformations. 3. The fox transforms into her original form and tries to run away. 4. The hero follows her up to her hole. 5. The more than 30 foxes, the fox-family will be killed by the hero and his dog(s) and horse.

Fox – trickster, fool, and helpful friend
The fox is a common hero in the animal tales of the Mongols, it is a sly, crafty trickster deceiving other credulous animals in most cases. In his excellent typology of Mongolian folk tales: *Mongolische Märchentypen*[43] L. Lőrincz offers among others a detailed catalogue of tales about animals, and an identification with the Aarne-Thomson system. Here I would like only point out some aspects of the fox – hero of the folk tales that figures almost in all types of tales:
1.1. The fox deceives other animals (Lőrincz: Anderen nach dem Leben trachtendes Tier. Hereingelegte dumme Tiere und Mensch)[44]. Fox not only takes in other animals, but the swindle costs the life of the deceived animals in most cases. Opposite of the fox are animals honoured, respected in the mythology and folk tradition, like bear, wolf, tiger, lion, crow, bull.[45] The wolf[46] is respected as an ancestor, the bear appears in the mythology as a former man who had to transform into bear[47] because of some sin although there are only uncertain traces about the crow being an ancestor,[48] the crow is the most important messenger of shamans and the symbol of shamanic power,[49] the bull is also an ancestor, namely *Buxa noyon baabai.*[50]

---

42   J. Bäcker: «Do Mergen und Činihua Hato» - Schamanen-Heldinnen und Unterweltreise bei den Daghuren: *Fragen der mongolischen Heldendichtung* III. Ed. by W. Heissig. In: Asiatische Forschungen 91, pp. 236-272.

43   L. Lőrincz: *Mongolische Märchentypen.* Budapest: Akadémiai Kiadó 1979. (BOH XXIV.)

44   L. Lőrincz: *Op. cit.* pp. 27-30, 43, 46.

45   Der Fuchs lehrt die Krähe das Beten, Der Bär frißt die eigenen Augen, Wer hat das Kamel gestohlen?, Der Fuchs und die beiden Freunde. Lőrincz, *Op. cit.* , p. 27-30.

46   Á. Birtalan: *Op. cit.*, pp. 102-103.

47   *MAÜD* p. 199.

48   Č. Dalai: *Mongoliin böögiin mörgöliin towč tüüx.* Ulaanbaatar 1959, p. 12. [Brief History of Mongolian Shamanism].

49   Birtalan: *Op. cit.* p. 106.

50   Cf. Á. Birtalan: *Buxa noyon baabai.* Manuscript for the *Wörterbuch der Mythologie.* Ed. E. Schmalzriedt.

The fox and the wolf (App. 4)[51]

The fox and the wolf were going together, and they found a paunch full of melted butter on the trails of the nomads. They decided to divide it into two equal parts, but the fox said:

– It does not fit to eat this butter here, there could come some people. Let us go onto the top of a high mountain and eat there. – The wolf said:

– Let us do so, but how will we take it? – The fox:

– It is no matter to take it. It will be carried on the back. But there is some awful work: the groaning. - Then the wolf:

– Well, I will carry it on my back, and you try to groan. – While the wolf put the butter on his back, the fox said:

– Well what could I do? – and opened his mouth and followed the wolf. They arrived on the top of the mountain this way. Then the fox said:

– We should not divide this butter, it is better for one to eat it. – The wolf:

– Who of us will eat it? – He said, and the fox:

– The one that is elder of us, should eat it. How old are you? – He asked. The wolf, to eat the butter, tried to deceive the fox:

– When I was small, the Mount *Sümber* was a small hill, the *Süün dalai,* the Milk-ocean was a puddle. – Then the fox started to cry exceedingly. The wolf thought: «You, yellow quaint, I deceived you surely this time. Whether you cry or not, I will eat the butter.».

– Why did you start to cry?

– I had three kids. The smallest is of the same age as you. And I was moved thinking about him. – hearing it the wolf felt ashamed, and being in a bad mood, returned hungry to his hollow. The fox ate the butter alone and became filled.

1.2. There are tales, in which the fox comes off the loser: namely in the tale about the fox stealing eggs[52], but this type is uncommon compared to the type mentioned above.

2. In a couple of tales the fox appears foolish, deceived by usually smaller «negligible» animals, like a mouse[53], or similarly to the well-known tale of Aesop, by his own foolishness (trying to catch a fish the fox loses a stolen piece of meat from his mouth)[54]

The tale of the limping magpie that had seven green eggs (App. 5)[55]

Once upon a time there was a limping magpie that had seven green eggs. One day a fox came to her:

---

51   *Mongol ardiin ülger.* Ed. by D. Cerensodnom. Ulaanbaatar: Ulsiin Xewleliin Gajar 1982, pp. 49-50. [Mongolian folk tales] further MAÜ.

52   Fuchs und die Vogeleier (Lőrincz: *Op. cit.,* pp. 31-32).

53   Der dumme Fuchs und die Maus (Lőrincz: *Op. cit.,* p. 45.).

54   Der dumme Fuchs und der Fisch (Lőrincz: *Op. cit.,* p. 45.).

55   MAÜ pp. 56-58.

– Give me one of your eggs. I want to eat it. – said [the fox], then the magpie:

– I will not give any of my eggs to you. – She said.

> If you do not give me from your eggs,
> I will whirl the far dust,
> I will push out your golden aspen. – said the fox, and the magpie being

frightened gave one egg. The fox came every day, talked as before and ate the eggs until there remained only one egg. While the magpie was weeping, a mouse appeared:

– Why do you weep so? – He asked and the magpie said to the mouse:

– Earlier I had seven eggs. Then came a fox and said to me that I had to give him my eggs. When I said to him, that I would not give any of them, he said:

> «If you do not give me from your eggs,
> I will push out your golden aspen,
> I will whirl the far dust.» so there was nothing to do, he had been coming

and taking [my eggs] and only one egg remained. – The mouse said to the magpie the following words:

– Now, say that you will not give your egg. If you say it, the fox will surely reply as before:

> «I will push out your golden aspen,
> I will whirl the far dust.» and you ask him:
> «Where is your horn to push out my golden aspen,
> where is your hoof to whirl the far dust?» then he will surely ask you

«Who taught these words to you?», say «I myself was thinking, thinking and found out. I was sleeping, sleeping and they came upon me. I was considering, considering and I struck upon them. – the mouse taught to her. Then the fox arrived and said to the magpie:

– Give your remaining, last egg!

– I will not give it to you. – said the magpie. The fox:

> «Then I will push out your golden aspen,
> I will whirl the far dust.» then the magpie asked:
> «Where is your horn to push out my golden aspen,
> where is your hoof to whirl the far dust?»

– Who have you heard these words from? Tell me! – but the magpie did not tell [it to him]:

– I myself was thinking, thinking and found out. I was sleeping, sleeping and they came upon me. I was considering, considering and struck upon them. – she answered.

– If you do not tell me, I will catch and eat you using the thirteen tricks of foxes. - he threatened and the magpie was frightened and said:

– The mouse living in that hole, taught me these words.

The fox went to the mouth of the hole and called the mouse. The mouse answered:

– Now I am cleaning up my offal. – The fox waited for a while and called again:

– Now I am cleaning my mirror. – answered the mouse. The fox waited for a while and called again. Then the mouse pushed her head out of her hole. Then the fox said:

– If the head is nice, how nice the breast could be! – then the mouse pushed out her breast, too.

– If the breast is so nice, how nice the rear could be! – then the mouse pushed out her rear, too.

– If the rear is so nice, how nice the tail could be! – the mouse pushed out her tail, too.

– Someone having such a nice body, how nice, shaking could run to the rocks! – then while the mouse ran shaking [her rear] the fox caught and bolted her. The mouse said:

– If you eat me crunching-munching, it will be rotten, if you eat me swallowing, will be very tasty. – The fox started to eat her as she said, opened his mouth wide, but immediately lost the mouse from his mouth.

3. The well-known story of the «helpful fox» is to be found among the Mongolian tales, too: a hunter catches and lets loose a fox that promises to make the hunter rich and set him on a Khan's throne.[56]

4. The fox also figures in the tales of «rivalling animals», usually the less respected animal wins in rivalry about age (who is elder), or about who becomes easier drunken; if the less respected is the fox, the fox wins, if it is a hedgehog in another variant, the hedgehog wins.

The fox, the wolf and the hedgehog (App. 6)[57]
Once upon a time there lived the fox, the wolf and the hedgehog. One day they found a plum and they were talking who would eat it. The wolf said:

– The one that gets drunk more easily, should eat it. – The others agreed. The wolf said:

– If I just try it, I get drunk. – Then the fox said:

– If I just smell it, I get drunk. – Then the hedgehog said:

– If I just hear about it, I get drunk. – The hedgehog was about to eat [the plum], but then the fox said:

– The one that will win in competition. That should eat it. – The others agreed to make a competition. The hedgehog was clinging to the tail of fox. The fox galloped with his all power, he thought he was the first, but as he turned, he saw the hedgehog there:

– Are you coming just now? – Asked the hedgehog. So the hedgehog won and ate the plum.

5. In the heroic tales, which are related to the epics, the fox is mostly the female enemy, having the power of transformation, similarly to the above mentioned occurrences (E. g. *Eriin sain xar nüden xar Ceween*,[58] «The best hero, black *Ceween* with black eyes», *Eriin sain Jagandar* »The best hero, *Jagandar* - both tales have epos-versions, too).

---

56   Der Dank des schlauen roten Fuchses (Lőrincz: *Op. cit.* p. 40.).
57   MAÜ p. 50.
58   MAÜ pp. 152-158.

Fox - amulet[59]
Fox, as it was told above, is ambivalent in the Mongolian folk belief, it is enemy and negative phenomenon in the most cases, but could appear as a protective amulet, too. It is usual among the Mongols, to put a felt, textile or wooden figure of fox above the cradles with the purpose of protecting new-born children from evil forces. The fox as a messenger of the underworld hunts souls, but is also able to protect from bad forces and banish them.

Conclusions
The belief in the fox could have two different layers in the Mongolian folk belief: one is the belief that the appearance of a fox is an ill omen before hunting and also before travelling. The ill omen could be neutralised with returning home or rarely by killing the fox immediately. This belief is connected with the burial rituals of the corpse of the fox, (the separating of its extremities) the aim of which is probably to hinder the rebirth of the fox. The fox, similarly to the dog, and wolf appears as the messenger, it is the messenger of the King of Death, *Erlig Khan* and it is connected with soul stealing, which could be prevented with the help of the Fire-spirit (Fire-god), the protector of family luck.

There is a positive aspect of the fox in the Mongolian folk belief, too. Figure of the fox could be an amulet for children, usually a piece of felt or textile which is put on the cradle of a new-born child, to protect from bad spirits.

The other layer of the belief, which is of later origin, is the Chinese phenomenon, the fox fairy that has the ability of transforming, and is harmful for man. This later motive occurs in the heroic epics and the heroic tales.

---

59   From my fieldwork materials.

Appendix

1. Üneg

Ur'd burxan bagš ʲaran negen mexiig büteeĵ gene. Ene olon mexiig bultii n' awax yum san geĵ üneg ix ulaiĵ baiĵee. Getel burxan 61 mexiig xoyor xölt xoximoid ög'ye geĵ togtooĵee. Xünii daraagaar ʲaran mexiig üneg xürtsen yum baina. Xün ünegnees neg mexeer ilüü bolson učir tüüniig alĵ agnadag yum gene. Üneg mexee xünd aldsan boloxoor üxexdee ix xaraal xiideg aĵee. Xün üneg alaxdaa tanigdaxgüi geĵ öröösön nüdee an'dag n' ünegnii xaraalaas aiĵ baigaa xereg yum gene.

2. Xaan Činggel
Baruun ömnö üzügääsää
malxään čiktää xar üüln üzükdnää.
Üzäät dakaat xal'aad-l.
Xasak tüügn šarxl mor'n kelwää:
«Küstnään-čin, sansnaan-čin
sanaaɣaar aašnää.
Ene aaisn yamr yuumn bolwuučigi
baruun xoito üzükteni
gurwn töö xongšaartää,
gurwn alda süültää
guyirää kök ünügn yowĵi.
«Ayinda mordoksn kümündö
ünügn üzükdxlää muu bišii,
aawada mordoksn kümündö
kürne üzükdxlää muu bišii,
teegwüüčigi yaaxaw.»
Xawšaa
xar bürgüdiin altn tomgiin awaat,
xakr'aat tabbu genää.
Altäägi
arwn gurwn ergüüln šüürwää,
Xanggaagi
xorin gurwn ergüüln šüürwää.
Tawuk turuun
tat tasrwaa.
Xawšaa xar bürgüt
xar'uu kürč irwää.
«Xawšaa xar bürgüt ese bolwuučigi,
Xasr Wasr xoyir noxaa es awxu bišuu.» geĵ,
altn ginĵiin awaat tab'baa.
Altäägi
arwn gurwa ergüüläät šüürwää,

Xanggäägi
xorin gurwa ergüüläät šüürwää.
Yadčikaat irwää.
«Xasak tüügn šarxl mor'n ese güückü? gigäät,
Xasak tüügn šarxl mor'aarn köögäät orlaa
Xasak tüügn šarxl mor'n muudaat irwää,
xar kökö ünügn sairäät irwää,
....
....
Xasak tüügn šarxl mor'n:
«Baruun amiin tatači
balwa cokoǰi» genää.
Baruun guyiin maxnaasa
mal'ään sur abbaa,
awaat irwää.
Kökö üngn muudaat irlää,
šarxl mor'n säiräät irlää.
Mösn boloot irtää,
möngön bolot taxtää,
kewzn xar üldiigi awaat,
kök üngn čabčiwaa.
Čabčitl,
Öödö garsn-č-goo,
ürüü garsn-č-goo,
xaar odsn medsn ugoo
ugoo bolwaa.

3. Muumyangan
Ert negen cagt ejen Čingis xaan myangan aw xödölgöǰ, myangan num agsaǰ, myangan
šar taiga daguulǰ and mordow.
  Xödöö talaar xeseǰ
  Xölöw bulga bar'ǰ
  Cagaan talaar xeseǰ
  Cagaan cooxor irwes
  Cagaan üneg bar'ǰ
  Šil šileer xeseǰ
  Šilüüs göröösiig bar'ye
  Šar manxaar garč
  Šar ereen bars barin
  yawǰ baital, neg ödör xüden manan tataǰ ail oldoxgüi boloxod myangan taigaa
cetgeǰ (uyaǰ) myangan awiin xün buga jeeriin max čanaǰ xonogiin budaa ideǰ baital
genetxen tas xar caraitai, neg ald saxaltai öwgön irǰ awiin türüü Čingist uuljaǰ:

– Bi Čingis tand ailtgax xeden jüil učir baina. Minii neriig Bayan Xan Mani gedeg yumaa. Bi 123 nastai. Minii emgen 117 nastai. Bi bol xan delxii deer baix xamag göröösiig xamaarč, ejelĵ suudag bilee. Minii xar'yaalĵ baidag jeer tuulai buga, üneg, bars, irwes tergüüten cöm miniix. Enüünees jarimii n' Čingis tand ötgölĵ örgöye. Jarimiin n' amiig öršöön xairla! Bas caatai n' öršööĵ ene bügdiin togtoox nutag, yawax belčeeriig Čingis tanaas guiya! gewel Čingis:

– Činii göröös minii nutagt duraaraa yawĵ bolno. Boloxdoon muusain ardad jun idex max, öwliin üüc olgowol enenees xoiš činii göröösönd xaldaĵ alaxiig baiya! Ögöxgüi deer tulbal xamag göröösiig čin' neg negeer tüüĵ alĵ orgüi taslaad bas caatai n' čamtai učir xelelcene bi gewel, bayan Mani:

– Čingis ta xaa saataĵ baidag bol göröösniixöö maxnii deeĵiig ötgölĵ örgöye. Bas taniig dagasan ulsad göröösniixöö ar'siig awč ög'ye. Ingewel bolno uu? geĵ asuuwal Čingis:

– Ja ja bolno! Boloxdoon ööröö ögöxiig baig! Minii ančin nar xen n' čadaltai bolbol öörs öörsdöö l bar'ĵ maxaa ideĵ ar'siig n' ömsöĵ, üne örtög bolgoĵ naimaa arilĵaa xiiĵ jarag! geĵ xelelceed taraw.

Margaaš n' Čingis ert bosoĵ xüren jeerd morio duudaĵ, olon am'tnaa sereeĵ bosgood cai budaagaa ideĵ awaad myangan awaan xödölgöw.

Ene jawsart eldew jüileer bütsen ünegen šulam, dogšin göröös, almas, tiiren bügd öörsdöö daragdaĵ ustaw.

Čingis xaan exleed myangan numaan agsaĵ, myangan taigaa taw'ĵ, xoyor Bogdiin öwört üdelĵ awaad uuliin jawsar xeren yawĵ baital, genetxen neg cagaan ünegen šulam garč dutaaw. Dutaasniig n' Čingis üjeed myangan šar taigaa taw'ĵ, ödör xööwč barigdax ügüi. Tuul mörnii jaxad xürčee. Ünegen šulam ergen bultaĵ jugtaaĵee. Bas xoinoos n' xööĵ Muna uuliin ard irĵ neg xöndii nüx uruu orood ĵiliiw. Čingis exleed ter nüxiig maltaĵ utawč yördöö garč irsengüi. Arga aašaa barĵ end tend toirč nüx süwiig üjwel gurwan juu garui ald xol neg nüxeer garaad yawčixĵee.

Xoinoos n' möriig möšgön yawĵ baital genetxen neg sagsgar tolgoitoi šar öwgön jolgow. Čingis «Činii yawsan jamd olon jüil göröös üneg, šuwuu, xaraacai üjegdew üü?» geĵ asuuwal Šar öwgön süweegee tulĵ gediin jogsoĵ baigaad:

– Awčin tanii ner xen be? Yaasan olon taiga noxoi daguulĵ tal düüren belčiĵ yawdag yum? Öwgön bi üjwel tald baix göröösiig tawaaraa bar'dag yanjtai Xödöögiin göröösiig göröölön xööĵ yawĵ baigaad Xünxe nertei öwgönöös asuudag učir tan' yuu yum? Tanuud awlax mörtöö awlax l biĵ! Učirgüi nadaar üneg jaalgaĵ yaw'yaa gedeg yuu we? Xuw'daa baisan göröösnii amiig jaaĵ ögč tusaldag öwgön bi biš! geĵ xelbel Čingis uur n' xürč.

– Xödöö taliin ünegiig xööĵ duraaraa barix baitugai, güren göriin erxiig duraaraa ejelĵ yawdag er baina bi! Jolbin xerdeg Šar öwgönöör baicaalgadag xün biš. Bi myangan taiga noxoigoo daguulĵ awlaĵ yawsnaas yadsan xerdeg öwgön činii gajart yawsangüi gewel, Xünxe öwgön:

– Awčin öwgön jamdaa yawsan namaig xaraax č gaigüi! Bultaĵ garsan cagaan ünegen šulmaa aldsan gemee medne uu! geĵ xelbel Čingis gajar dewselĵ xömsgöö jangidaĵ:

– *Xonxir šar xenxdeg öwgön či yos medexgüi! Eldew üg xelj čamaig en düi xün bolgoj nadtai duraaraa üg xelelcej namaig baicaax yuu baina? geed nariin cagaan jadaa awaad jürxnii n' tus jadal'ya gewel neg šar taiga n' irj xölöö nugalj mörgöx yanjtai gasalj guiwal Čingis üjeed cočij šar noxoin jüg uruu xarwal, xii salxin dotor xeden üseg bičig xaragdaw. Čingis jadaa tawiad ter xeden üsgiig duudaj üjwel: «Xonxir šar Xünxe öwgönii amiig n' orxij öršöö, ene öwgön üjexed xerdeg šar bolowč ecestee enüünii gurwan xüü ünegen šulamiig barixad tand tus xürgene.» gesen bičig baina. Čingis bičgiig üjeed uur n' taitgarč:*

– *Ene ödör xerdeg öwgön či amia nad ögöx učirtai irsen ba! Xöörxii ene šar taiga činii amind orj guiwal bi argagüi sain noxoi boloxoor amiig čin' asarč ög'ye! gewel xerdeg šar öwgön süweegee darj:*

– *Tanii myangan awiin dotor ene neg noxoi Čingis čamaas deer, xel am medexgüi noxoi xerdee am' ceerlej guij baital öwgön bi üneg jaaj ögč aluulaxiig ceerlelgüi yaxaw! Gewč noxoi minii amind orson boloxoor Čingis tantai öwgön bi xelelcexee baiya! geed äčireg büdreg dairaad yawaw.*

Čingis nileed gaixaj baisnaa šüd juun:

– *Ene negiig čin' öngörööye! Daxiad jolgoxod tulbal xerdeg öwgön činii šar ar'siig öwčij usan tulam xiiye bi! geed aw xödölgöj yawaw. Yawsaar naran oroitjee. Buuj xonoxoor bolow. Olon dayaaraa «Cagaan ünegen šulam yaasanč barixaar bodocgooyo!» gej xelelceed xonow.*

Margaaš öglöö n' ert bosoj myangan awaa xödölgöj Muna uuland garč jew xongil xerj yawj baigaad Čingis biyeeree xamgiin öndör uuliin oroi deer garč suugaad gansiig awč tamxia utgaj awaad xetee deldej tamxia ungatgaj tataj baital, alst neg uuliin jawsraar now nogoon deeltei saixan caraitai exner garč ireed duulj yawaag üjew. Carai öngiig n' xeriilj üjwel arwan doloo naim xürsen bolow uu. Čingis ter exneriig üjeed ix tooj dallan dergedee awč ireed üjwel yer gürd baixgüi üjesgelen saixan exner baina. Čingis ööröö ix setgel tačaaj xelew:

– *Büsgüi čamaig üjwel jan aal' č saixan togtuun, namuuxan šinjtei. Büsgüi či namaig toowol oroi xonogiin gajar očij büsee taičij elgee niilüül'ye! gewel ter jaaxan exner erxelj:*

– *Exner bi jan aaš jüs öngö muutai, ančin tantai eleg niiluulex jayaagüi. Tiim muuxai yawdal xiiwel boloxgüi šüü! gewel Čingis:*

– *Elgee niiluulexed yamar eree baidag yum? Öwgön bi jan aal', jüs yanjand čin' bolj setgel uyarč baina. Odoo xoyoulaa yaw'ya geed gar deerees n' xötlööd buudal deeree xürč buudallaw.*

Šönö untax šaxam boloxod genetxen gurwan jaaxan xüüxed güildej ireed Čingisiin čanx ömnö n' jogsoj nüdeeree irmej, xuruugaaraa jaaj doxio ögöw. Čingis dotroo medej, gurwan xüüxdees:

– *Ta gurwuuliin ger xaana baidag yum? Xen gegčiin xüüxdüüd we? gej asuuwal, ter gurwan xüüxed:*

– *Bid gurwiin ger uuliin baruuntai, dund, jüüntee baina. Bidnii eceg xerdeg Xünxe gej xelbel, Čingis dotroo sanaand orj:*

– Öčigdriin noxoin deetei baisan bičigt baisan bilee. Ene gurwan xüü irsniig bodwol nad tuslaxaar irsen yum baina. geed xüüxded boorcog ögč garwal, ter gurwan xüüxed:

– Ančin awgain jaxad baidag ꞽaaxan exner, manai ene uuland šulam bolood xoyor gurwan ꞽil bolꞽee. Jarim ödör cagaan üneg bolood yawdag, jarim ödör neg saixan exner bolood xün am'tnii sünsiig awdag, jarim ödör čötgör bolꞽ tümniig ailgadag. Tüüniig yamar č am'tan darꞽ xüč xürexgüi geed yawaw.

Ene ügiig Čingis sonsood biyedee baisan nariin cagaan ildee sugalꞽ awaad uliangaraa üleeꞽ olondoo doxio ögwöl, olon awiin xün cag juur morindoo emeelee toxoꞽ myangan noxoigoo xödölgösxiin jawsart Čingis cagaan ildee bar'saar maixandaa orꞽ ter exneriin tolgoi ruu xal't mult deldwel neg muu duu garaad ügüi bolow. Čingis ööröö türüülꞽ myangan awaa tawꞽ xööw. Xöösöör xöösöör «Xoyor bogdiin» engert očiꞽ Čingis:

– Odoo dutaagaad xaa xürex yum či! Či cag čin' tulsan bol odoo jogs! geꞽ xašxirwal tengerees neg büleg üül garč luu xürxerč caxilgaan buuxad ter ünegen šulam cočin bultaꞽ mörtöö ergeed irwel Čingis cagaan ildeeree magnaig n' deldwel neg xeseg ar's xuurč unuut gajar bür gerel tatwal Čingis tüüniig n' üjeed samgardan amandaa tarni unšwal gerel n' buurč neg urt šar nogoon üs bolow. Tüüniig n' awč gald tülwel cagaan ünegen šulmiin biye xooson yas bolꞽ orxiw. Čingis ter gajar ildee xatgaꞽ:

– Ünegen šulam čamaig nadtai dailalcaꞽ dutaasniig ene deer caajalꞽ tab'san ter! geꞽ baixiin jawsart bas neg oroolon Čingistei ödör šönögüi guraw xonog dailalcwal Čingis baaxan awtax mayag garwal arga tagdaxad (yagdaxad) aman dotroo neg tarni unšiꞽ tengert daatgawal tengerees gurwan altan garax buuꞽ Čingisiin gart irew. Čingis ter gurwan garaxiig awaad xuwilgaanaar:

– Ene oroolongiin tolgoig balba xagalꞽ tül! geed coxiwol garax n' očiꞽ oroolongiin tolgoi deer tusaꞽ gal šataꞽ oroolong balba xaga tülꞽ alaw. Alagdsan xoino xuwilgaanaar coxison garaxaa Čingis tarnii unšiꞽ duudaad, ter oroolongiin gajar deer bas ildee xatgaꞽ caajlaw.

Čingis myangan awaa xödölgöꞽ xan güriin xamag daisan šulamsiig daraad bucaꞽ orondoo xürč irsnii xoino n' Xünxeen gurwan xüüg duudaꞽ irüülew. Čingis tedniig saišaan gaw'yaagii n' ilrüülꞽ jüün gün, baruun gün, dund gün geꞽ gurwan ix jereg šagnan gurwan xošuu bolgow. Xonxir xerdeg šar öwgöniig myangan šar taigiig muutgan xelsen boloxoor Muumyangan xošuu bolgon jaxiruulꞽ noyon suulgaw. Xerdeg šar öwgön gurwan xüüteigee tus tusiinxaa xošuug saxiꞽ am suun amar ꞽargaw.

4. Üneg čono xoyor

Üneg čono xoyor xamt yawꞽ baigaad nüüdelčdiin mör deerees güꞽee šar tos olꞽee. Ene tosiig xoyoulaa tegš xuwaaꞽ idexiig jawdaꞽ baital üneg,

– Ene tosiig end idexed joxisgüi, xün yawna. Xarin öndör uuliin oroi deer garč id'ye. Čono,

– Ja teg'ye yaaꞽ awč yawax we? gew. Üneg,

– Awč yawax č yuuxan baix we? Üüreed l yawčixna. Xarin aaxilax geꞽ l neg aixawtar aꞽil bii dee gexed, Čono

– Ja bi üürexiig n' üür'ye. Či aaxilꞽ üꞽ geed tos üüreed yawaxad, Üneg,

– Ja, tegexees dee geed amaa angaigaad araas n' dagaꞽ yawꞽee.

Ingeed xoyoulaa öndör uuliin oroi deer garaw. Tegtel üneg,
– Ene tosiig xuwaaj idsenii xereggüi, neg n' l idwel joxio gelee. Čono,
– Xen maan' idex we? gexed üneg,
– Xen ax nastai maan' idwel taarna. Či xeden nastai we? gej asuulaa.
Čono ünegiig mexelj önööx tosiig idexiin tuld,
– Namaig baga baixad Sümber uul dow šig, Sün dalai šalbaag šig baisan bilee gexed üneg učir jüggüi uillaa. Čono dotroo «Šar gaixal čamaig č neg mexellee dee. Odoo uilsan č uilaagüi č tos minii bolson doo» gej bodood,
– Či yuund uilaa we? gexed üneg,
– Bi gurwan gawartai baisan yumaa. Xamgiin baga n' čamtai čacuu yum baina. Tegeed setgel uyarlaa gexed čono tüüniig sonsoj, ixed ičeed ölön xooson xonxoljsoor xongildoo bucaxad üneg önööx tosiig gancaaraa cadtalaa idjee.

5. Doloon nogoon öndögtei dogolon šaajgain ülger

Ert ur'd cagt neg dogolon šaajgai doloon nogoon öndögtei baij gene. Getel neg ödör üneg xürč ireed,
– Doloon öndögnöös negii n' ögööč. Bi awč id'ye! gejee. Tegexed n' šaajgai,
– Bi öndögnöösöö ögöxgüi gej gene.
– Čamaig öndögnöösöö ögöxgüi bol alsiin čin' toosiig gargana, altan uliasiig čin' xuga mörgönö gej üneg xeljee. Šaajgai aigaad neg öndög ögčee.
Ingetel nögöö üneg ödör bür xürč irj ur'd yosoor xelj öndgiig n' idseer baital gancxan öndög üldjee. Tegeed önööx šaajgai uilj baij gene. Tegtel neg ogotno garč ireed,
– Ta yuund ingej uilaa we? gej asuujee. Šaajgai xeljee,
– Bi uul n' doloon öndögtei yumsan. Getel neg üneg xürč ireed či öndögnöösöö nadad ögöx xeregtei gexed bi xičneen ögöxgüi gej xelexed «Čamaig ögöxgüi bol bi činii altan uliasii čin' xuga mörgönö, alsiin čin' toosiig gargana» gej argagüi awč yawsaar baigaad odoo gancxan öndögtei üldlee gej ogotnod xelew. Ogotno šaajgaid ingej üg jaaj ögöw,
– Ja či odoo öndögnöösöö ögöxgüi gej xeleerei. Ingej xelexed üneg ur'diin xeldeg yosoor «Altan uliasii čin' xuga mörgönö. Alsiin čin' toosiig gargana» gej xelex bij! Ingexed n' či xel. Altan ulias xuga mörgödög ewer čin' al' we? Alsiin toos gargadag tuurai čin' al' we? gej asuugaarai. Ingexed: «Čamd ene ügiig xen jaaj ögöw?» gex bij. Tegexed n' «Bi ööröö bodon bodon bodol orow. Untan untan uxaan orow. Sanan sanan sanaa orow» gej xeleerei gej ogotno jaaj ögčee.
Getel önööx üneg xürč ireed šaajgaid «Nadad üldsen ganc öndgöö ögööč!» gesend šaajgai «ögöxgüi» gew. Üneg: «Tegwel altan uliasii čin' xuga mörgönö. Alsiin čin' toosiig gargana» gejee. Šaajgai asuuw. «Altan ulias xuga mörgödög ewer čin' al' we? Alsiin toos gargadag tuurai čin' al' we?» gejee. Üneg,
– Či ene ügiig xenees sonsow, xel! gexed n' šaajgai xelsengüi. «Bi ööröö bodon bodon bodol orow, untan untan uxaan orow, sanan sanan sanaa töröw» gej xariuljee. Üneg xelew: «Xen jaaj ögsniig xelexgüi bolj bi čamaig ünegnii arwan gurwan mexee

xeregleed bariad idlee» geĵ sürdüülsend šaajgai argagüi bolĵ aixdaa: «Ter nüxend baidag xulgana jaaĵ ögsön» geĵee.

Ter üneg önööx ogotnii nüxnii amsar deer oĉood ogotniig duudĵee. Ogotno xariu xelĵee: «Odoo bi xogoo cewerleĵ baina» gew. Getel üneg n' xüleeĵ baigaag bas daxin duudĵee. Ogotno: «Bi tolio arĉiĵ baina» geĵee. Üneg xüleeĵ baigaad bas daxin duudĵee. Tegexed n' ogotno tolgoigoo cuxuilgaĵ gene. Tegexed n' üneg: «Tolgoi n' iim xöörxön baigaa yum, ceeĵ n' yamar xöörxön bol» gexed n' nögöö ogotno ceeĵee gargaĵee. Getel üneg: «Ceeĵ n' iim xöörxön baigaa yum, bögs n' yamar xöörxön bol?» geĵee. Tegexed ogotno bögsöö gargaĵee. Getel üneg: «Bögs n' iim xöörxön baigaa yum, süül n' yamar xöörxön bol?» gesend ogotno süülee gargaĵee. Üneg xelew: «Iim xöörxön biyetei yum xadan deegüür bög bög güix n' yaasan xöörxön bol?» gesend ogotno bög bög güix getel üneg ümxeed awĉee. Ogotno ingeĵ xelĵee: «Ĉi ömör ömör geĵ idwel, ömxii baidag yum šüü. Angar angar geĵ idwel amttai baidag yum šüü» gesend üneg n' ogotniin xelsen yosoor angar angar idex getel amnaasaa ogotniig gargaad aldĉixĵee.

6. Üneg, jaraa ĉono guraw

Ert cagt ĉono, üneg, jaraa guraw am'darĉ baiĵee. Getel neg ödör ĉawga olĵ, tüüniigee xen n' idexiig xelelcĵee. Ĉono,

– Arxind xen amarxan sogtdog maan' id'ye gew. Ene sanaliig bügdeeree jöwšööröw. Tegeed ĉono,

– Bi amsaad sogtdog gew. Üneg,

– Bi ünerleed sogtdog gew. Jaraa,

– Bi sonsoxooroo sogtdog geed guiwĵ baiĵ gene. Ingeed jaraa idexeer bolĵ gene. Getel üneg,

– Uraldaad xen türüülsen maan' id'ye geĵee. Busad n' neg jereg jöwšöörööd uraldaĵ gene. Jaraa ünegnii süülend n' jüügden yawĵ gene. Üneg xar erĉeeree dawxiĵ ireed ööriigöö türüülsen geĵ bodood ergeĵ xartal jaraa ard n' jogsood,

– Ĉi ĉin' odoo l döngöĵ irĵ baigaa n' ene üü? geĵ xelĵee. Ingeed jaraa türüülsen bolĵ ideĵ gene.

J. Coloo (Ulan Bator)

Incense offering of the fox in Oirat script

English version by Alice Sárközi

From the beginning of the 1960-ies researchers of the Linguistic Institute of the Mongolian Academy of Sciences have started official expeditions to several parts of Mongolia to collect old, rare manuscripts. They acquired a great number of written monuments that enrich the Tibeto-Mongolian collection of the Academy Library of Mongolia. The Oirat manuscripts written in *clear script* were taken to the Library of the Linguistic Institute of the Academy. These Oirat books, that cover grammar, history, religion, astrology, etc., called soon the attention of the researchers of literary history. Manuscripts and xylographs written in *clear script* were preserved by religious literati and kept in the monasteries in Khovd, Uvs, Bayan-Ölgij.

Outstanding scholars of the Academy played a significant part in collecting the Oirat books, among them: B. Rintchen, P. Khorloo, H. Luvsanbaldan, E. Vandui, D. Cerensodnom, Coi. Luvsanbaldan, C. Sagdarsüren and others. The collecting activity was greatly helped by several people of Khovd aimag, Mankhan süme: the painter Z. Vaančig, D. Tudev, the honoured painter of applied art M. Amgalan, the directors of the Khovd and Uvs aimags' museums, Sambuu, Dalhzav, Dr. G. Zam'yan and by people from Uvs aimag, Tes süme: Öödlökh, from Khovd aimag Altai süme, B.-Canvar and many others.

The Oirat book collection contains a great number of incense offerings (sang) and among them three manuscripts with the *Incense offering of the fox*. They are: 709(12) *Ünegen-ü sang*, 737(11) *Ünegen-ü sang sudur orosibai* and 801(73) *Ünegeni sang*.

Here we publish 737(11) *Ünegen-ü sang sudur orosibai*. It measures 18 x 7,5 cm, has 16 lines on a leaf and consists of 14 leaves. It is written on Russian paper in black ink. This text differs only slightly from the other two versions. It is an important monument of the Oirat language, a linguistic monument of a language spoken 300 years earlier, a sutra of folk religion.

The content of the sutra goes as follows:

1. After the usual invocation to Manjusiri the text states that
in the Treasure-house Mandala of the supreme Heavens the 360 Heavens are not contaminated. But, if there occurs any contamination it will be purified by a Mandala offering. In the Mandala of the Heavenly Gods the 360 Fierce Stars are not contaminated. But, if there occurs any contamination it will be purified by a Mandala offering. In the Mandala of the lower Water Lords the 360 Khans of Water Lord are not contaminated. But, if any contamination occurs, it will be purified by a Mandala offering. [lb-2a]

The gates of Heaven will be opened by an offering, the gates of the offering will be opened by pure soul – it was taught.

2. Presentation of the bird-lord father of the six kinds of living beings [2a]

3. Legend of how the nine defiled red foxes – Vage, Müge, Gešü, Müšü, Kbari, Moubari, Black-mouthed, Black tailed and Beautiful red-female-fox – were born. [2b-3a].
   In the beginning of beginnings, when Heaven and Earth have been created Bird-Lord-Khan of the six kinds [of living beings] united with his own companions [*nököd*] and as a result nine defiled foxes were born.

4. Legend of how three boys – a Tibetan one, a Chinese one and a Mongol one – were born of one and the same mother. [3a]

5. The Seven Fierce Stars ordered: «This mother of yours is sinful. If she grows old and dies and you bury her corpse among us the Seven Fierce Stars we will surely be sorrowful.» The fox by whom this message was sent did not pass it over to the sons of the people. [3a-3b]

6. The sinful fox has not passed the message to the people, so they inattentively buried the corpse of their mother among the Seven Fierce Stars. The shadow of defilement fell on the White Tengri Mountain of Tibet and the god of the mountain called 'Bum has become defiled. [3b-4a]

7. The part of the text relates in detail who and what are purified by certain parts of the fox: by the eyes, ears, nose, liver, the four legs, by the heart, lungs, stomach, neck, flesh, wool, spine, by the left and right ribs [3b, 4a,b, 5a,b]
   the defilement of the Seven Majestic Tengri-s are purified by the fox
   the defilement of sun and moon by the eyes
   the defilement of the supreme protectors by the ears
   the defilement of the wife by the nose
   the defilement of the brightness of heaven by the liver
   the defilement of the great four merits by the four legs
   the defilement of the Powerful Angry One by the heart
   the defilement of the rocks by the lungs
   the defilement of that corpse by the stomach
   the defilement of the ocean by the neck
   the defilement of the earth by the flesh
   the defilement of all the trees by the wool
   the defilement of the ocean by the nine upper and nine lower parts
   the defilement of those at the four directions and eight cardinal points
       by the forty-four joints of the spine

the defilement of the Earth and Water Khans will be purified
the defilement of the Gods of Daytime by the left rib of the fox
the defilement of the Gods of Night-time by the right rib of the fox
and so on
If fire, water, gold, wood are hindered they should be purified one by one by this
fox offering – it was taught.

In this part very old information is given concerning the Father Heaven, Mother
Earth and those trusting in the lower land of the Water Lords.

8. All the defilement of the body and soul of people is purified by the fox offering
[5b-7a]
as follows:
the slander caused by Güjir should be purified by the fox-offering.
The contamination is caused:
if one laid in the steam of a dog's or pig's meat
if one wore the dress of an ill person
if one touched a rabid man
if one fought with a defiled person with ill will.
And, if the Teaching, the lamas, the circle of the protective deities, the gods of the
world, the grand-fathers and fathers, the great-aunts have become contaminated let
them be purified by the fox offering – it was taught.

In old times it was strictly forbidden to eat the meat of dog and pig, to wear the
clothes of a sick person, to fight with a drunken man, to quarrel with an ill-willed
man.

9. If you trust gods, protective deities, earth-spirits, the lamas, the Buddhas, the
Teaching and prepare a nice clear offering it will protect you from any harm coming
from outside – it was also taught. And, even if there occurs any defilement, this fox
offering will purify it.

10. The three boys, the Tibetan one, the Mongolian one and the Chinese one have
greatly impoverished, their mother lost her eye-sight, the Faith-Khan has become
deaf – all this happened, because they buried their mother's corpse among the Fierce
Stars. The order of Manjusrî and of the Seven Fierce Stars is to be found on page
9a,b.

11. According to the order of the Seven Fierce Stars the one called Günji is invited.
The words of request told by the sinful fox is an interesting part of the sutra. It goes
as follows:
«Calling the one called Günji we make an offering with the fox to the Earth and
Heaven to purify disease and suffering that occurs to them. They prepare an
excellent offering to Father Heaven and Etügen Mother Earth. The poison should be
cured by poison, the evil should be cured by evil – so the sinful fox was captured and

brought by. When they decided to kill him, the fox said: «Do not kill me! If you kill me, it will be a terribly wicked action.» [9b-12a]

«But, if you have to kill me in any way, kill me by making my neck bitten by gold and silk. Take some tuft of my hair, a piece of meat of my flesh, a drop of my blood and break a piece off my bone. Collect them and prepare a purifying offering with them to Heaven and Earth» – it was requested.

12. The fox explains that he possesses the nine signs of Esrua, that are the followings:

the tip of his ears have become black – it is a sign that he lay in the shade of the Kalparavas tree

his muzzle has become short – it is a sign that he smelt sin

the tip of his nose has become black – it is a sign that he surpassed the evil

his mouth has become yellow – it is a sign that he has drunk of the elixir ocean

his breast has become white – it is a sign that he ran in the sunshine

his muzzle has become white – it is a sign that he crossed the white river of Heaven

the tip of his hair has become blue – it is a sign that he has lain on ice

and he enlists other similar signs: red spine, long tail, the tip of the tail is white, turning again and again backward when he escapes – all these are determined by supreme Heaven. After similar statements the fox says that if people make an offering with him their soul will flourish and their bodies will be purified. The blind will regain eyesight, the deaf ear will hear again.

13. The fox offering purifies the supreme Heaven, the Fierce Stars, the Etügen Mother down, the Earth and Water Khans. The benediction of the offering is given on pages 12 a, b, 13 a,b.

14. The exact dates and circumstance of the offering are given at the end of the sutra.

Ünegeni sanggiyin sudur orosiboi

[1b] Om ā hum om ā hum om ā hum
Namo xutuqtu Mangǰuširu-dü mürgümüi :

Bi dêre tenggeriyin küü sanggiyin mandal-du :
Гurban zoun ǰiran tenggeriner-tü
Burtaq ügei bölügê :
Kerbe burtaq bolbôsu :
Mandal-yêr takin ariulmui :
Oqtorγuyin tenggeri-neriyin mandal-du
Гurban zoun ǰiran doqšin odod-tu
Burtaq ügei bölgê :
Kerbe burtaq bolbôsu :
Mandal-yêr takin ariulmui :
Doro klusun-a [2a] xādiyin mandal-du :
Гurban zoun ǰiran klusun xād-tu
Burtaq ügei bölgê :
Kerbe burtaq bolbôsu :
Mandal-iyer takin ariulmui ::
Zöün öüde [= yaγun-u egüden-i]
Zouγad-iyêr nêǰi [= yaγun-iyer negegeǰi]
Tenggeriyin öüdê takil nêmui ::
Takiliyin öüdöö [= egüden]
Ariün sedkil-dü nêyü :
Aru inü öüdö ülü odumui ::
Xamuq morin [= mörön] öödö ülü oroyu [= urusumui]
Casutu zügiyin oroyin morenil [= mörön]
öödö urusumui :
Eng terigüün ene ünegeni
Yambar öüskêl kemên [2b]
Eng teregüün
Tengger γazar öüsküi-dü
Zurγān züyiliyin
Ečige šobuuni sang [=xang] nerte
Öböriyin nöküd-luγān inu nigedči
Nüül burtaq xoliluqsan-du :
Burtagiyin ünegen yesü töröǰi :
Axa inu Vage Müge xoyor bölügê :
Töüni ded inü

Gešü-a Müšü xoyor bölügê :
Töüni ded inü
Kbari Moubari xoyor bülügê :
Töüni ded inü
Xara amatu
Xara söültü xoyor bülügê
Okin döü inü
Sayixan [3a] ulān ünegen kigêd
Yesüüle töröböi
Tere γalbiyin
Tere caqtu-a-inu
[Tabin] zoun nere-tü kümün
Töböd Kitad Mongγol γurban köböün

Tere γurbuula nige eke-eče törögsön aǰi :
Basa tere caqtu kigêd tere üyedü
Erketü dolôn dogšidiyin odod
Üge ögüülebe
Ene emeq eke inü
Nüül burtaqtai inu : aǰi
Ötölǰi munulǰi ükümüi :
Kerbe ene eke tani-a [3b] ükübêsü inu
Öüni küüriyini
Bida doqšiduud dunda
Bü bulan :
Bida doqšin ododiyin xān
Uitan bui ::
Kümüni köböün inü :
Nüüliyin burtaqtai yeke
Ene eke tani
Nüüliyin burtaq bölügê kemên
Zarliq bolǰi :
Elči inu
Ünegeni ilegǰi :
Tere dolôn ododiyin zarligi inu
Ünegen yabun martaǰi xocorči ::
Kümüni küböün
Ese medeǰi
Ekeyin küüri inu
Doqšidiyin ododiyin [4a]
Dunda bulǰi aǰi :
Tere nüül burtagiyin söüder inu
Töbödiyin caγān Tenggeri oula-du kürün

Xara söüder-yêr
Oulayin 'Bum nertü-e + tenggeridü
Burtaq bolbo :
Kümüni küböün-dü
Neretü Tenggeri-ner
Ibên xašin
Xamuq burtagi takin ariltuɣai ::
Kei ene ödöriyin xoyino
Ünegen öün-yer
Dolôn erketü Tenggeriyin
Burtagi ariülamüi ::
Nidün-yêr
Nara sara-yin burtagi ariulamui ::
Cikin-yêr
Dêdü sakuusun burtaqlaqsani ariulamui ::
Xabar-yêr
Ekeneriyin saküüsun burtagi aruulamui ::
Eligen-yêr
Oqtorɣuyin gilbelgeni burtagi ariulmui ::
Dörbön köl-yêr
Dörbön yeke erdemiyin burtagi ariulmui ::
Züreken-yer
Urin erketü ene burtagi ariulmui ::
Oošaki-yêr
Casutu oulayin burtagi ariulmui
Eliken-yêr
Xadayin burtagi ariulmui ::
Gedesün-a-yêr
Tere küüriyin burtagi ariulmui ::
Küzün-yêr [5a]
Dalayin burtagi ariulmui ::
Maxan-yêr
Gazariyin burtagi ariulmüi ::
Nôson-yêr
Xamuq moduni budisayin
Burtagi ariulmui ::
Dêdü yesün
Dôro yesün-e
Dalayin burtagi ariulmui ::
Döcin dörbön nurɣuni üyes-yêr
Dörbön züq
Nayiman kizārtu aqsadiyin inu

Xān γazar usuni
Burtagi ariulmui ::
Ünegeni baraun xabirγa-yêr
Ödörtü axui tenggeriyin
Burtagi ariulmui : [5b]
Ünegeni zöün xabiraγa-yêr
Söni axui tenggerin-neriyin
Burtagi ariulmui ::
Üngeni kedü kedün xabusun-yêr
Xamuq amitani
Sedkiliyin nüül
Burtagi ariulmui ::
Bida Yogazari terigüülen
Tögüs öqlegiyin ezen bügüdêrtên
Urin sedkil-yêr
Yala yangxan üyiledüqsen bögüüsü :
Ene ünegeni takil-yêr ariultuγai ::
Mungxaq sedkil [6a]-yêr
Xaltarin üyiledügsen bögöösü :
Ene ünegeni takil-yêr ariultuγai ::
Oroxod caγan xara ireqsen
Ene ünegeni takil-yêr ariultuγai ::
Gal usun(i)
Altan modun xarsilaqsan bögöös
Ene + ünügeni takil-yêr ariultuγai ::
Güĵir-yêr nüül üyiledüqsen
Burtaq boluqsan bögöösü
Ene ünügeni takil-yêr ariultuγai ::
Morin eľĵigen luusa kigediyin [°terigüten-ü]
Maxan-a ideqsen bögöösü
Ene + ünegeni takil-yêr ariultuγai ::
Noxoi γaxayin maxani
Ourtu kebteqsen bögöösü
Ene ünügeni takil-yêr ariultuγai
Ebečitü-e kümüni xubcasu niÖmösüqsen bögöösü
Ene üneeni takil-yêr ariultuγai ::
Galzuu kümüni
Muses [=möči] bariqsan bögöösü
Ene ünegeni takil-yêr ariultuγai ::
Burtaqtu kümün-lügê

Terslen nololduqsan bögöösü
Ene ünegeni takil-yêr ariultuɣai ::
Olon irgen-dü
Aman aldaqsan bögöösü:
Ene ünegeni takil-yêr ariultuɣai ::
Üküqsen kümüni yasun ni [7a]
Ünüri ünüsüqsen bögöösü :
Ene ünegeni takil-yêr ariultuɣai ::
Nom blama kigêd
Idam mandal-du
Burtaq boluqsan bögöösü :
Ene ünegeni takil-yêr ariultuɣai ::
Kedün menggi-yêr
Burtaq boluqsan bögöösü :
Ene ünegeni takil-yêr ariultuɣai
Ekeneri-yin daginas-nartu
Burtaq boluqsan bögöösü :
Ene ünegeni takil-yêr ariultuɣai ::
Tabun izourtu burxan-du
Burtaq boluqsan bögöösü :
Ene ünegeni takil-yêr ariultuɣai ::
Yertüncüyin tenggeri-ner-tü
Burtaq boluqsan bögöösü :
Ene ünegeni takil-yêr ariultuɣai :
Öbökü ečigiyin xô ʾjilidü [suu ʾjali-dur]
Burtaq boluqsan bögöösü :
Ene ünegeni takil-yêr ariultuɣai :
Eke kigêd
Yeke naɣacayin xô ʾjilidu [= suu ʾjali-dur]
Burtaq boluqsan bögöösü
Öün-yêr ariulamui ::
Geri-yin saküüsun burtaq bögöösü :
Öün-yer ariulamui ::
Öüdeni sakiqči bars buɣu xoyor
Burtaq bögöösü
Öün-yêr ariulamui
Ede tavaridêni sakiqči-du
Burtaq bögöösü
Öün-yêr ariulamui ::
Günu [= gegüü] mörini [= morin-ü] kišiq
Burtaq bögöösü :

Öün-yêr ariulamui ::
Xurdun morini buyan kišiq
Burtaq bögöösü :
Öün-yêr ariulamui ::
Ükeriyin tengger
Burtaq bögöösü
Ene ünegeni takil-yêr ariulamui ::
Temêni tenggeri
Burtaq bögöösü :
Öün-yêr ariulamui ::
Xoni tenggeri
Burtaq bögöösü
Öün-yêr ariulamui ::
Tarāni ezen Esurüa-du
Burtaq bögöösü
Öün-iyêr ariulamui ::
Kilince buyan xoyori xoli[8b]bôsu
Ene ünegeni takil-yêr ariulamui ::
Tenggeri-ner ebdereldeqsen-bêr
Ene ünegeni takil-yêr ariulamui ::
Ariun burtaq xoyori ülü ilɣara :
Kilinces-iyen ese namančilabāsu
Busu buyan üyilüdüqsen
Tusan ügei boluyu :
Ene ariun
Ünegeni takil-yêr namančilamui ::
Tögüs aral [= arilaǰu] ese čidaba :
Meseq neretü tenggeri-dü
Od od [= öd = ögede] ügei
Mou üge ögüülebei :
Küseliyin doun-yêr
Dêre tenggeri-ner dou ču [= daɣudaǰu]
Tusa [9a] ügei bolbo ::
Töböd Kitad Mongɣol nertü
Gurban köböün inu
Üre čü čuxaq
Mal inu ügeyilebei ::
Öüdüqsen ekeyin +
Nidün inu soxoroǰî
Zayan ču xanāni
Cikin inu dülei bolbo :
Soliuni axa mu [= xaɣan-u sanaɣan] bütüürüld

Öündü youn-a sayin sakibāsu
Tusan tui + kemêldübei : :
Tendêcê dêre oɣtorɣuyidu-a
Mañjusiri zarliq bolbai :
Ende-ece doloon erketen [= doloɣan doɣsin odun]
Zarliq bolbosü::
Ai mungxaq kümüni köböün Ta
Bida tadu [tan-dur] :
Ünegeni [9a] elči ese ilgelöü
Bida tenggeriyin [sanaɣan] uyitun
Bui kemên :
Ta ekeyin küüri
Bida doqšidiyin dunda
Bü bula kemêbe :
Ödügê öün-dü tusatai
Günǰi xāni-a zalād
Xamaq axa [= xān]
Gazariyin Tenggeri-nertü
Ariun takil-yêr taki :
Tende-eče nüül
Burtagi arilɣaǰi [=arilɣaqči]
Günqǰi neretüyigei urìǰi bülügê :
Tere Günḡǰi ögüülebei ::
Yambarba ene üyile inu
Ünegen-êcê boluqsan äǰi :
Moudu [10a] mougi zoküüyü :
Xoron-yêr xoroyigi arilɣayu :
Tere nüültü ünegeni barituɣai kemêbê :
Tendêcê tere ünegeni
Barìǰi abči irebê :
Ene nüültü ünegeni
Alatuɣai kemebêsü :
Tere ünegen üge ögüülebe :
Namai bü ala
Bü nöqčiül kemêbe :
Namai alabasu-a
Kilinče inu yeke :
Uxātan kerbe albāsu
Küzüügimini altān yongxor-yêr
Xazouľǰi üküül :
Üsün-êcê zarimud kilɣasuni

Maxan-êče [10b] mini nigen keseq
Cusun-êče mini nigen dusal :
Yasun-êče mini nigen kelterkei kegêd
Tedeni xuräjî
Tenggeri γazar büküdêdü [=bügüdeger-dür]
Ariun takil-yêr takin ariultuγai :: ::
Tere ünegen ögüülebeyi :
Nada Eserua Tenggeriyin
Yesün belge tögüs bui :
Minii čikinî üzüür xaralaqsan mini
Galavars mo+düni söüdürtü-a
Kebtüqseni belbe :
Xongsour mini axur oγotor boluqči
Nüül ünüsüqseni belge : [11a]
Xabariyin üzüür xaralaqsan mini
Ečüsiyin čidküri daruxuyin belge :
Aman šara boluqsan inu
Arašani dalai-êče amsaqsani belge
Omoroun mini caγān boluqsani
Narani gerel-du güyiqseni beelg
Xongšouror mini narixan boluqsani
Mäšätu burtagi megjiyiqsen belge
Öyöküi minu caγan boluqsan
Tenggeriyin caγan möreni γatuluqsani belge
Mini xanggiyin nôsun
Kökü boluqsan
Übülüyin mösön dêre
Kebteqsen belge [11b]
Mini nôsuni üzüür söüdertei inu
Öröün erte söüdüridü
Yabuqsani belge ::
Minî ara inu
Ulān boluqsan inu
Dorene zügiyin nourtü
Külbüriqsenî belge :
Minî zö sôxor boluqsan inu
Ekeyin nādu talbiqsani belge :
Minî söül inu
Gô urtu boluqsan inu
Tenggeriyin oyodol-yêr
Yabuqsani belge
Mini söüliyin üzüür

Caɣān boluqsan inu
Takiliyin xoyitu mo [mör-i]
Ariulaxuyin belge
Bi ünegen ödün güyitele [12a]
Xôšai xarqči mini
Ene urida elinceq xulincaq
Burtaqtai ene
Ödügê üzeküyê medeküyin belge :
Minî teyimi
Esarua tenggeriyin
Yesün belge tögüsüqsen ügei bui kemêbê :
Nada-yêr ariun takil üyiledbêsü
Erdem inu yekedün-a :
Amitani sedkil inü delgereʼji
Beyečü amurlüilumui bi :
Nidün nêji-a
Cikinčü sonor bolumui ::
Xamuq amitan du [12b]
Ölzöi xutuq orosiultuɣai ::
Dêre Tenggeri-ner düüreng
Doqšin ododî takin ariultuɣai :
Dôro Ötögün eke düürüng
Xān ɣazar klusun xādî

Takin ariultuɣai ::
Ünegen-yêr takin ariuluqsani küčün-yêr
Bi Yögüzeri kigêd
Ögligüyin ezen bügüdedü
Eng urida ečige eke
Öbükü elinčeq-tu
Burtaq boluqsan bögöösü :
Ünegeni üsün maxan-yêr

Takin ariultuɣai ::
Emege ekeyin
Emege ekedü
Burtaq boluqsan bögöösü :
Ünegeni üsün yasun-a [13a]-yêr

Takin ariultuɣai :
Xoyitu köböün ačinartu
Burtaq boluqsan bögöösü
Ünegenî erekê-yêr

Takin ariultuɣai ::

Morin üker xoni-du
Burtaq boluqsan bögöösü :
Ünegeni gedüsün küzüün-yêr

Takin ariultuɣai ::
Üngeni ariulxui
Teyimi küčütü büi ::
Xamuq öüdüqsen xān ba :
Oqtorɣuyin ünegen dü adali bülügê :
Ariun nara sara-du adali boltuɣai delgeretügei :
Tümen odudtu adali boltuɣai :
Beyeyin dou [13b]
Molor erdeni adali boltuɣai ::
Doun tani
Esarua Tenggeriyin doundu adali boltuɣai ::
Sedkil tani tusa ilɣal ügei
Xamuq amitan-du tusa öoüsketügei ::
Mam-gha-lam om-ka-larka-la-vai
Svā-ha ma ma ser nodla svā-hā
Cai inu moɣoyin maxan solongɣuyin
Maxan kümüni maxan ene ɣurbani
Tutān talbi ::
Ulān kib dunda dêre cayigi :: [14a]
Ünegeni sang tabixu ödür :
bar sarayin 28-du :
Taulai sarayin 26-tu :
lu sarayin 24-dü :
moɣoi sarayin 22-tu :
morin sarayin 20-du :
nokai sarayin 28-du :
mečin sarayin 26-du :
takā sarayin 14-du :
noxoi sarayin 22-tu :
ɣaxai sarayin 11-dü :
xuluɣana 8-du :
üker srayin 5-du :
takixu ödür ene bui ::

Sarvā mam-gha-lam

The sutra *Ünegen-ü sang* was well-known all over Mongolia. It belongs to the sphere of folk religion of early times. In old times when the Khatgin clan performed their purifying ceremonies, first they presented the *Ariγun sang* offering, the *Ataγa tengri-yin sang* and after these purification ceremonies they presented «Ünegen-ü sang» to confirm the effect of those previous ceremonies once more. This time the believers, just as in case of *Ataγa tengri-yin sang* knelt down praying, did not sit down, but listened to the «Ünegen-ü sang prayer» with great devotion. The Khatgin people in the frame of the 13 Ataγa tengri ceremony presented the *Ünegen-ü sang* ceremony as well. Afterwards they walked in and out of the courtyards, met each others and changed word. At last they gathered together and made a festival. At this point the «black master» and the «black helpers» of the Khatgin prepared a great ceremony starting with the *Ünegen-ü sang*. The presentation of *Namdaγ sang* followed and a series of ceremonies according to the folk believes. L. Khurchataar wrote systematically about these customs in his book: *13 Ataγa tayilaga* (1987).

Ünegen-ü sang published here belongs to folk religion and shamanism. Some scholars of Mongolian studies published other version of the text from Ordos and Khalkha.

Alice Sárközi (Budapest) – Aleksej Georgievič Sazykin (St. Petersburg)

An Incense Offering of the Fox

The fox is not an outstanding figure in Mongolian mythology, though it is a well known hero of proverbs, tales hunting ceremonies. Origin myths of the Mongols speak about dogs, wolves, a light-beam, a golden man, but no mention is made of the fox. However, there is a certain type of text known in a few versions that makes slight allusions to an origin myth where the fox could be regarded to be the ancestress. The title of these texts is *Incense offering of the fox*. While there are several incense offerings in Mongolian folk literature, incense offering of the fox is not a common one. It was Prof. Poppe who first mentioned this ritual in his description of shaman texts in the St. Petersburg Collection.[1] However, some versions of the text have been published, namely: Prof. Serruys presented a small booklet from Ordos collected by Antoine Mostaert and mentions a variant that is slightly different from it.[2] Prof. Bawden also had the opportunity to copy two identical versions in Ulan Bator[3] – they differ from those published by Serruys. Prof. Heissig published a further version from the Budapest collection and gives a comparative table of the contents of all the known texts.[4] L. Hurchbaatur includes one into his book *Qatagin arban ɣurban Ataɣ-a tngri-yin tayilɣ-a*, that he collected in Ordos.[5] It was read out as a part of a purifying ceremony of the clan. It was

---

1 Poppe, N. N.: Opisanie Mongol'skih 'shamanskih' rukopisei. *Zapiski Instituta Vostokovedenija Akademii Nauk* 1.1932, p. 169.– it lists an Oirat manuscript: *Ünegeni bsang orosiboi* 27 p. , that is registered in Sazykin's Catalogue No. 1166 and will be published here.

2 H. Serruys: Offering of the Fox. A Shamanist Text from Ordos. *ZAS* 4.1970, 311-325. The two published manuscripts from the collection of Rev. A. Mostaert: Ünegen-ü ubsang sudur orosiba, and Ünegen-ü sang. They are shorter versions, than the ones published by Bawden and Heissig.

3 C. R. Bawden: The «Offering of the Fox» again. *ZAS* 10.1976, 439-473. Edition and comparision of two manuscripts of Ulan Bator, one in private posession, one from the State Library. They contain elements of an origin-myth. «The fox appears as a creature fathered in an impure way by the Garuda or King of the Birds, who engendered nine foxed. One fox was sent as a messenger by the Seven Stars of the Plough to warn the three boys, known as Tibetan, Chinese and Mongolian, who were born of one mother, not to bury the dead body of their female ancestor amongst the stars of the Plough. On the way the fox forgot the message, and because of his negligence the humans did not receive the warning and buried the corpse within the stars of the Plough. As a result, certain defilement occurred, and the gods were unable to protect the humans from troubles which afflicted them. -....they kill the sinful fox and make sacrifice with the parts of his body.»

4 W. Heissig: Zur Morphologie der «Fuchsopfer»-Gebete. *ZAS* 10.1976, 475-519. Edition of an Ünegen-ü sang sudur of Budapest Mong 162.The author makes a comparision of the structure of three basical versions, and transcribes and translates the Budapest version.

5 *Öbör Mongɣolun soyol-un keblel-ün qoriy-a*. Hailar 1986, pp. 141-153. It is also the shorter version. Hurchbataar collected the text in Ordos in Boroködege from a person called Babudorǰi of the Hatgin clan. The text was performed as a part of the Ataɣ-a tengri ritual, as a certain purifying ceremony. It was read by the officiant of the ritual sitting in front of the temple-yurt or during the ritual walking around the tent: ünegen sang-i ungsiǰu aliba-yi ariɣuluɣsan-u daraɣ-a bükü

presented sitting in front of the temple and turning toward the East. We have not any information wether Babudořji, the informant, himself took part at such a ritual, or heard about it from somebody else. Three Oirat versions are reported to be preserved in the Oirat Book Collection of the Linguistic Institute of the Mongolian Academy of Sciences, Ulan Bator.[6]

Prof. Bawden edited and translated a further version that he obtained on microfilm in Ulan Bator only after editing the afore mentioned ones.[7]

We have the special favour to report on the existence of three further variants of the text. Preparing the catalogue of the texts of folk belief in the St. Petersburg collection Sazykin came across these manuscripts. The St. Petersburg collection contains three versions of the *Ünegen-ü sang* «incense offering of the fox». One has already been mentioned by Prof. Poppe in his description of shamans texts, however, not analyzed in detail, the two others were not known till now. Two of the above mentioned texts are written in Oirat, the third one in classical Mongolian. Taking into consideration the Ordos and Oirat versions it can be stated, that the text was known on the whole Mongolian territory from west to east.

Incense offering of the fox is a very particular text – not only because it preserved the ancient custom of animal sacrifice (traces of what can be found in other texts too) but, as it relates a story of the origin of the offering and, beyond this, it contains references to an origin myth.

Dealing with fox-ritual texts M. L. Beffa and R. Hamayon (Qui confond pur et impur. *Études mongoles et sibériennes* 15.1984,141-152) dispute that these texts are connected with animal sacrifice. They found strange that an animal so unfit, both by nature and by tradition, could play the role of a sacrifial victim and as a material for making smoke on the other. Their «question mark» also suggests that this is a very particular kind of text deserving special attention.

The text is rather difficult and complicated with obscure references, so it is a great help to have more versions that can clarify certain points.

The story goes as follows:
After the usual Buddhist beginning it says that «all the gates can be opened somehow, by medicine or by an incense offering» (*tenggeriyin yeke xaalgasi takil ubsang-yeer negeemüi*). This sentence might be a reference to the ritual itself that opens way to heaven. Then, an obscure parallel states that «ordinary wind does not fly upwards, only the incense offering of the fox flies upwards just as ordinary rivers

---

mörgüljčn nigen üy-e čilüge-tei bolju küriyen γadan-a ergičekü buyu : ken ali-tai-ban aγuljan kelelčejü nargidaγ bayin-a: getel-e qatagin yumu buyu qatgin qar-a daγamal : qataγan qar-a baγsinar yeke tayilγ-a-yin ekilekü ajil-i jabdan beledkejü bayidaγ yum: yeke tayilγ-a ekilekü-dü yaγun-u emün-e bükü mörgüljin čomčoγ-un emün-e mörgül-ün γajar-tu kürülčen irejü saγujaγadaγ bayin-a : ene üy-e-dü qatagin qar-a daγumal čomčγ-un baraγun ordu önčüg-tü isegei deger-e jegünči qandun saγun namdaγ san-i ekilegüljü ungsidaγ bayin-a.

6 H. Luvsanbaldan: Tod üseg, tüünij dursgaluud: Ulanbator 1975, 219: 709/12, 737/11 and 801/73 und O. Sambuudořj: *Xel Zoxiolyn Xüreelengijn tod üsgijn nomyn bürtgel san taxilgyn sudar.* Ulaaanbaatar 1997, pp. 60-61.

7 Ch. R. Bawden: An Oirat version of the ‹Offering of the Fox›. *ZAS* 12.1978, 7-34.

do not flow upstream, only the Jambu river flows upstream». This statement intends to emphasize the holiness of the ritual and stresses that it is not an everyday event, but exceptional, superhuman.[8]

Here follows the reference to the origin myth: once upon a time in the very first sansara there lived six saint fathers and three great mothers. Their sinful union resulted nine foxes. One of the texts speaks about six fathers and mothers and also mentions a certain Bird Khan who engendered nine foxes with his <u>own daughter</u>: *Šobuuni xān neretü inu öböörön okin-luγa nigedcü nüül burtaqgi xoliqson-yeer burtaqtu ünegen yesüüle törözü* «Bird Khan joined with her own daughter and so mixed up with sin and as a result nine defiled foxes were born». Parallel texts speak about his join with his own nökör, that can be a companion, a friend, but a relative, as well.

Names of the foxes are given here and it is told that eight of them were males while one female. The names seem to be of Tibetan origin, however could not have been found till now. This passage of the text is rather confused, some of versions make only a slight reference to the affair. Only two texts speaks about this incestuous connection. It can be supposed, that later copyists wanted to forget the shameful origin of the clan (?). I dare use the expression «the origin of the clan» as the text in the following part says that three boys were born of one and the same mother: a Mongol, a Chinese and a Tibetan who were called Tabun, Jagun and Tümen. It can also be suspected that the female fox is the mother of the three nations. In the same sansara seven Fierce Stars (*doloγan doγsin odud*) were also born who regarded the mother and the children sinful. They forbid to burry the corpse of the dead mother among the stars. To warn people they send them a message by the fox. On the way there the fox-messenger forgets the warning and so the sons burry their dead mother among the stars. This action contaminates the whole world. All texts emphasize that this burial is the cause why the fox should be sacrificed. However, I have the suspicion that the real cause is the sinful origin of the three nations and the burial is a later excuse taken over from some folk tale. The motif of forgetting the message is a well known folklore pattern. As a punishment gods do not support people who so have no sons, no cattle. The ancestor mother has become blind, the father deaf and the son dumb. They call out Tarniči Khan, the Exorcist Khan, for help, who orders, that the fox, the cause of the trouble, should be killed.

---

8 Let us mention here the story of Šidurγu Khan, his wife and the death of Chingis Khan as related in the Altan Tobči: the fabolous Gürbelji γoo-a, who later causes the death of Chinggis Khan, was taken by the Great Khan from the Tangut leader Šidurγu Khan. Gürbeljin lady was beautiful admired by all, even though she complained: I was even more beautiful previously, but the dust of your army covered my beauty. If I could wash, I would recover. Chinggis let her go to the river, where she catches a bird and sends a message to her father referring to her futur suicide by jumping into the river. She writes to her father not to look for her body downflow the river, but upstream. It means that in this fabula where everybody is of super-human: Šidurγu Khan, who could be killed only by a magic weapon, Görbeljin γoo-a, who transforms herself from human into a lizard, etc. – the magic river flows upstream. Bawden: *Altan Tobči* pp. 57-58: bi ene Qara mören-e unaǰu ükümüi: minu yasun-i uruγu buu eri : ögede erigtün kemen bičiǰü:

Some texts introduce here the figure of Mañjusrî who gives an advice to pray to the stars for help.

The fox is caught and is going to be killed. «Do not kill me», says the fox, but if it should be done «kill me with a special golden weapon». The emphasis on the speciality of the killing instrument calls into mind the well-known motif of 'wonder-weapons' used in epic poems, tales and historical works to kill the super-man.[9] The fact, that a special weapon is needed to kill the fox means that it is a super-fox, a fabulous creature, not an every-day animal. The question arises: «Is it super, because it is identical with the ancestress?»

This super-fox has special signs, nine in number – says the text – that are the signs of Esrua, the main god. These signs and their meaning are as follows:

the tip of her ear is black, as she walked in the woods
her mouth is brown, as she drank of the elixir lake
her muzzle is short, as the fox was sent as a messanger
her breast is white, as she walks opposite to the sun
her paws are black, as she scratched dirt at the elixir source
her thighs are grey, as she walked early in the morning
her back is red, as she rolled on the vermilion mountain
her spine is spotted as if sprinkled with stars, as her mother put her sign on her
her tail is long, as she walked along the Milky Way
the tip of her tail is white, as she purified the norther river with incense offering.

The different texts give more or less identical lists and all the enumerations contain more, than nine signs. Number nine can be regarded here as a fabulous, fortune number. The super-fox has to be perfect with nine signs.

The following part of the text explains in detail which part of the fox is offered for what a certain purpose:

the head is offered as the heaven has been contaminated
the heart is offered as the lords of the land have been contaminated
the lungs are offered as the lords of the mountains have been contaminated
the liver is offered as the lords of the rocks have been contaminated
the neck is offered as the lords of the lakes have been contaminated
the belly is offered as the lords of the roads have been contaminated
the bones are offered as the lords of the rock have been contaminated
the flesh is offered as the lords of the earth have been contaminated, etc.

Gods addressed in this part are the members of the folk pantheon: great Nagas, the masters of earth, of mountains, of rocks, of lakes, of roads, those of the western direction, of sun and moon, of the sky, of the stars, of trees and grass.

In the following part of the text sins are listed that can be purified by a fox offering. This is an enumeration of taboos known from other ethnographical material. These sins are the following:

---

9   Prof. Heissig analyzes in detail the motif of killing the hero with her own magic weapon: On Some Epical Motifs in the Altan Tobči. *Niguča Bičig. Pi Wén Shu. An Anniversary Volume in Honor of Francis Woodman Cleaves.* Ed. C. I. Cross. Harvard University 1985,137-143.

To take part at a funeral

To feel the smell of the dead. These two taboos belong to the prescriptions concerning the burial of a corpse.

To touch unclean food

To drink wine together with an unclean person

To wear the dress of a sick person

To commit sins in the family

Sins committed by women

To hurt the god of the fire-place

To hurt the god of the door

To hurt the god of the food – here we again have a list of gods belonging to the folk-pantheon.

Further sins are: to eat horse meat (that was permitted only on the occasion of rituals)

To eat ass meat or yak-mule meat

To sleep at the place of a dog or a pig

To eat unclean food.

Some of the fox-texts have a slight lamaist touch: the usual beginning of Buddhist sutras or the mentioning of the names of Buddhist gods, but as a whole, they preserved a lot of folk believes. It can be stated that these strange texts in a disguised form speak about the incestuous origin of the clan. I am not sure if it must be connected to the origin of the Mongolian people, may be the whole idea was taken over from the Tibetan or the Chinese folklore. This question needs further clarification.

Analysis of the Content[1]

Sazykin 1166 Oirat	Sazykin 1167, Classical Mongolian	Sazykin 1168, Oirat
5-6 lines missing	Invocation	Invocation
	Any door can be opened somehow the door of heaven by incense the door of incense offering by medicine	At the beginning of time in the cave of samsara[2] any door can be opened somehow: the door of heaven by incense and the door of incense offering by medicine
Parallel of the common river that flows downstream and the Jambu river that flows upstream and this fox that walks uphill	The back does not go upwards this fox goes uphill common rivers do not flow upstream Ire-sang-bûn river[3] flows upstream	Wind generally does not fly upwards; this fox offering does, common rivers flow downstream, Jambu river flows upstream
		Opening the doors: the door of defilement by incense of fox, the door of heaven by the ten thoughts

1 Here we present the comparative table of the three versions published in this paper in the way done by Prof. Heissig to help the comparision of all the existing versions.

2 The expression: *sangsarun yeke aγui* sounds strange here. However the reading *aγui* is quite clear. Other texts give: *sansar-uun aqui-tur* [Sazykin 1167], *sangsar-un aqui-dur* (Heissig). The adjective *yeke* makes it clear here, that a *aγui* was really meant as a noun. The expression might be an error of the copyist.

3 Serruys' text gives: *časutu aγula-yin mören*, Heissig: *rcangbu möred*.

What is the fate of the fox?	What is the origin of the fox?
Six saint father tengri-s and three great tengri-s: Kolmo, Gyulmo and Sgelmo[4] have become sinful in their bodies	When this earth has begun the father and mother of the six kinds of living beings, called Bird Khan[5], united with his own daughter. They mixed up defilement and as a result:
In the very first *samsara* there lived six saint fathers and three gods named: Gülemü, Ilamu and Salamu who have become contaminated in their bodies	Nine sinful foxes were born:
There were nine contaminated fox brothers: Yeke and Moga / Kasu and Mosu / Kanak and Munak / Karca and Marik / and the mother of the foxes	Aka and Muka / Gabari and Mubari / Black-mouth and Black-tailed the youngest ones: Redy and Beauty and a female fox. They were nine altogether.[6]
while living in sin with the fox brothers they were nine together there: Vanga and Móga / Kašu and Mošu / Kanaga and Munaga / Gabari and Mubari / and their younger sister called Marayan, the mother of fox	That time a Tibetan a Chinese and a Mongol boy were born from one and the same

4 Their names are: Gülmü, Nilmu, Salmu by Heissig.

5 Bawden's text also gives Sibaɣun-u qan, and he translates it as Garudi, that is most probably true. However, I preserved the expression: Bird Khan. The text of Hurchbaatar also gives: Sibaɣun qan .

6 Their names are: *Yaga Moge, Qasiba Musiba, Ganag Munag, Gabira Mubira*, the black-mouth and the black-tail and the youngest: Red Fox (Bawden), in Heissig's text: *Vege Muge, Qanaɣ Munaɣ, Gasu Musu, Gabri Mubri* and the youngest sister *Müriyen*. Hurchbaatar's text gives: *Vaga Muga, Gasuv, Mošuv, Kabari Mudari, Qara amatu, Qara segültü* and the youngest *Sayiqan ulaɣan em-e ünegen*. Bawden's Oirat text (ZAS 12) gives the names: Yeke, Mögü, Raba, Mürri, Xara amatu, Xara Söütü and Sayixan Ulān eme (only seven altogether).

		mother, they were called Fifty, Hundred and Thousand
From that time on till the present kalpa defilement occurred again and again even if it was cleared away	From that time on till the present kalpa there appeared sin again and again, though it was purified.	At the same time seven Fierce Stars were also born.
The son of the dragons sends a message: "if once your mother dies, do not burry her on my land. You, the sons of men are greatly sinful	When the mother will die do not place the corpse on the earth as it will cause great defilement to the human beings and the dragon son will be worried	The Stars said: the grandmother of your mother was sinful. I will purify her. She will die and we will worry about her corpse, as you, human boys and she are sinful
On the way the fox forgot the message	The dragon son sent the fox with the above message but it forgot it on the way	The Seven Fierce Stars sent a message by the fox, who forgot it on the way
Since that time on till the present kalpa the contamination has been cleared away from time to time, but it occurred again and they lived in sin	Since then throughout the kalpas they live in sin	
It was because they placed the corpse of the mother on the top of the dragon	It was because they placed the dead body of the mother was placed on the top of the dragon	So, people did not get to know it and they buried their mother among the Fierce Stars
		As a result, the White God's Mountain of Tibet and the God called Bumba of the

As a result of it Ridu and Ridu (!)[7] have become dull, the wife of Faith Lord has become blind and Determiner Khan has become deaf and their son has become dull	As a result the people of Ker-tü and Niravang have become dull, the eyes of the wife of the blue fleshed Determiner Lord have become blind and the ears of the Khan have become deaf and their son has become mad	Majestic Ice Mountain have become defiled. Gods could not support human sons any more. Then, Icy God said bad words on them. They called out the name of supreme gods but it was no help. The sons of the Tibetan, the Chinese and the Mongol boy became scarce and cattle few
		The eyes of the Creator Mother have become blind. The ears of Faith King have become deaf and Bird Khan has got mad.
They ask for the advice of Günzei Sorcerer[8],who, after learning that contamination has stopped as nobody comes again to burry a corpse on that land suggests them to kill the fox	They called Sorcerer Khan, who said: the people who came to burry the corpse have stopped doing it. Now, the sinful fox, the messenger, has been caught	They called out for help, and Mañjuśrī spoke from heaven: Pray to the Fierce Stars who then suggested to call Günzüd Khan who will purify all the contamination. Güzüd Khan came: all the trouble was caused by this fox. We correct poison by poison. Catch the fox! And, they caught the fox.
The fox asks not to be killed, as murdering a fox is a great sin. If it should be done	The fox asked: do not kill me by cutting, to kill a fox is a great sin. Kill me by piercing	The fox asked not to be killed, not to be cut, but if it should

7 Heissig's text gives: Ridu and Ravadu.
8 Bawden's text gives: qrongtsa qaγan, Heissig's: tarniči qaγan, Hurchbaatar's: Rgôgrči qaγan.

in any case, kill him with a golden pin. Instead of his body he offers parts of it: a piece of hair and a drop of blood: an incense offering of the blood flesh and bones of the fox will purify all the *sansaras*

The fox says:
The incense offering is very useful for you, as he, the fox, is full with the nine signs:
tips of ears are black – as he purified all spirits

mouth is brown – as he drank of the elixir-lake

snout is hunting and short – as he sent the fox
breast is white – as he ran facing the sun

paws are black – as he dug the lawn in elixir-source

chin is white – as he washed in the white water of gods

thighs are grey – as he ran after food early in the morning
back is red – as he vomited on the vermilion slopes of the eastern mountain

spine is longish – as it is a sign placed on him by his mother

a golden pin into my neck. Take one piece of my hair and one drop of my blood. Make an offering with the flesh, bone and blood of the fox make an incense offering to each *sansara*.

The fox says:
If the incense offering is of great use for you. it is as he, the fox, is full with the nine signs:
tip of the ear is black – he was in the woods the snout is hunting and snub – he has become superfluous

tip of the nose is black – pacified the evil spirits

mouth is brown – he drank of the elixir-lake

breast is white–he walked opposite the sun feet are black – he dag the lawn of elixir belly is white – he washed it in the white water of gods

his rump is grey – he walked early in the morning
back is red – he rolled on the slopes of the vermilion mountain

spine is like stars–his mother put her signs on him

be done, pierce his neck with a golden pin. Make an offering of the fox's hair, flesh and blood.

He, the fox, is full with the nine signs of Esrua tengri:
tip of my ears are black – I lay in the evil shade of the Kalpavriksha tree, snout is short and hunting – as I committed sins

tip of my nose is black – I defeated the evils
my mouth is black – I drank of the elixir

my back is yellow – I dug the dirt of the elixir source
the pit of my stomach is white – I crossed the river of Heaven; the wool on my thighs is blue – I lay on the winter ice
my back is red – I rolled on the vermilion mountain
my spine is motley – sign of the mother

my tail is long – I walked along the Milky Way
tip of my tail is white – I

tail is long and straight – as he walked together with the blood-relatives There is not a single sign that is missing	tail is long and straight with nine joints – he walked tip of his tail is white – he purified the river of north thighs are grey – he walked early in the morning he is complete with all the nine signs, there is no sign missing	purified the further way of sacrifice my breast is white – I have run in the sunshine tip of my wool is red – I walked in the dew early in the morning
	By the power of the incense offering of the fox eyes of the wife opened, the ears of Faith Lord started to hear and the madness of the boy cleaned away	The eyes have opened The ears have become sharp
By the power of the incense offering of the fox the eyes of Faith Lord's wife have been opened, the ears of Determiner Khan started to hear, and the madness of the son-prince cleared away.		We purify: Gods of the upper heaven, Fierce stars of the middle firmament, Khans, Lords of Earth Khans and Gods of the Golden Underworld, Yogacari, the almsgiver, the ancestors
The offering of certain parts of the fox purifies different things: head – dragons of the firmament four members–four great dragons heart – dragons and the lords of earth	Certain parts of the fox purifies certain things: head – firmament four members – sphere of the great dragons heart – many dragons and lords of the earth lungs – lords of the mountains	Certain parts are offered to purify certain things: wool and bone – great grandfather and great grandmother five fathers of the fox – grandsons entrails – horse, cow, sheep

lungs – lords of the mountains

liver – lords of rocks
stomach – lords of lakes

stomach – one who has eaten unclean food

throat – lords of Dailingxa mountain-pass

belly – lords of the roads
forty-nine joints – lords of earth
forty tongues – firmament
teeth – stars
right rib – gods and dragons of the eastern white land
the left rib – gods and dragons of the northern black lands

hair – lords of grass and trees

They make an incense offering with the flesh

blood and bones to purify everything that is defiled

The purification by the fox offering should be carried out:
when contaminated food has been eaten

the protective spirits are contaminated

when the protective spirits of the Teaching are contaminated
when the fierce gods who suppressed the

---

liver – lords of the northern rocks

neck – lords of the lakes
stomach – those who have eaten defiled food

intestine – cunning lords

abdomen – lords of the highways

bones – lords of the stones
flesh – dragons of the earth
nine members of the fore-part – lords of east
nine members of the back-part – lords of earth of western side
forty-nine parts – lords of earth
eyes – sun and moon
teeth – stars

right rib – gods and dragons the eastern side
left rib – gods and dragons of the northern
the skin – the lords of the grass and trees

The blood, flesh and bones purifies everything

The incense offering of the fox should be done if the following sins have been committed:
when unclean food has been eaten

when the protective spirits have been contaminated

when the furious gods who suppressed the enemy of male people have been contaminated
when female yaksas have been contaminated

---

eyes – sun and moon, day and night
ears – protective spirits
nose – contamination of women
tongue – brightness of the firmament
four feet – four Great Powerful Ones
lungs – Snowy Mountain
liver – rocks
neck – ocean
bones – stones
flesh – earth
wool – trees, bushes
nine fore-parts – nine oceans
forty-four parts – khans and lords of earth and water
right rib – gods of daytime
left rib – gods of night
stomach and ribs – thoughts of living beings

Sins to be purified by the incense offering:
angry thoughts toward Yogacari and almsgiver when craving thoughts

ignorant thoughts
prohibited white and black if fire, water, gold, wood

enemy of male people have been contaminated

when Irma Yangši has been contaminated

defiled, gods of value are defiled

dead body of a man was carried

when the God of Fortune has been contaminated

slander and sin have been committed

when Gesöün Tengri and Nököčögči tengri have been contaminated

meat of horse and donkey was eaten

when the God of Travelling has been contaminated

when the God who multiplies horses has been contaminated

meat of dog and pig was eaten one laid in the lair of dog and pig

one wore clothes of a sick person

when the God of Travelling has been contaminated

touched meat of a drunken man

when the Multiplier God of Horses has been contaminated

when goods and fortune have been contaminated

drank together with a defiled man

made a promise in presence of many

when the God who multiplies yak-cow has been contaminated

when the God of Women and Fortune has been contaminated

smelt the smell of a dead body

smelt a woman's privacy

if teaching, lamas and protective spirits defiled

when the God who multiplies cattle has been contaminated

when the Multiplier God of Yak-Cow and Mule has been contaminated

when the Multiplier God of Yak-Cow and Cow has been contaminated

when the God who multiplies sheep has been contaminated

when the God who multiplies goats has been contaminated

if gods of Esrua were defiled

if the five Dhyâni Buddha-s were defiled

if gods of world were contaminated

when the Multiplier God of Sheep and Goat has been contaminated

when contamination occurred in the family

if the genius has been defiled

if protectors of father, mother and aunts were defiled

when your own beloved have committed sin

when the God of the Hearth X
when the God of the Door X

if Tiger Buddha, protector of door was defiled

when God of Fireplace has been contaminated

when the God of the Crops X

when the God of Door has been contaminated

When the God of Curd and Butter has been contaminated

when we, together with the master of the ceremony, touched the body of a dead

when we have eaten horse-meat

when we have eaten Yak-cow or ass-meat dog.....

when we touched a dead corps

when we have eaten horse meat

when we have slept on the place of dogs or pigs

if protective gods of food were defiled

if protective spirits of milking mares were defiled

if sacrificial horse was defiled

if southern gods were defiled

if God of Camels was defiled

if God of Sheep was defiled

if God of Goats was defiled

if Lord of Crops and Esrua were defiled

if sin and merit are not separated

if gods are destroyed

Different directions of the incense offering: north, west, east, south

Offering to the different gods and turning back the hinderance of the enemy.
They make sacrifice to:
the Gods of the Upper firmament
the dragons that fill the heaven and earth
the Protectors of Teaching
the Gods of Wealth and Fortune
Arhats and Fierce Gods
the God who protects sheep
the God who protects goat
the God of the Doors
the God of Fortune
the God of Winter provision
the Lords of the Earth and Common Dragons
the Gods of Males
Garudi bird

Wish-formula	Blessing
Dates of the sacrifice: First spring month 28 Middle spring month 26 Last spring month 24 First summer month 22 Middle summer month 20 Last summer month 28 First autumn month 14 Middle autumn month 14 Last autumn month 12 First winter month 10 Middle month 8 Last month 5	Turns back the harms of enemy the one who obstructs the fulfillment of men's wish the One who makes the Hands of women empty Nine evil spirits enemy spirits

Transcription   Sayzkin 1166

[1a] Ünegeni bsang kemeekü orošiboi.

[1b][5-6 lines are missing] ...ülü yabun bögöötölö :
ene ünegen öödö yabun bui
yerü müres öödö ülü urusun bögöötölö
zambu müren öödö urusumui :
ene ünegen neretü yambar zayāqsan bui kemeebeesü :
eng urida sang=sariyin aqui-du inu :
zurγan boqdo ečige tenggeri kigeed γurban yeke tenggeri inu :
Kolmo Gyulmo Sgelmo γurban kigeed :
tedeni beyedü kir burtaq xaldaq=san-du inu :
burtaq yabudal-tu ünegen axa döü yesöüle aqsan ajĭγu :
tedeni terigöün axa inu :
Yeke (!) Moga xoyor :
töüni dedni Kasu Mosu xoyor :
töüni dedni Kanaq Munaq xoyor :
töüni dedni ünegeni eke Karca Mariq neretü-luγā [2a]
yesüülei zayābai ::
tere caq kigeed-eece inaqšida γalab kürtele

kir burtagi arilγabāsu :
basa basa xaldaxu kigeed :
keb kezee ene ekeen ükükülee :
tere kegöüri mini γazar deere bü talbiqtun :
či kümüni köböün burtaq yeke-tü
bi klušiyin köböün uyitan dotor-tu :
bi ügebeen ünegen-dü keleji ilgebei :
ünegen üge-been zoura martaqsan ajiu :
tere caq kigeed-eece inaqšida γalab kürtele

kir burtagi basa arilγan bötöötölö
basa beye-yi kir burtaq-yeer yabuqsan ajiu :
ekeyin kegöüri klušiyin deere talbiqsani tula :
tende-eece Ridu Ridu neretü xoyoriyin
γani mungxaqtu inu
kükübtör önggötöi :
Zayaani ezen xatuni nidün soxor bolzu :
Zayaači xāni čikin dülei=reed :
köböün inu mungxaraqsan-du :
tende-eece Günzei tarniči xāni urĭji iröülüqsen-dü :
tarniči Günzei xān-du [2b] ögöülen :

bulāɣači kümün bulān ireši dousba :
xortoni xor inu :
irẽji dousba :
burtaqtu ünegeni xāni bariba :
ene burtaqtu ünegeni alaya kemeebe :
burtaq-tu ünegen ögöü=lebei :
namai bü ala :
bü oqtoči kerbe alabasu
ünege alaqsan kilince yeke bui :
mini közöüni altan xadxuur-yeer xadaxu :
mini üsün-eece čimeq kigeed
cusun-eece mini nige dusul kigeed :
ünegeni cusun maxan yasun ɣurban-yeer
kir xamuq sangsar-noɣoud-tu nigen sang taki :
čimadu sanggiyin küčün auɣa bui bögöösü :
nadur büridüqsen yesün belges bui :
čikini mini üzüür xara boluqsan :
xamuq ada čidküdi nomoɣodxoxuyin mini belge bolloi :
aman mini kürin boluqsan aršāni nour-eece ouqsani mini belge bolloi :
nöür mini angnaɣur xotoɣor boluqsan inu :
ünegen ilgöü=reqseni mini belge bolloi :
omoruu mini caɣān boluqsan [3a]
naran esürge yabuqsani mini belge bolloi :
tabaq mini xara boluqsan arašāni züyilge
tabaq-yeer maltaqsan mini belge bolloi :
örgü mini caɣān boluq=san tenggeriyin
cuɣan usundu ugāqsanai mini belge bolloi :
xondocoq mini buurul boluqsan
manaɣār erte idešileqsenei mini belge bolloi :
aru mini ulān boluqsan dorono züq šingxon-du
böölɉiqsöni mini belge bolloi :
zon mini urtu metü boluqsan ekeyin belge
köböün-dü talbiqsani mini belge bolloi :
söül mini urtu bolood šudurɣu boluqsan
cusun üyes nurɣun-luɣā zalɣalduqsani mini belge bolloi :
söüliyin mini üzüür caɣān boluqsan
sang-yeer xoyišidüyigi mör arilɣaxuyin mini belge bolloi :
tere metü büridüqsen yesün belge bui :
nadur ese büridüq=sen ɣaɣca-beer ügei buyu :
ünegen sang takiqsan činar-yeer :

zayāni ezen xatuni [3b] nidün-beer neebe
zayāči xāni čikin-beer sonosbo :
köböün xāni (!) mungxaq arilba :
ünegeni toloγoi-beer oqtorγui kluši
burtaqlaqsani tula takimui :
dörben gešöün-yeer
dörbön yeke klušiyin ayimagi
burtaqlaqsani tula takimui :
züreken-dü olon klus kigeed γazariyin ezedü
burtaqlaq=sani takimui :
ooski-yeer oulayin ezedi burtaqlaqsani takimui :
elikin-yeer xadaši-yin üzedi
burtaqlaqsani tula takimui :
güzeen-yeer nuuriyin ezedi
burtaqlaqsani tula takimui :
xotu-yeer burtaq idee ideqseni tula takimui :
xooloi-beer daba dayilingxayin ezedi
burtaqlaqsani tula takimui :
gedesün-yeer zamuudiyin ezedi
burtaqlaqsani tula takimnui :
yerü döčin yesün üyes-yeer
γaza=riyin ezed ba klus bügüdei-gi
burtaqlaqsan-ni tula takimui :
šüdün-yeer naran sarani burtaq=laqsani tula takimui :
yerü [4a] döčin kelen-yeer oqtor=γui-gi
burtaqlaqsani tula takimui :
šüdün-yeer odudi
burtaqlaqsani tula takimui :
baroun xabirγa-yeer öböriyin caγan γazariyin
tenggeri ba kluši takimui :
zöün xabirγa-yeer aruyin qara γazariyin
tenggeri ba kluši takimui :
üsün-yeer öbösün moduni ezedi
burtaqlaqsani tula takimui :
ene ödür ünegeni maxan cusun yasun γurban-yeer takimui :
burtaqlaqsan mungxaraqsan kedüi-beer bögöösü :
ünegen sang takiq=san činar-yeer sayitur arilxu boltuγai ::

burtaq idee ideqsen bui bögöösü :
ünegeni sang takiq=san-yeer arilxu boltuγai :
idam sakousuni burtaqlaqsan (bui) bögöösü : X

nomiyin sakousuni burtaqlaqsan bui bögöösü X :
ere kümüni dai=suni daruqči omoqtu tenggeri
burtaqlaqsan bui bögöösü X ::
Irma Yangši burtaqlaqsan bui bögöösü X :
gešöün tenggeri nököcöqči tenggeri-yi
burtaqlaqsan bui [4b] bögöösü X ::
zoulčin yabudaliyin tenggeri burtaqlaqsan bui bögöösü X ::
güün ürejiüleqči burtaqlaqsan bui bögöösü X ::
eme (!) kigeed buyan kešigiyin tenggeri
burtaqlaqsan bui bögöösü X ::
xayinuq oulasa ürejiülüqči tenggeri
burtaqlaq=san bui bögöösü X ::
otus üker kigeed üneeni ürejiülüqči tengge=ri
burtaqlaqsan bui bögöösü X ::
xonin kigeed imāni ürejiülüqči tengge=ri
burtaqlaqsan bui bögöösü X :
öböriyin eliken zoura burtaq nüül üyiledüqsen bui bögöösü X ::
ekener kümün öbör zoura-been
burtaq nüül üyiledüqsen bui bögöösü X ::
γolumtašiyin tengge=ri-yin
burtaq nüül üyiledüqsen bui bögöösü X ::
xalγašiyin tengge=ri-yi
burtaqlaqsan bui bögöösü X ::
tarān toosuni tenggeri-yin
burtaqlaq=san bui bögöösü X ::
bi kigeed öqli=göyin ezed nökör selte
olon kümüni kegüürtü γar kürüqsen bui bögöösü X ::
morini maxan ideqsen bui bögöösü X ::
xayinuq oulašiyin maxan ideqsen bui bögöösü X ::
noxoi .... [the end of the text is missing]

Translation

Incense offering of the Fox

.....while it does not go
This fox goes uphill.
Common rivers do not flow upstream,
The Jambu river flows upstream.

We relate here the fate of this one called fox:

There were six saint father-gods and three great gods:
Kolmo, Gyulmo and Sgelmo.
Their bodies have become contaminated.
There were nine fox brothers with sinful conduct.
The eldest ones were
Yeke and Moga
After them Kasu and Mosu
After them Kanak and Munak
After them Karca and Marik, [2a]
And the mother of the fox,
Nine altogether.

From that time on till the present kalpa,
Even if they purified defilements,
It occurred again and again.
"Whenever this mother dies,
Do not burry her on my land.
You, human sons are greatly sinful,
I, the son of the dragons, am sorrowful inside."
I told this message to the fox and sent him.
But, the fox forgot it on the way.

From that time on till the present kalpa
Though, they again purified contamination,
They lived with defilement in their bodies.
It was because they placed
The body of their mother on top of the dragon.

Thereafter Ridu and Ridu (!) have become rabid,
The eyes of Faith Lord's wife
Have become blind.
The ears of the Faith Khan
Have become deaf,
And their son got mad.

Then, they called Günzei Sorcerer Khan,
Who came.
They said to Günzei Khan:
People who came to burry
Stopped doing it.
Those causing harm

Stopped coming.[10]
We have caught the defiled fox.

Let us kill this sinful fox! – He said.
The sinful fox said:
Do not kill me!
Do not chop me up!
If you kill me
the sin of killing a fox is great!
Pierce my neck through
with a golden pin!
Take an ornament of my hair
and a drop of my blood.
And, with the blood, flesh and bone of the fox.
make an incense offering
in all the sinful sansara-s

If the power of the incense offering
Is greatly beneficial for you,
It is because I am complete
With the nine signs:
The tip of my ears have become black
It is a sign that I pacified all the evil spirits.
My mouth is brown
It is a sign that I have drunk of the elixir-lake.
My snout is hunting[11] and short,
It is sign that the fox has been sent.[12]
My breast has become white,
It is sign that I have gone facing the sun.

---

10 Here we have: bulāɣači kümün bulān ireǰi dousba : xortoni xor inu : ireǰi dousba. Sazykin 1167
    gives: buliɣči kümün bulara ireǰü daɣusba Sazykin 1168 is different. Heissig's text gives:
    buliyaɣči kümün bulara ireǰü daɣusba. qoor-tan-u qoor inu ireǰü daɣusba and it is translated:
    «Endet, dass ein räuberischer Mensch kommt, um zu rauben. Endet, dass das Übel des Bösen
    kommt!» We suppose that here the burrying of the dead body is in question.

11 Here we have niɣur minu angnuɣur qotoɣor boluɣsan, Sazykin 1166 gives nöür mini angnaɣur
    xotoɣor boluqsan, Sazykin 1168 gives: mini xongšor aqnaɣur xotoɣor boluqsan. Bawden's text:
    qangsiɣar minu oqor qotoɣor boluɣsan and translates it, «my muzzle has become short and snub»
    – and explains that the paralel text gives oɣotor for qotoɣor. Heissig's version: niɣur minu
    aɣsaoqor and translates it: «Meine Schnauze ist kurz geworden». Hurchbataar's text: qongsiyar
    mini oqor oqtur boluɣsan. For our translation «hunting» cf. Lessing angnaɣuri «hunting».

12 The translation is tentative here. Sazykin 1166 gives: ünegen ilgöüreqseni, Sazykin 1167 gives:
    ünege ilegüregsen-i, Sazykin 1168 is different: nüül burtaq üyiledüqseni, Heissig's text gives:
    ünigen-ü ilegürigsen-ü belge and translates it as «die Füchse glatt gestutzt wurden» and in a
    footnote: «Wtl. gehobelt wurden». Bawden's text is also different: nigül burtaɣ ünüsügsen-ü
    belge and Hurchbataar's version is: nigül burtaɣanu ünüsügsen-ü belge.

My paws have become black,
It is sign that I have dug the lawn
Around the elixir-source with my paws.
My chin has become white,
It is a sign that I have washed
in the white water of gods.
My thighs have become grey,
It is a sign, that I ran after
food early in the morning.
My back has become red,
It is a sign, that I vomited on the vermilion slope
Of the eastern direction.
My spine has become longish,
Is a sign, that my mother put
Her portent on her son.
My tail has become long and straight,
It is a sign, that I have walked
Together with my blood-relatives.
The tip of my tail has become white,
It is a sign that I have purified the following paths.
I am complete with such nine signs.
There is not a single sign, that I do not have.
By the power of the incense offering of the fox
The eyes of Faith Lord's wife
Have been opened
The ears of Determiner Khan turned to hearer
the madness of the Khan son has disappeared.

We make an offering with the head of the fox
As the dragons of the firmament have been contaminated
We make and offering with the four members
As the sphere of the four great dragons has been contaminated.
We make an offering with the heart,
As many dragons and the lords of the earth
Have been contaminated.
We make and offering with the lungs
As the lords of the mountains have been contaminated.
We make and offering with the liver
As the lords of the rocks have been contaminated.
We make and offering with the stomach,
As the lords of the lakes have been contaminated.
We make and offering with the belly
As we have eaten defiled food.

We make an offering with the throat,
As the lords of the Dailingxa mountain-pass
Have been contaminated.
We make an offering with the stomach,
As the lords of the highways have been contaminated.
We make an offering with all the forty-nine parts,
As the lords of the earth and
All the dragons have been contaminated.
We make an offering with the teeth,
As the sun and moon have been contaminated
We make an offering with the fourty tongues,
As the firmament has been contaminated.
We make an offering with the teeth,
As the stars have been contaminated.
We make an offering with the right rib
To the gods and dragons of the southern white land.
We make an offering with the left rib
To the gods and dragons of the northern black land.
We make an offering with the hair,
As the lords of grass and woods have been contaminated.
Today we make an offering
With the flesh, blood and bone of the fox.
Should there be any kind of contamination or ignorance
Let it be be purified with the incense offering of the fox.

If defiled food has been eaten[13]
It should be purified with the incense offering of the fox.
If the protective spirits have been contaminated, X
If the protective spirits of Teaching have been contaminated
If the fierce gods who suppressed the enemies of the male people
have been contaminated, X.
If Irma-Yangši[14] has been contaminated, X.
If Gešöün Tengri and Nököcöqči tengri have been contaminated, X.
If the God of Travelling has been contaminated, X.
If the Multiplier God of Horses has been contaminated, X.
If the God of Females and Fortune has been contaminated, X.
If the Multiplier God of Yak-cow and Mule has been contaminated, X.
If the Multiplier God of .... and Cow and Calf has been contaminated, X.

---

13 For taboos concerning food cf. C. Arjasüren, H. Njambuu: *Mongol es zanšlyn dund tajlbar tol'.*
Red Cingel, Ulan Bator 1991, pp.110-114; N. L. Žukovskaja: *Kategorii i simvolika tradicionnoj
kul'tury mongolov.* Moscow 1988, 81-84; S. Jagchid, P. Hyer: *Mongolia's culture and society.*
Colorado 1979, pp. 155-57.
14 Heissig's text gives here: *Varman jangča.* The identification remains a question.

If the Multiplier God of Sheep and Goats has been contaminated, X.
If you committed sin in your own family, X.
If female people committed sinful actions among themselves, X.
If you committed sin against the God of the Heart, X.
If the God of the Door has been contaminated, X.
If the God of Curd and Butter has been contaminated, X.
If I and the alms-giver of this offering have touched
the dead body of many people, X.[15]
If we have eaten horse-meat, X.[16]
If we have eaten yak-cow or mule meat, X.
Dog.....

Transcription of Sazykin 1167 (B 307)

[1a] Ünege[n]-ü ubasang nertü sudur oro=šibai .
[1b] Ôm ā hûm :

ĵey-e neng urida sangsar-un aγui-tur inu :
ali[n]-u qaγalγ-a-yi alin-iyar negemüi :
tngri-yin qaγalγ-a-yi ubsang-iyar negemüi :
ubsang-un qaγalγ-a-yi em-iyer negemüi :

ĵey-e aru ögede ülü yabun bögetele ene ünegen ögede yabun bui :
yerü mürün ögede ülü uruγsan bögetele
Ir-e sang-bûn mürün urusmui :
ene ünegen nertü yambar-iyar ĵayaγaγsan bui : kemebesü
neng urida sangsar-un aqui-tur inu
ĵirγuγan boγda [2a] ečege kiged γurban tngri-ner-e inu :
Gülemü Ilamu Salamu kiged :
tede[n]-ü bey-e-tür kkir bur'taγlaγsan-tur inu :

---

15 According to the beliefs of the Mongols a dead corpse brings danger to the living, so all persons
    who come into contadct with the dead are under taboo. This prohibition is mentioned as early as
    the 13th-14th centuries by Plano Carpini and Rubruk, who wrote in detail that those present at the
    death-bed are unclean and should be purified (Dawson: *Mongol Mission*, Chapter III, passage 7).
    For several taboos of death cf. S. Synkiewicz, Geburt, Hochzeit, Tod – Der menschliche
    Lebenszyklus im Brauchtum der Mongolen. In: *Die Mongolen*. Hrsg. W. Heissig, C. C. Müller.
    Innsbruck, Frankfurt/Main 1989, 196 ff. H. Njambuu, C. Nacagdorĵ: *Mongoolčuudyn zeerleh
    josny huraanguj tol'*. Ulan Bator 1993; A. Sárközi: Taboo in the «Dictionnaire Ordos» of A.
    Mostaert. *AOH* 48 (3), pp. 443-448.
16 Horse meat was eaten only during the horse-sacrifice, cf. A. Sárközi: Horse-Sacrifice among the
    Mongols. In: *XVI. Milletlerarası Altaistik Kongresi bildirileri*. Ankara 1979, pp. 247-255.

bur'taɣ yabudaɣsan-du ünegen aq-a degüü yisü=gülen aɣsan aǰiɣu :
tede[n]-ü tergü aq-a inu : Vanga Môga qoyar
tegünü ded inu Kasu Mosu qoyar :
tegünü ded inu : Kanaɣ-a Munɣ-a qoyar :
tegünü ded inu Gabari Mubari qoyar :
tegünü degüü inu ünege[n]-ü eke Marayan nertü-luɣ-a
yisügülen-i ǰayaɣabai :
ter-e čaɣ kiged-eče inaɣsida galab-ud-tur kürtele
kkir [2b] bur'taɣ-yi arilɣabasu basa basa qaldaqui
kiged kegüri : keb keǰiy-e ene eke inu ükükü-len
tere kegüri inu : ɣaǰar-a degere buu talbig=tun č'i
kümün-ü köbegün-te burtaɣ yeke-dü bui :
luus-un köbegün uyita dotor ba :
üge-ben ünegen-dü keleǰü ileglen
ünege üge-ben ǰayur-a martaɣsan aǰiɣu :

ter-e kiged-eče inaɣsida galab-ud-tur kürtele
kkir bur=taɣ-iyar yabuɣsan aǰiɣu :
eke-yin kegüri luus-un deger-e talbigsan-u tula'
tendeeče Ker-tü Nirvang nertü [3a] qoyar-un
tus kümün ɣa'ni mungqaɣ
mi'q-a inu kökim-dür öngge-dü
ǰayaɣaɣsan-u eǰen qatun-u nidün inu soqor bol'ju
qaɣan-u čiken inu düleyirged :
köbegün inu mungquraɣsan-tur
tendeeče Tarani-či qaɣan-i urïǰu iregülegsen-tür
tarani-či qaɣan ügüler-ün
buliɣči kümün bulara ireǰü daɣusba
bur'taɣtu ünege[n]-i kelen-yi bariba :
ene bur'taɣtu ünegen ügüler-ün
amin [=namayi] buu alan buu o'toči [=oɣtoči]
alabasu ünege-yi alaɣsan kilinča' [3b] yeke bui :
minu küǰügün-i altan qadaqur-iyar qadaquǰu alan
minu üsü-eče nige kilɣasun kiged
čisu-ača minu nige dusul kiged :
üne'=ge[n]-ü miq-a čisu yasu ɣurba-iyar kiy

qamuγ san'gsar-un nuγud-tur[17] nige ubsang talbi :
čimadur ubsang-un küčün auγ-a bui : bögesü
nadur büridegsen yisü belge bui :
čiken-ü üjügür qar-a boluγsan minu
nasudu modo dotor-a aγsan-u silataγa'bar :
niγur minu angnuγur qotoγo=r boluγsan-i
ünege ilegüreg=sen-i belge bolai :
qabur-un [4a] üjügür-e qar-a boluγsan minu
ada čidkür-i nomoγada=qui-yin belge bolai :
aman inu küre boluγsan minu
rasiyan-u naγur-ača uγuγsan-u belge bolai :
omoriγu minu čaγan bolu=gsan minu
naran-u esürgü yabuγsan-u belge bolai :
köl minu qara boluγsan-u
rasiyan-du jülge maltaγsan-u belge bolai :
öyökei minu čaγan boluγsan
tngri-yin čaγan usun-dur ugiyuγsan-u belge bolai :
qondočin minu buγural boluγ=san
manaγar erte [4b] idisilen yabuγsan-u belge bolai :
aru minu ulaγan boluγsan
doron-a ulaγan singqu-tu aγulan-tur kürbigsen-ü belge bolai :
jun-u [=joo] odo metü boluγsan
minu eke-yin belgesi köbe=gün-dü talbiγsan-u belge bolai :
segül-ün minu urtu boluγsan yisü üyes niraγu-luγ-a
sidur'γu boluγsan minu
jalγ[a]lduγsan-u belge bolai :
segül-ün üjügür čaγan boluγsan minu
ubsang-iyar qoyitu mör-e-[n]i arilγaquy-yin belge bolai :
ter-e metü büredüg=[5a]=sen γaγčabar büredügsen
yisün belge bolai :
nadur ese büredügsen γaγčabar ügei buyu :
ünege[n]-ü ubsang takig=san činar-iyar
Jayaγan-u ejin qatun-u nidün inu negebe
qaγan-u čiken (inu) sonosaba :

---

17   For nuγud «Geländeecke» cf. *Wörterbuch zu Manghol-un niuca tobca'an. (Yuan-ch'ao pi-shi).*
     Geheime Geschichte der Mongolen von E. Haenisch. Leipzig 1939, p.119.

köbe=gün-ü γani mungqaγ arilaba :
ünege[n]-ü toloγai-bar oγtar=γuy-yi
bur'taγlagsan-u tula' takimui :
dörbe gesigün-ber yeke luus-un ayimaγ-yi
bur'taγlagsan(-u) tula' takimui :
ʼjirüken-iyer olan luus-un kiged
γaʼjar-un eʼjed-i bur=taγlagsan-u X
aγus'ki-iyar [5b] aγulan-yin eʼjed bur'taγlagsan-u X
elige-iyer aru qadayin eʼjed-i bur'taγlagsan-u X
küʼjügün-iyer naγur-un eʼjed-i bur'taγ=lagsan-u X
qotoγodu-iyar bur'taγ idege idegsen-ü X
oloqay-iyar ʼjab ʼjaliqay-yin eʼjed-i bur'taγlagsan-u X
gedüsü-iyer yam-a-un eʼjed-i bur'taγlagsan-u tula' taki=mui :
yasu-iyar čilaγun-u eʼjed-i burtaγlagsan-u X
mi'q-a-iyar γaʼjar-un eʼjed-i burtaγlaγsan-u X
urida bey-e-yin yisün üyes-iyer
baraγun eteged-ün eʼjed-i burtaγlagsan-u [6a] tula' takimui :
qoyitu bey-e-yin yisün üyes-iyer
ʼjegün etged-ün (γaʼjar-un) eʼjed-i bur'taγ=lagsan-u X
yerü döčin yisün üyes-iyer γaʼjar-un luus-i bur'taγlagsan-u X
nidün-iyer naran saran eʼjed-i bur'taγ=lagsan-u X
kelen-iyer oγtar'=γuy-yi bur'taγlagsan-u X
sidün-iyer odon-u bur'taγlagsan-u X
baraγun qabar-γa-iyar öber-e-ün qan γaʼjar-un tngri ba luus-ud-i X
ʼjegün qabir'γ-a-iyar aru-yin qara γaʼjar-un tngri ba luus-i X
arsun-iyar ebesün modon-[6b]-u eʼjed-i bur'taγlagsan-u tula' takimui :
ünege[n]-ü mi'q-a čisu yasu γurban-iyar qamuγ-yi bur=taγlagsan-u tula' takimui :
mungquraγsan kedün-ber bögesü
ünege[n]-ü ubsang takiγsan-iyar arilqu boltuγai ::
bur'taγ idege idegsen bögesü
ünegen-ü ubsang takiγsan-iyar arilqu boltuγai :
idam sakiγulasun-i bur'taγ-la'gsan bögesü
ünege[n]-ü ubsang takiγsan-iyar arilqu boltuγai :
er-e kümün-i dayisun daruʼči omoγ-tu tngri-yi bur'taγlagsan bögesü
ünegen-ü ubsang [7a] takiγsan-iyar arilqu boltuγai :
em-e yagsas-yi bur'taγlagsan bögesü

ünege[n]-ü ubsang takiɣsan-iyar arilqu boltuɣai :

kesig-ün tngri-yi burtaɣlagsan bui bögesü

ünege[n]-ü ubsang takiɣsan-iyar arilqu X

ʼjiɣulčin-i yabudal-un tngri-yi burtaɣlagsan bui bögesü

ünege[n]-ü ubsang takiɣsan-iyar arilqu X

gegün-yi üreʼjigüleküi tngri bur'taɣ=lagsan bui bögesü

ünegen-ü ubsang-iyar takiɣsan-iyar X

ed kiged buyan kesig-yi X bui bögesü

ünegen-ü ubsang [7b] takiɣsan-iyar X

qayinuɣ luus üreʼjigüleküi tngri-yi X bui bögesü

ünege[n]-ü ubsang takiɣsan-iyar X

otus üker-i üreʼjigüleküi tngri-yi X bui bögesü

ünege[n]-ü ub=sang taki ʼɣsan-iyar X

üniy-e-yi üreʼjigüleküi tngri-yi X bui bögesü

ünege[n]-ü ubsang takiɣsan-iyar X

qoni üreʼjigü=leküi tngri-yi X bui bögesü

ünege[n]-ü ubsang takiɣsan-iyar X

yama'ɣ-a üreʼjigüleküi tngri-yi X bui bögesü

ünege[n]-ü ubsang takiɣsan-iyar X

öber-e-ün uruɣ elige ʼjaɣur-a [8a] nigül bur'taɣ üiledügsen bui bögesü

ünege[n]-ü ubsang takiɣsan-iyar X

ɣal ɣolumtan-u tngri X bui bögesü

ünege[n]-ü ubsang takiɣsan-iyar X

qaɣalɣas-un tngri-yi X bui bögesü

ünege[n]-ü ubsang takiɣsan-iyar X

tariy-a toɣosun-u tngri-yi X bui bögesü

ünege[n]-ü ubsang takiɣsan-iyar X :

bi kiged öglige-yin eʼjed nökör selte

kümün-i ulaɣan kegür-tür ɣar kürügsen bui bögesü

ünege[n]-ü ubsang takiɣsan-iyar arilqu boltuɣai :

morin-u mi'q-a idegsen [8b] bui bögesü

ünege[n]-ü ubsang takiɣsan-iyar X :

noqai ɣaqay-yin kebtegsen-dür untaɣsan bui bögesü

ünegen-ü ubsang takiɣsan-iyar X :

ba ünege[n]-ü ubsang utaɣ-a emün-e ʼjü'g utabasu

emün-e ʼjü'g-ün luus ba ɣaʼjar-un eʼjed-i-tür taki=mui :

ünege[n]-ü ubsang-un utaγ-a örün-e ǰü'g utabasu
luus ba γaǰar-un eǰed-tür takimui :
ünege[n]-ü ubsang-un utaγ-a umar-a ǰü'g utabasu
umara ǰü'g-ün luus ba γaǰar-un eǰed-tür takimui :
ünege[n]-ü ubsang-un utaγ-a
doron'-a ǰü'g-ün luus ba γaǰar-un eǰed-tür takimui :
ünege[n]-ü [9a] ubsang utaγ-a dumda-du ǰü'g-ün utabasu
dumda-du ǰü'g-tür buγu luus ba oγtarγuy-yin takimui :
suu suu oγtaraγui degüre tngri-nuγud-tur takimui :
tngri γaǰar-iyar dügüre luus-du
ünege[n]-ü ubsang takiγsan-u činar
nom-un sakiγulasun-u bayasaγad
činadusun qoor-a-yi qariγulayu :
ed-ün tngri buyan kesi'g-ün tngri-yi bayasqaγad
činadusun qoor-a qariγulayu :
qoni[n]-u ibegeg=[9b]=či tngri-yi bayasqaγad :
činadusun qoor-a qariγulayu :
imaγ-a ibegegči tngri-yi bayasqaγad
činadusun qoor-a-yi qariγulayu :
qaγalγasun-un tngri-yi bayasqaγad
činadusun qoor-a-yi qariγulayu :
Kisi'g-ün tngri Nököčügči tngri-yi bayasqaγad
činadusun qoor-a-yi qariγulayu :
yerü luus ba γaǰar-un eǰed-i bayasqaγad
činadusun qoor-a-yi qariγulayu :
tedeger čiγulaγsan čereng-ün-ün-ni bayasqaγad
činadusun qoor-a-yi qariγulayu :
dayisun-i daruγči omoγ-tu tngri-yi bayasqaγad
činadusun qoor-a-yi qariγulayu :
ere kümün-ü tngri-yi γayiqamsiγ Garudi-yi bayasqaγad
činadusun qoor-a-yi qariγulayu : [10a]
ere kümün-ü ǰoriγ sanaγ-a-ni qariγulagsan-i
ünege[n]-ü ubsang talbiγsan-iyar qariγulaqu boltuγai :
ekener kümün-i γari qomasun bolγaγči
ünege[n]-ü ubsang talbiγsan-iyar arilqu boltuγai ::

ɣari qomasun bolɣaɣči yisün čidkür-i oroqu-yi qaɣačaɣulayu
yisün eliy-e čidkür-i oroqu-yi qaɣačaɣu=layu :

ünege[n]-ü ubsang takig=san-u küčün-iyer
qamuɣ dayisun čidküd-i oroqu-yi qaɣačaɣulayu :
suu suu činu ɣaľjulu kkismeg siga [10b] šingdeng guru yi sooɣ-a ::
tegüsbe ::

ünege[n]-ü ubsang talbiqu-yi öčikü edür ene bui :
qabur-un ekin sar-a-yin qorin naiman-a talbi :
dumda sar-a-yin qorin jirɣuɣan-a talbi :
ečüs sar-a-yin qorin dörben-e talbi :
jun-u ekin sar-a-yin qorin qoyar-un talbi :
dumda sar-a-yin qorin-a talbi :
ečüs sar-a-yin qorin naiman-a talbi :
namur-un ekin sar-a-yin arban dörben-e talbi :
dumda sar-a-yin arban dörben-e talbi :
ečüssar-a-yin arba qoyar-[11a]-un talbi :
ebül-ün ekin sar-a-yin arban-a talbi :
dumda sar-a-yin naiman-a talbi :
ečüs sar-a-yin tabun-a talbi :
arban qoyar sar-a tegüs talbibasu
amin nasun nemekü bui :
tegüsbei :
om mā ni bad me hum .

Translation

[1a] Incense offering of the fox

[1b] Om a hum.

Jee![18] It happened once, in a previous cave[19] of transmigration.
Any door can be opened somehow.
I open the door of heaven with incense offering.
I open the door of offering with medicine.

Jee! While our back can not go uphill, this fox goes uphill.

---

18 A frequent beginning word of folk texts, a replacement of invocation.
19 Cf. Note 10.

While common rivers do not flow upstream,
the Iresangbû river does.

Now, we relate how this one called "fox" was predestinated.
It happened once, while living in the very first sansara.
There were six saint fathers and three god [mothers]
Called Gülemü Ilamu and Salamu.
They have become defiled in their bodies and
Nine fox brothers were born from their sinful conduct.
The eldest ones were Vaga and Môga,
The next ones were Kasu and Mosu,
The next ones were Ganag and Munag.
The next ones were Gabari and Mubari.
Their younger sister was Marayan who became the mother of fox.
They were nine altogether.

Since that time on up till the present kalpa
Even if defilement and sin were cleaned
They were tainted by sin again and again.
Whenever this mother will die, do not place her body on the earth.
It will be rather deceitful for you, the sons of men.
The son of the water spirit was sorrowful in his heart
and said the message to the fox and sent him.
However, the fox forgot the words on his way.

Since that time on up till the present kalpa-s they lived in sin.
Because they placed the corpse of the mother
on the top of the water spirit,
The people of the two man,
called Ker-tu and Nirvang have become stupid,
The eyes of the mother-queen of the
bluish fleshed Determiner lord have become blind,
The ears of the Khan have become deaf, and
The son has become stupid.
Then, they called the Sorcerer khan,
Who came and said:
People who came to burry here, stopped doing it.
They seized the sinful messenger, the fox.

The sinful fox said:
Do not kill me, do not cut me down!
If you kill me, you commit the great sin of killing a fox.
Pierce my neck through with a golden pin, then

Take a piece of my hair and a drop of my blood, and
With the flesh, blood and bone of the fox
Make an incense offering to all the circles of rebirths
If the incense offering will be greatly powerful for you,
it is because I am complete with the following nine signs.
The points of my ears have become black,
It is because I have stayed in the woods.
My muzzle has become hunting and snub,
It is a sign that the fox has been sent (as a messenger).
The point of my nose has become black,
It is a sign, that I will suppress the evils and demons.
My mouth has become brown,
It is a sign that I have drunk of the elixir-lake.
My breast has become white,
It is a sign, that I have gone towards the sun.
My feet have become black,
It is a sign, that I have dug up the elixir-grass.
My belly has become white,
It is a sign that I have washed it in the white water of gods.
My rump[20] has become grey,
It is a sign, that I have gone to graze early in the morning.
My back has become red,
It is a sign, that I have rolled on the eastern, red vermilion mountain.
My spine has become like stars,
It is a sign, that my mother set sign on her son.
My tail has become long, and my spine of nine parts has become straight,
It is a sign that I have been walking
The tip of my tail has become white,
It is a sign that the next life will be purified by this incense offering.
So, these are the nine signs that I am complete with.
There is no sign, that I do not posses.

By the incense offering of the fox
The eyes of the wife of the Faith lord have been opened,
And, the ears of the Khan have become hearer again.
The madness of the son was cleaned away.

I sacrifice the head of the fox, because the firmament was defiled.
I sacrifice his four members, because
the sphere of the great water-lords was defiled.

---

20 Heissig's text gives *qondočoγ* p. 504, Note 4 and quotes the *Dictionnaire Ordos* of Mostaert.

I sacrifice his heart, because the sphere of many water lords and the masters of earth were defiled.
X his lungs, [5b] because the lords of the mountains were defiled,
X his liver, because the lords of the northern cliffs were defiled,
X his neck, because the lords of the lakes were defiled,
X his stomach, because defiled food has been eaten,
X his large intestines, because cunning lords were defiled,
X his entrails, because the lords of the highways[21] were defiled,
X his bones, because the lords of stones were defiled,
X his flesh, because the lords of the earth were defiled,
I sacrifice the nine members of the forepart of its body,
Because the lords of the eastern side have been defiled.
I sacrifice with the nine members of the back-part of its body, [6a]
Because the lords of the earth of the western side have been defiled.
In general, X the forty-nine parts of his body,
Because the lords of the earth have been defiled.
His eyes, because the lords of sun and moon X.
His tongue, because the heaven X .
His teeth, because the stars X.
His left rib, because the Khan of the South,
the gods of earth and the water-lords X.
His right rib, because the gods of the northern, black land
and the water-lords X.
His skin, [6b] because the lords of grass and trees X.
I sacrifice the flesh, blood and bones of the fox,

Because everything has been defiled.
Whatever stupid should there be,
Let it be purified by the incense offering of the fox.
If we have eaten defiled food,
Let us be purified by the incense-offering of the fox.
If the tutelary genii have been defiled,
Let them be purified by the incense-offering of the fox.
If male people, the Arhats and the fierce gods have been defiled,
Let hem be purified by the incense-offering of the fox.
If female yaksa-s have been defiled,
Let them be purified by the incense-offering of the fox.

---

21 Here we have *yam-a-un eĵed*. The text of Heissig has here *amud-un eĵed* and the author translates it as «Yaunud-un eĵen» and gives a tentative explanation where he supposes that it could be connected to the Tib. Yam sud dmar po. Bawden's text gives: *gedesün-iyer tergegür ün burtaγ...* that is clearly «highway». Hurchbataar's version also has *tergegür-ün burtaγ*. It is very probable, that here we have the personal name of a God, that was not known any more by the later copyists. They tried to give a meaning to the unknown word and understood it as *ĵam* «road, highway».

If the God of Fortune has been defiled,
X by the incense-offering of the fox.
If the God of Travelling has been defiled,
X by the incense-offering of the fox.
If the God of Mare productivity has been defiled,
X by the incense-offering of the fox.
If goods and fortune X,
X by the incense-offering of the fox.
If the God of Yak-cow productivity X,
X by the incense-offering of the fox.
If the God of the Wild yak and ox productivity X,
X by the incense-offering of the fox.
If the God of Cow productivity X,
X by the incense-offering of the fox.
If the God of Sheep productivity X,
X by the incense-offering of the fox.
If the God of Goat productivity X,
X by the incense-offering of the fox.
If we have committed sinful, immoral actions [8a]
in the circle of our own relatives,
X by the incense offering of the fox.
If the God of the Hearth X,
X by the incense-offering of the fox.
If the God of the Door X,
X by the incense offering of the fox.
If the God of the Crops X,
X by the incense offering of the fox.
If we, together with the alms-giver and friends,
Have touched the red corpse of a dead person,
let us be purified by the incense-offering of the fox.
If we have eaten horse-flesh, [8b]
X by the incense-offering of the fox.
If we have slept in the lair of a dog or pig,
X by the incense-offering of the fox.

If the smoke of the incense-offering of the fox flies to the West,
It is a sacrifice to the water-lords and the masters of the earth of the East
If the smoke of the incense offering of the fox flies to the North,
It is a sacrifice to the water-lords and the masters of the earth of North.
If the smoke of the incense-offering of the fox flies to the South,
It is a sacrifice to the water-lords and the masters of the earth of South.
If the smoke of the incense-offering of the fox flies to the middle direction, [9a]
It is a sacrifice to the spirits and water-lords, and the heaven.

Oh, oh we sacrifice to the gods of upper firmament,
to the dragons who fill firmament and earth
The power of the incense-offering of the fox
Makes the Protectors of the Teaching happy and
Cleans away the harm of the enemy.
It makes the Gods of Wealth and the Gods of Fortune happy and [9b]
Cleans away the harm of the enemy.
It makes the Arhats and the fierce gods happy and
Cleans away the harm of the enemy.
It makes the Protector God of Sheep happy and
Cleans away the harm of the enemy.
It makes the Protector God of Goat happy and
Cleans away the harm of the enemy.
It makes the God of Doors happy and
Cleans away the harm of the enemy.
It makes the God of Fortune and
Nököčegči tengri happy and
Cleans away the harm of the enemy.
In all, it makes the water-lords and
The masters of earth happy and
Cleans away the harm of the enemy.
It makes all the gathering of Cereng-ün-ün (?)[22] happy and
Cleans away the harm of the enemy.
It makes the Arhat-s and the fierce gods happy and
Cleans away the harm of the enemy. [10a]
It makes the God of male people and the
Marvellous Garudi bird happy, and
Cleans away the harm of the enemy. [10a]
By the incense-offering of the fox.
Let us turn back the one who obstructs the
Fulfillment of male people's wish and intention
By the incense-offering of the fox.
Let us clean away the one who makes the
Hands of women empty.
By the incense-offering of the fox
Let us make a hindrance for the entrance of the nine evils spirits
That make our hands empty.
Let us make a hindrance for the entrance of the nine evil spirits.
Let us make a hindrance for the entrance of all the malevolent spirits
By the power of the incense-offering of the fox.

---

22 It is not clear, may be a miss-spelling for *čerig-üd-ün*? However, the parallel texts do not give
    any explanation.

[incantation]

It has ended.

The prayer and the incense-offering of the fox should be performed on the following days:
Make it on the 28th of the first spring month,
Make it on the 26th of the middle month,
Make it on the 24th of the last month,
Make it on the 22nd of the first summer month,
Make it on the 20th of the middle month,
Make it on the 28th of the last month,
Make it on the 14th of the middle month,
Make it on the 12th of the last month, [11a]
Make it on the 10th of the first winter month,
Make it on the 8th of the middle month,
Make it on the 5th of the last month.

If you make it at the end of the 12th month, your lifetime will increase.
It has ended.
Om ma ni pad me hum.

Transcription of Sazykin 1168 (C 394)

[1a] Ünegen sang :

zurɣan züyil xamuq amitani tulada burtaq arilɣatuɣai .
[1b] Namo buddi-ya:
namo darma-ya :
namo sangɣaya :
ene urida caqtu sangsarun yeke aɣui-dur inu alini xālɣaši ali üyiles-yeer negeemüi :
tenggeriyin yeke xālɣaši takil ub=sang-yeer negeemüi :
ene uusang=giyin xālɣaši emüd-yeer arilɣamui :
yerü kei ene yeke kücütü ödö ülü yabuxu bögöötölö :
ene ünegeni takil-yeer yabuxu bui :
yerü olon müred uruu urusxu bögöötölö :
zang-bui müred öödö urusumui :
ene ünegeni ubsant takil-yeer kir youni burtagiyin öüdeni youn-yeer arilɣa-mui :
tenggeriyin takiliyin öüden-yeer arilɣamui :
aruun sedkiliyin öüden-yeer neezü arilɣamui :
yerü olon inu öödö oduyu ene mital-yeer öödö oduyu :

xamuq burxan boddhi-sado-nariyin adis-tiddi-yeer ene xamuq ebečini kir burtagiyin
arilɣamui :
ene teriün ene ünegeni yambar öüdüqsen inu kemeen
yeke ene teriün ɣazar öüdüqsen-yeer :
zurɣān züyiliyin ecege eke Sobuuni xān neretü inu
öböörön okin-luɣā nigedcü
nüül burtaqgi xoliq=son-yeer
burtaqtu ünegen yesüüle törözü :
axa inu Aka Muka [2a] xoyor :
töüni soyino Gabari Mubari xoyor :
töüni xoyino Xara amtu Xara söültü :
xoyor bölügee :
odxon inu Ulaan Sayixan eme ünegen kigeed yesüüle törözü :
tere ɣalab tere caqtu inu
Tabun Zoun Tümen neretü
Töbödün kigeed Kitadun Mongɣolun ɣurban köböün
tere ɣurban=ɣuula nigen eke-eece töröqsön : aǰi=ɣou
basa tere caqtu tere üyes-tü erketü doloon doqšin odud tö=rözü :
tere doloon doqšin odud üge ögüülebe :
ene tani ekeyin eme=ge eke inu nüül burtaqtai inu aril=ɣamui :
ötölzü munuɣād ükümüi :
kerbe ene eke tani ükübeesü öüni kekür inu
bida doqšin odudun sanaɣān oyoutu bui :
ta kümüni köböün inu nüül burtaqtani yeke :
ene eke tani nüül-tü burtaqtani bölügee kemeen zar=liq bolzu
elči inu ünegeni ilgeǰi :
tere doloon doqšin odiyin zarliqgi ünegen yabun martozu
xocorzu kümüni köböün ese medezü
ekeyin kegüür inu doqšin odudiyin dumda bolzu azu
tere nüül burtaɣun zed=keri inu Töbödün caɣan tenggeri-yin uuladu
kegüürün xara zedker-yeer dārid
erketü mösün oula-yin [2b] Bumba nerketü tenggeri burtaq bolbo ::
kümüni küböün-dü erketü tenggeri=ner
ibiin xašā ese čidba
Mösün neretü tenggeri oyoun ügei mou üge ögüülebe :
küselün doun-yeer deere tenggeri-yin nere doudǰi
tusa ese bolbo
Töbödün Kitadun Mo[n]ɣo=lun neretü ɣurban köböün inu
üre inu cuxaq mal inu ügeyirebe :
Öü=düqsen ekeyin nidün inu soxor=bo :

Zayāni xāni čikin düli bolbo :
Sobuuni xān inu bitöürbe
öüdü youn sayin you kimbeesü tusa ese bolbo :kemeldübe :
tende-eece deere oqturɣoi-du Manzuširi zarliq bolbo :
Doloon Doqšin Odudi zal=biri :
kemeen zarliq bolbo :
tende-eece Doloon Odudi zalbaribāsu
tere doloon erjetü odud zarliq bolurun :
ai munxaq yeketü kümün :
köböün ta bida tandu ünegeni elči ese ilgelü
bidani tenggeri neriyin sanān inu yeke oyoutu bui ::
kemeen tende ekeyin kügüür inu bida doqšudun dumda boltulā kemeebe : ödüge
öün-dü tusatai günzüd xāni zalād
xamuq xān ɣazar usun tenggeri-nertür ariun takil-yeer takin
tende-eece nüül burtaq-gi arilɣayu :
Günzüd nere=tü xāni urîji bölügee :
tere Günzüd [3a] ögüülerün :
yambarba :
ene üyile ünegen-eece boluqsan aǰiɣuu :
maɣād zokiyu :
xoron-yeer xoro xoreɣā=yu
tere nüül-tü ünegeni barituɣai : kemeebee :
tende-eece tere nüül-tü ünege=ni barîji acaratuɣai ::
ene ünegen üge öü(gü)lebe :
nayimagi bü ala :bü oqtol kemeebe
namai-gi albāsu kili[n]=ce mini yeke bui :
oɣooto kerbe : namai-gi albāsu
küzüün-dü minu altan xadxuur-yeer xadxuuľji ala :
mini üsün-eece : zaram kilɣasun-eece
mini mixan-eece mini nigen keseq :
mini cusun-eece mini nigen dusul inu :
nigen kelterkei kigeed-yeer tendeni xurāji :
tenggeri ɣazar bügüdedür ariun takil-yeer arilɣatuɣai :
tere ünegen ögüülerün
nadur E=sürün tenggeri-yin yesün belge tögüsbe ::
mini čikini üzüür xara bolqusan
mini ɣalvāras moduni söüdertür kebteqseni belge :
mini xongšor aqnaɣur xotoɣor boluq=san mini :
nüül burtaq üyiledüqse=n i belge :
xabariyin üzüür xara boluqsan mini :

ecüsün čidkeri daruxuyin belge ::
aman mini xara boluqsan mini arašān-eece amasaqsani belge ::
omoruu mini caɣān boluqsan mini
narani gerel-dü güyiseni belge :: [3b]
aru mini šara boluqsan arāšani burtaq maɣājiqsani belge :
öyikü mini caɣān boluqsan
tenggeriyin möreni getülüq=sen belge ::
ɣuyani noosun kükü boluqsan mini
übüliyin mösün deere keteqseni belge ::
mini noosun-ni üzüür söüdürtei boluqsan mini
erete maɣār šüüderi-dü yabusani belge ::
aru mini ulān boluqsan mini
dorono zügiyin aɣuur-tur köbö=riqsöni belge ::
zoun mini cooxor boluqsan ekeyin belge ;
nadur talbi=qsani (belge) ::
sedkil [=segül] xoro urtu boluq=san mini
Tenggeriyin Oyodol-yeer yabuqsani belge ::
mini söüliyin üzüür caɣān boluqsan mini
taki=liyin xoyitu möri arilɣaxuyin belge ::
bi ünegen öödö güyitele :
xoyiši xarāji üzekü mini
ene urida eleceq xolincaq inu burtaqtayin tulada
ödügee üzü=güüre medeküyin belge ::
bi Esüürün tenggeri-yin belge ::
tögüsüqsen ügei buyu kemeebe ::
nadur-yeer ariun takil üyiledbeesü
erdem inu yekede amitani sedkil inu delgereji
beye inu amurliulu=mui bi ::
nidün inu nigeeyu :
čiken inu oi bolumui bi ::
xamuq amitadu ölztöi xutuq oro=[4a]=situɣai
om ā hum ::
deere tenggeri-ner düüreng tenggeri-ner takin arilɣatuɣai ::
dumda oqtorɣui-yeer düüreng doqšin odudi takin arilɣatu=ɣai ::
doro altan delekei-beer düüreng xān
ɣazar usuni e=zed klusun xādi takin arilɣa=tuɣai ::
ünegen-yeer arilluqsani küčün-yeer bi
yoɣazari kigeed öqlügüyin ezen bügüde-dü
ene urida ecege eke öbökü elen=ceq-tür
burtaq boluqsan bögöösü

ene ünegeni maxan cusun-yeer takin arilɣatuɣai ::
öbökö ece-geyin emege ekedü burtaq boluqsan bögöösü :
ene ünegeni noosun yasun-yeer takin arilɣatuɣai ::
xoyitu köböün ačinartu burtaq boluqsan bögöösü :
ene ünegeni tabun ecege-yeer takin arilɣatuɣai ::
morin üker xonin-du burtaq boluqsan bögöösü
ene ünegeni gedüsün güzeen-yeer takin arilɣatuɣai :
ünegeni takin arilɣaxu ::
arilɣaxu : teyimi kücütü bui :
öüdüqsedtür burtaɣoudi takil arilɣatuɣai ::
kerbe ödü=rün xonoɣoud-yeer
ünegeni xoyor nidün-yeer naran sara burtagi arilɣayu ::
čikin-yeer deedü sakuusuni [4b] burtagi arilɣayu :
xabar-yeer ekenerün burtagi arilɣayu ::
kelen-yeer oqtor=ɣuyin kilbelgeni burtaqgi arilɣayu ::
dörbön köl-yeer dörbön yeke erke-teni burtaqgi arilɣayu ::
züreken-yeer umara erketüyin burtaqgi arilɣayu ::
öšiki-yeer Casutu Oulayin burtaq=gi arilɣayu :
eliken-yeer xadayin bur=taqgi arilɣayu :
küzüün-yeer dalayin burtaqgi arilɣayu :
yasun-yeer colou=ni :
burtaqgi arilɣayu :
maxan-yeer ɣazarun burtaqgi arilɣayu :
noosun-yeer xamuq modun butasun burtaqgi arilɣayu :
deedü yesün üyes-yeer doroduki :
yesün dalayin burtaqgi arilɣayu :
döčin dörbön ariun üyes-yeer
dörbön züq nyiman kizaar-tu aqsan xān
ɣazar usun-ni ezen-ni burtaqgi arilɣayu :
ünegeni ba=roun xabirɣan-yeer
ödür-tü aqči tenggeri-yin burtaqgi arilɣayu :
ünegeni zöün xabirɣan-yeer
söniyin aqči tenggeriyin burtaq-gi arilɣayu :
ünegeni kedün gedüsün xabirɣan-yeer
xamuq amitani sedki=liyin nüül burtaqgi : arilɣayu :
yoɣazari terigüülen öqligöyin ezen terigüülen
bögüdedü urin sedkil-yeer yala yaxan üyiledüq=sen bögöösü

ene ünegeni takil-[5a]-yeer arilɣatuɣai :

tācaɣui sedkil-yeer nüül burtaqgi üyiledüqsen bögöösü :

ene ünegeni takil-yeer arilɣatuɣai ::

mongxaɣun sedkil-yeer xaltarin üyiledüqsen bögöösü

ene ünegeni takil-yeer arilɣatuɣai ::

xorɣotuyin xara caɣān ireqsen bögöösü

ene ünegeni takil-yeer aril=ɣatuɣai ::

ɣal usun altan modun xaršilaqsan bögöösü :

ene ünegeni takil-yeer arilɣatuɣai ::

ariun ünegedüi xuricaqsan bögöösü

ene ünegeni takil-yeer arilɣatuɣai ::

kümüni yasu bari=san bögöösü

ene ünegeni takil-yeer arilɣatuɣai ::

güjir nüül üyiledüq=sen bögöösü

ene ünegeni takil-yeer arilɣatuɣai ::

morin eljigen kigeedi-yin maxa ideqsen bögöösü :

ene ünegeni takil-yeer arilɣatuɣai ::

noxoi ɣ axayin [= ɣaxayin] idüqsen maxan ideq=sen bögöösü :

ene ünegeni takil-yeer arilɣatuɣai ::

noxoi ɣaxayin öürtü kebteqsen bögöösü :

ene ünegeni takil-yeer arilɣatuɣai ::

ebečitü kümüni xubcasu ümüsüqsen bögöösü :

ene ünegeni takil-yeer arilɣatuɣai :

ɣalzou kümüni maxan bariqsan bögöösü :

ene ünegeni takil-yeer arilɣatuɣai ::

burtaqtu kümün-lügee darasu uul=daqsan bögöösü :

ene ünegeni takil-[5b]-yeer arilɣatuɣai ::

olon irgeni ömönö ama aldaqsan bögöösü :

ene ünegeni takil-yeer arilɣatuɣai ::

üküqsen kümüni yasuni ünür ünüsüqsen bögöösü :

ene ünegeni takil-yeer arilɣatuɣai ::

eme kümüni yasayin ünür ünüsüqsen bögöösü :

ene ünegeni takil-yeer arilɣatuɣai ::

nom blama kigeed idam mandal-du burtaq boluqsan bö=göösü :

ene ünegeni takil-yeer aril=ɣatuɣai ::

Esürün tenggeri-dü burtaq boluqsan bögöösü :

ene üne=geni takil-yeer arilɣatuɣai ::

tabun izuurtu burxan-du burtaq bo=luqsan bögöösü :
ene ünegeni takil-yeer arilγatuγai ::
yertüncüyin tenggeri-nertü burtaq boluqsan bögöösü :
ene ünegeni takil-yeer arilγatuγai ::
sou zalidu burtaq boluqsan bögöösü :
ene ünegeni takil-yeer arilγatuγai ::
ecege eke yeke naγacuyin sou zali=du burtaq boluqsan bögöösü :
ene ünege=ni takil-yeer arilγatuγai ::
geriyin sakuusun burtaq boluqsan bögöösü :
ene ünegeni takil-yeer arilγatuγai ::
öüdeni sakiqči bars burxan xortu burtaq boluqsan bögöösü :
ene ünege=ni takil-yeer arilγatuγai ::
ed tāvar ideeni sakiqči burtaq boluqsan bögöösü : [6a]
ene ünegeni takil-yeer arilγatu=γai ::
güyikü morini buyan kešig bur=taq boluqsan bögöösü
ene ünegeni takil-yeer arilγatuγai ::
sāxu güüni buyan kešiq burtaq boluqsan bögöösü :
ene ünegeni takil-yeer arilγatuγai ::
seter-tü moridu burtaq boluqsan bögöösü :
ene ünegeni takil-yeer arilγatuγai ::
öbörin tenggeri burtaq boluqsan bögöösü :
ene ünegeni takil-yeer arilγatuγai ::
teemeni tenggeri bur=taq boluqsan bögöösü :
ene ünegeni takil-yeer arilγatuγai :
xoni-ni tenggeri burtaq boluqsan bögöösü :
ene ünegeni takil-yer arilγatuγai ::
yāmani tenggeri burtaq boluqsan bögöö=sü :
ene ünegeni takil-yeer aril=γatuγai ::
tarāni ezen Esürün-dü burtaq boluqsan bögöösü :
ene üne=geni takil-yeer arilγatuγai ::
kilin=ce buyan xoyor ese ilγabāsu xoliboosu
ene ünegeni takil-yeer arilγatuγai ::
tenggeri-ner ebde=rebeesü
ene ünegeni takil-yeer arilγatuγai ::
ariun burtaq xo=yori ese ilγabāsu :
ene ünege=ni takil-yeer arilγamui bi :
edügee sang ese üyiledübeesü :
burtaq ariun xoyor ülü ariluyu ::

kilin=ce ese namančilabāsu
buyan üyile=[6b]=düqsen tusa ügei boluyu ::
töü=beer ene ünegeni takil-yeer tögüs arilba ::
oqtorɣuyin önggüdür adali boltuɣai :

ariun naran saradu adali boltuɣai :

delgeretügei ::

tümen odun-du adali boltuɣai :

beye tani molor erdeni-dü adali boltuɣai :

doun tani tenggeri-yin doun-du adali boltuɣai :
sedkilteni xamuq amitan-na tusa ögüsketügei ::
kemeen ünegeni takiliyin buyani kücün-yeer inu yeke tenggeri bögööd :
xoyor deeqside ulam ulam neqdetügei :
asuri čidkür xoyor doroqšido doroi tototuɣai :
sarva-ma-ga-la .

Translation

Incense offering of the fox

Let contamination be purified for the benefit of all the six kinds of living beings.

[1b] Namo Buddhay-a
Namo Dharmay-a
Namo Sanghay-a

At the beginning of time, in the great cave[23] of sansara
We open any door somehow.
We open the great door of heaven by an incense offering.
The door of this incense offering we purify by medicine.

While common wind, even greatly powerful, does not go upwards,
By this offering of the fox, it goes.
While many common rivers flow downstream,
The Jambu rivers flow upstream.
By this incense offering of the fox
we purify somehow the door of defilement.

We purify it by the door of the offering of heaven.
We purify it by opening the door of the ten thoughts.

---

23 Cf. Note 10.

Many common thing goes upward,
By this offering[24] it goes upward.

By the blessing of all the Buddhas and Boddhisatvas
We purify the defilement of all these disease.

First we relate what was the origin of this fox.
It originated in the great first land,
Where the father and mother of the six kinds [of living beings][25]
The person, called Bird Khan
United[26] with his own daughter, so
Mixing up sin and contamination, and
As a result nine sinful foxes were born.
The eldest ones were Aka and Muka [2a]
After them: Gabari and Mubari,
After them: Black Mouthed and Black Tailed,
The youngest ones were Red and Beauty,
And, together with a female fox,
They were born nine altogether.

In that kalpa, in that time,
Three sons were born of one and the same mother,
A Tibetan, a Chines and a Mongol
Called Five, Hundred and Ten-Thousand.
And, again at that time and at that epoch
Seven powerful, Fierce Stars were born.
Those seven Fierce Stars said these words:

"I will purify the great sin of the ancestor mother of your mother .
She is growing old and will die.
If your mother dies, we, Wild Stars will be anxious about her corps.
You, human sons are greatly sinful.
Your mother is also defiled" – they made an order

---

24 *mital* «offering». Serruys' text also gives this word: *ene mital sang-ud-i ögede yabun odumui.*
    Hurchbataar's version uses the word *mitaɣan*.
25 *zurɣan Züyiliyin ecege eke* here stands for the usual expression of Buddhist sūtras: *eke boluɣsan
    qamuɣ amitan.* For a detailed study of it cf. J. Nattier: Eke boluɣsan: A note on the colophon to
    the Bolor Erika. *AOH* 44.1990, 395-408.
26 Bawden's text gives: *ǰirɣuɣan ǰüil-ün ečige tengri kiged. sibaɣun-u qan nere-tü inu. ökin nere-tü
    minu öber-ün nököd ökin-luɣ-a inu nisüǰü nigül burtaɣ qoličaɣsan...* and the author translates it:
    «father god of the six types (of creature) and king of the birds, and the one called Girl of mine,
    flying together with the comrade-daughters, mingled sin and defilement». Our text clearly writes
    nigedčü «to unite» and examining carefully the facisimile of Bawden's text it also can be read
    nigedčü instead of *nisčü.*

And sent the fox with it as a messenger.
The fox on the way has forgot the message of those seven Fierce Stars,
Remained back and the human sons did not learn it, so

They buried the corps of their mother among the Fierce Stars.
The hinderance of that contamination fell on
The White Gods' Mountain of Tibet and
By the black hinderance of the corpse
The God called Nerketü Bumba of Icy Mountain[27]
Has got defiled.
The mighty gods were not able to support the human sons, and
The Mighty Ice Mountain at his wit's end said bad words.
They called out the names of supreme gods with a sound of wish,
However there was no use.
The offsprings of the three sons, the Tibetan, the Chinese and the Mongol,
Has become few,
Their cattle were reduced.
The eyes of the Creator Mother have become blind.
The ears of the Fith King have become deaf.
And, Bird Khan has gone mad.
They told to each others: what is now?
What good could be done, there is no help.

Then, from above Manjusrî made an order:
Pray to the Seven Fierce Stars.
When they prayed to the Seven Fierce Stars,
Those seven Majestic Stars made an order:
Oh, your greatly stupid people!
Have not we sent to you, sons, the fox as a messenger?
We said, that the gods are anxious and greatly clever.
You have buried the corpse of your mother
Among us, among the Fierce Gods.
Now, call Günzüd Khan[28], who can be helpful in this matter.
And make a pure offering to all the Khans, to the gods of earth and water,
Then the contamination will be purified.
They call the Khan called Günzüd.
That Günzüd said:
All these problems originated from the fox.

---

27 Bawden's text has *Masan*, and his parallel version has *Mesig*.
28 The text published by Serruys gives Göntsii Khan, the invocation is addressed to him. Serruys
    translates this name: «King Jug» on the basis of the Chinese *kuan-tzu*, and also quotes Mostaert's
    Dictionary *gönji* «with the head like a jug», but also: «nom qui designe de loup». Serruys
    regards it to be a nickname of the fox in this text.

We will certainly solve it.
We will expel poison with poison.
Catch that sinful fox! – He said.
After catching that sinful fox, bring it here!

The fox said:
Do not kill me!
Do not cut me down!
If you kill me, it is a great sin.
But, if in any case
You should kill me,
Pierce through my neck with a golden pin.
Take some of my hair, and a piece of my flesh,
And some drops of my blood,
And a piece [of my bone],
Collect all these, and
Purify with a clear offering all the heaven and earth.

The fox said:
The nine signs of Esrua are upon me:
The tips of my ears have become black
It is a sign, that I laid in the shade of the Kalparavas tree.
My snout has become short and hunting,
It is a sign that I have committed sin.
The tip of my nose have become black,
It is a sign that I have suppressed the evils of the end.
My mouth has become black,
It is a sign that I have drunk of the elixir.
My breast has become white,
It is a sign that I have run in the sunshine.
My back has become yellow,
It is a sign, that I have dug the dirt of the elixir.
My belly has become white,
It is a sign, that I have crossed the river of Heaven.
The wool on my thighs has become blue,
It is a sign that I have lain on the winter ice.
The tip of my wool has become shaded,
It is a sign, that I walked in the dew early in the morning.
My back has become red,
It is a sign, that I rolled in the air of the eastern direction.
My spine has become motley,
It is a sign, that my mother places her sign on me.
My tail has become beautiful and long,

It is a sign, that I walked along the Milky Way.
The tip of my tail has become white,
It is a sign, that I purified the further way of offering.
While running uphill,
I, the fox look backwards,
It is because my previous great-grandfathers and
Great-great-grandfathers have become contaminated,
It is a sing, that now I have known my origin.
I am complete with the signs of Esrua.
There is no sign that I do not have.
If you make a purifying incense offering with me,
The merit of it will relieve the spirit of living beings,
and purify their bodies.
The eyes have opened,
The ears have become sharp.
Let all the living beings find blessing!

Om a hum

Let us purify with the offering the gods who fill the upper heaven.
Let us purify with the offering the Fierce Stars that fill the middle firmament.
Let us purify with the offering the Khans, the lords of earth and water,
The Khans of the Dragons who fill the golden world below.
By the power of the purifying with the fox
I make an offering with the flesh and blood of this fox
In order to purify Yogacari and the almsgiver, these previous fathers and mother,
grand-fathers and great-great-grandfathers when they get contaminated.
If the great-grandfather and great-grandmother have been contaminated
Let us purify them by the offering of the wool and bone of this fox.
If the future sons and grandsons have become contaminated,
Let us purify them by sacrificing the five fathers of this fox.
If horse, cow and sheep have been contaminated
Let us purify them by offering the entrails of a fox.
We make a purifying offering of the fox.
The purifying is so powerful.
Let us make an offering to purify all those
who has become contaminated.
If we make an offering today,
we purify the contamination of sun and moon
With the two eyes of the fox.
With the ears
we purify the contamination of the supreme protective spirits. [4b]
With the nose, we purify the contamination of women.

With the tongue we purify the contamination of the brightness of the firmament.
With the four feet we purify the contamination of the four great Powerful Ones.
With the heart we purify the contamination of the Powerful One of the North
With the lungs we purify the contamination of the Snowy Mountain.
With the liver we purify the contamination of the Rocks.
With the neck we purify the contamination of the ocean.
With the bones we purify the contamination of the stones.
With the flesh we purify the contamination of the earth.
With the wool we purify the contamination of all the trees bushes.
With the supreme nine parts we purify the contamination of the nine oceans.
With the forty-four pure parts
We purify the contamination of the Khans, and the lords of earth and water staying
at the four directions and the eight cardinal points
With the right rib of the fox
we purify the contamination of the gods of daytime.
With the left rib of the fox we purify the contamination of the gods of the night.
With several stomachs and ribs of foxes we purify the contamination of the thoughts
of all the living beings
If, through angry thoughts, there was committed any crime
to Yogacari and to the alms-givers,
Let it be purified by the offering of this fox.
If, through craving thought there was committed any sin,
Let it be purified by the offering of this fox.
If, through ignorant thoughts there happened any confusion,
Let it be purified by the offering of this fox.
If prohibited white and black arrived[29]
Let it be purified by the offering of this fox.
If fire, water, gold or wood have been hindered,
Let them be purified by the offering of this fox.
If pure goods of value have been collected,
Let them be purified by the offering of this fox.
If the dead body of a man has been buried,
Let it be purified by the offering of this fox.
If slander and sin have been committed,
Let them be purified by the offering of this fox.
If meat of horse and donkey has been eaten,
Let it be purified by the offering of this fox.
If meat eaten by dog and pig has been eaten,
Let it be purified by the offering of this fox.
If one laid in the lair of a dog or pig,
Let it be purified by the offering of this fox.

---

29 It must be an allusion to some kind of taboo connected with the colours white and black.

If one put on the clothes of a sick person,
Let it be purified by the offering of this fox.
If one touched the body of a rabid man,
Let it be purified by the offering of this fox.
If one drank together with a defiled man,
Let it be purified [5b] by the offering of this fox.
If one made a promise in the presence of many,
Let it be purified by the offering of this fox.
If one smelt the smell of a dead body
Let it be purified by the offering of this fox.
If one smelt the smell of a woman's privacy,
Let it be purified by the offering of this fox.
If the Teaching, the lamas, the sphere of protective spirits
have been defiled,
Let it be purified with the offering of this fox.
If the gods of Esrua have been defiled,
Let it be purified by the offering of this fox.
If the five Dyāni Buddhas have been defiled,
Let them be purified by the offering of this fox.
If the gods of the world have been defiled,
Let them be purified by the offering of this fox.
If the genius has been defiled,
Let it be purified by the offering of this fox.
If the genius of the father, mother and aunts have been defiled,
Let them be purified by the offering of this fox.
If the protective spirit of the house has been defiled,
Let it be purified by the offering of the fox.
If the Tiger Buddha protecting the door has been defiled,
Let it be purified by the offering of this fox.
If the protector of goods and food has been defiled [6a]
Let it be purified by the offering of this fox.
If the good fortune of swift horse has been defiled,
Let them be purified by the offering of this fox.
If the good fortune of milking mares has been defiled,
Let it be purified by the offering of this fox.
If the sacrificial horse has been defiled,
Let it be purified by the offering of this fox.
If the southern gods have been defiled,
Let them be purified by the offering of this fox.
If the God of Camels has been defiled,
Let it be purified by the offering of this fox.
If the God of Sheep has been defiled,
Let it be purified by the offering of this fox.

If the God of Goats has been defiled,
Let it be purified by the offering of this fox.
If the Lord of Crops and Esrua have been defiled
Let them be purified by the offering of this fox.
If sin and merit are not separated but mixed up,
Let it be purified by the offering of this fox.
If gods are destroyed
Let them be purified by the offering of this fox.
If clean and dirt are not separated
Let it be purified by the offering of this fox.
If we do not perform an incense offering now,
Dirt and clean will not be purified.
If we do not confess our sins, the emeritus action will be useless.
So, with the offering of this fox we purify it completely.
Let it be like the colour of the firmament.
Let it be clear like son and moon.
Let it flourish!
Let it be like ten-thousand stars!
Let your body be like the crystal stone.
Let your voice be like the voice of heaven!
Let the benefit of all the living beings having soul flourish.
Asking all these
By the emeritus power of the fox offering
Let the great heaven and the [people] greatly, more and more flourish.
Let the Asuris and evils decline downward.

Sarva manghalam!

Bibliography

Bawden, Ch. R.: The «Offering of the Fox» again. *ZAS* 10.1976,439-473.

Bawden, Ch. R.: An Oirat manuscript of the ‹Offering of the Fox›. *ZAS* 12.1978,7-34.

Beffa, M. L.; R. Hamayon: Qui confond pur et impur purifier par le renard. *Études mongoles et sibériennes* 15.1984,141-152.

Coloo, J., R. Njantajšüren: *Arvan gurvan Altajn ariun Sanguud oršiboi.* Ulaanbaatar, Hohhot 1996, 29-32.

Hamayon, R. et N. Bassanoff: De la difficulté d'être une belle-fille. *Études mongoles* 22.1971, 208-213.

Heissig, W.: Zur Morphologie der «Fuchsopfer»-Gebete. *ZAS* 10.1976,475-543.

Heissig, W.: Purifikationsgebet und Fuchsrauchopfer. *ZAS* 14/2.1980,37-64.

Jagchid, S., P. Hyer: *Mongolia's Culture and Society.* Boulder, Colorado 1979.

Luvsanbaldan: *Tod üseg, tüünij dursgaluud.* Ulanbator 1975, 219. (Mentions three Oir. versions: 709/12, 737/11 and 801/73)

Njambuu, H., Nacagdorǰ, C.: *Mongolčuudyn ceerleh josny huraanguj tol'.* Ulan Bator 1993.

Poppe, N. N.: Opisanie Mongol'skih ‹šamanskih› rukopisei. *Zapiski Instituta Vostokovedeniya Akademii Nauk* 1.1932, 169. (Mentions an Oir. manuscript: Ünegeni bsang orosiboi. 27 p. That is Sazykin 1166.)

Sárközi, A.: Taboo in the «Dictionnaire Ordos» of A. Mostaert. *AOH* 48.1995, 443-448.

Serruys, H.: Offering of the Fox. A Shamanist text from Ordos. *ZAS* 4.1970, 311-325.

Synkiewicz, S.: Geburt, Hochzeit, Tod – Der menschliche Lebenszyklus im Brauchtum der Mongolen.
Die Mongolen. Hrsg. W. Heissig, C. C. Müller. Innsbruck, Frankfurt/Main 1989, 196-204.

Tomka, P.: Les termes de l'enterrement chez les peuples mongols. *AOH* 18.1965, 159-181.

Žukovskaja, N. L.: *Kategorii i simvolika tradicionnoj kul'tury mongolov.* Moskva 1988.

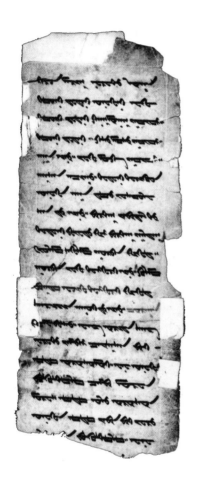

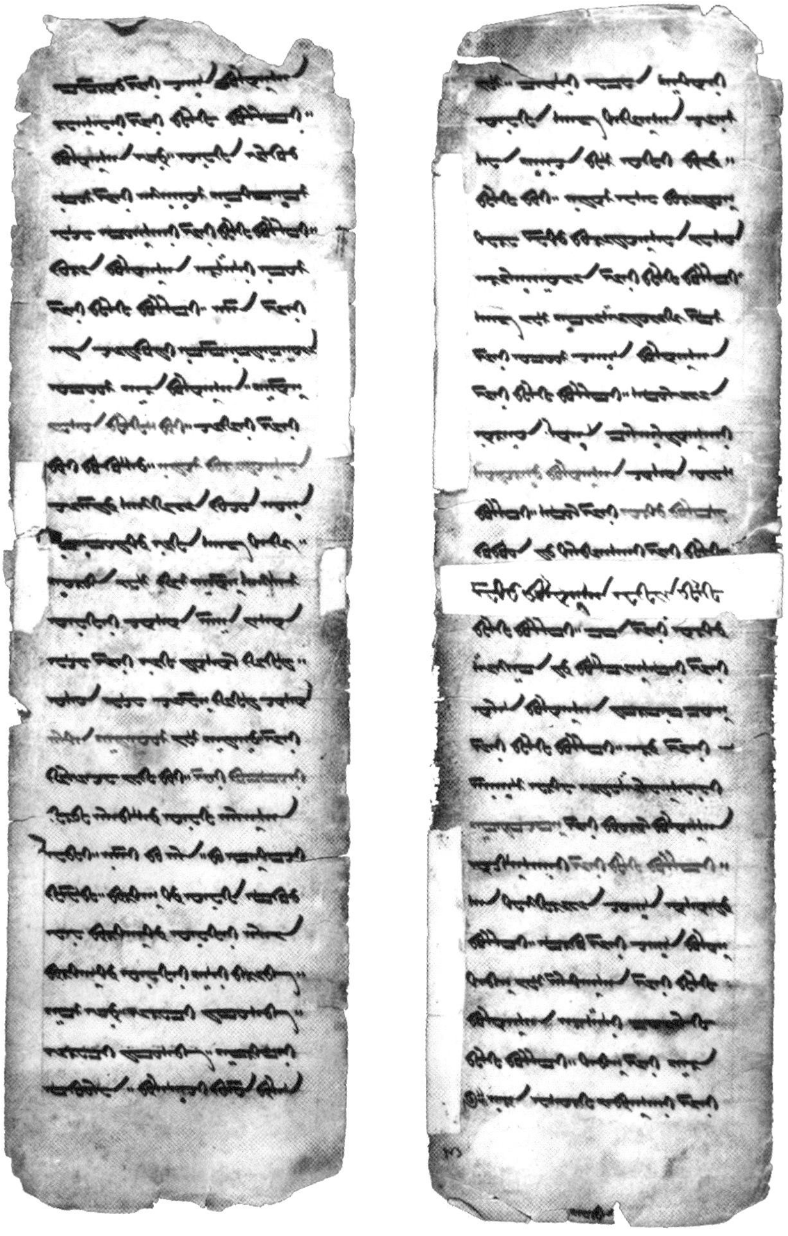

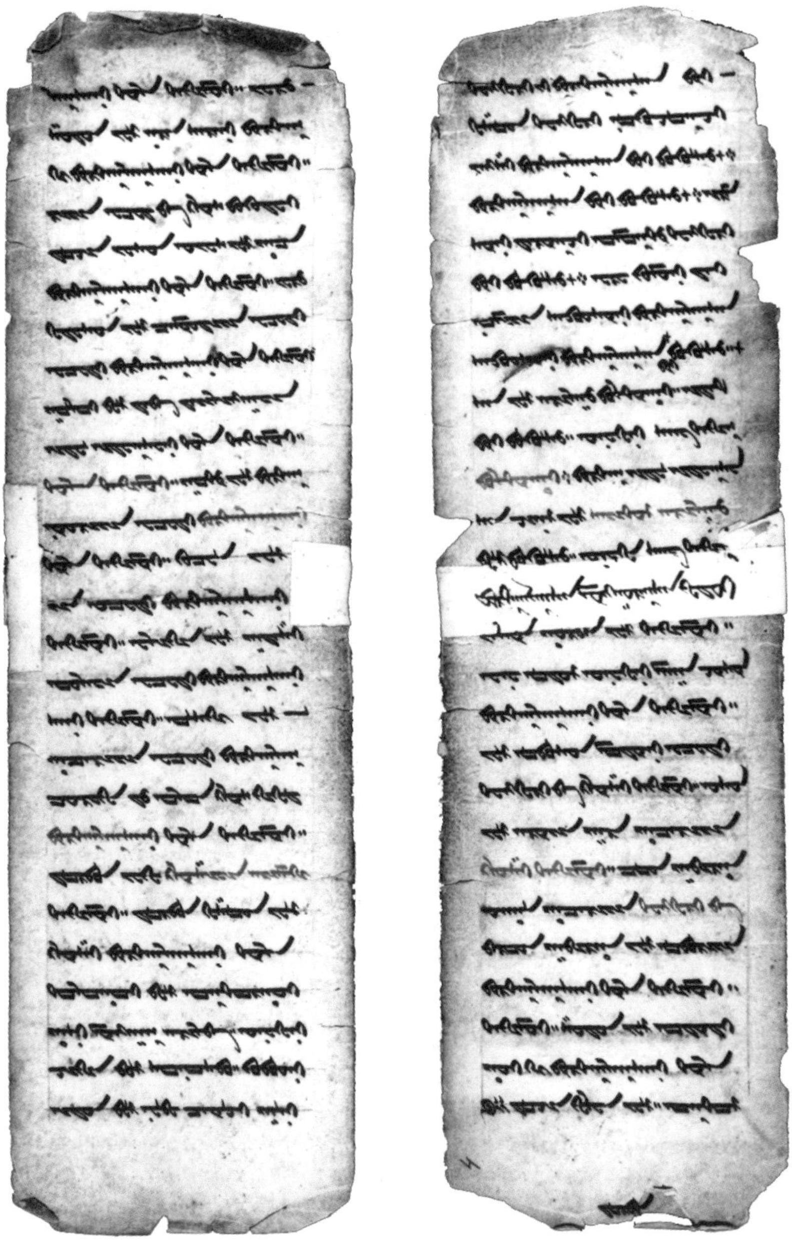

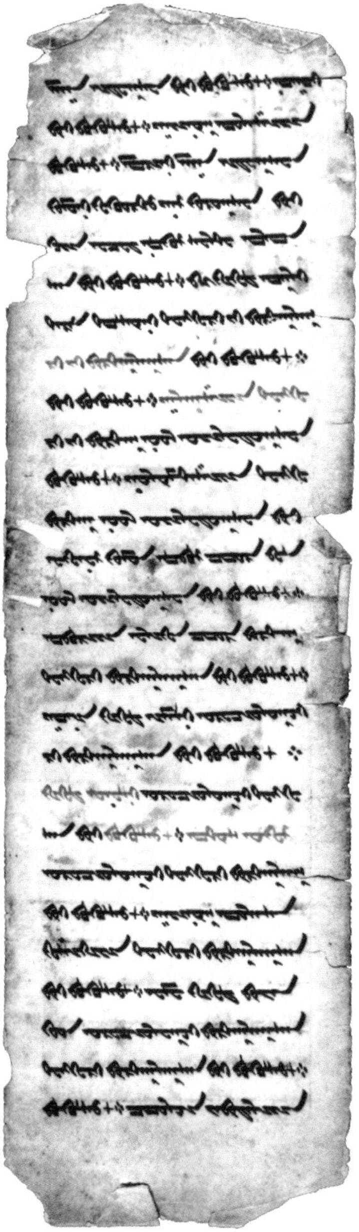

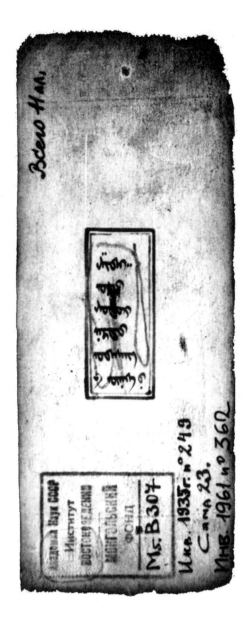

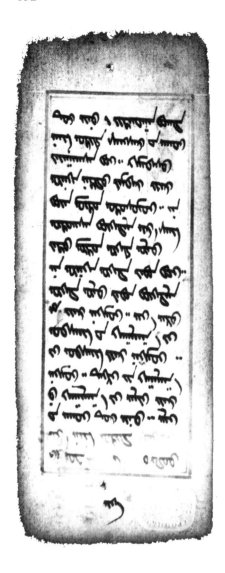

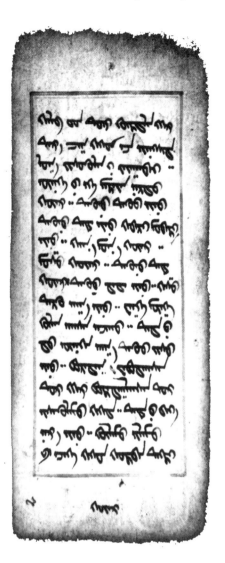

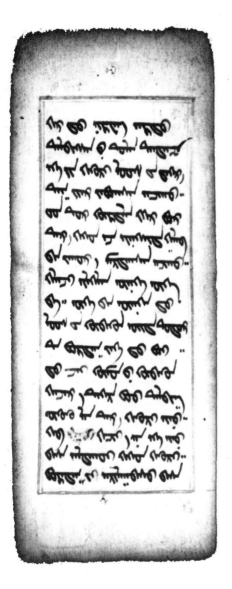

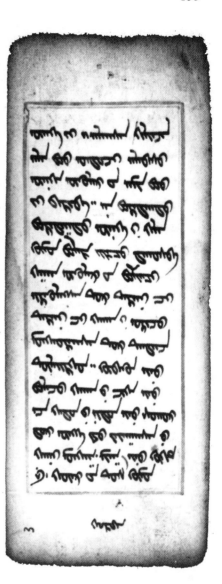

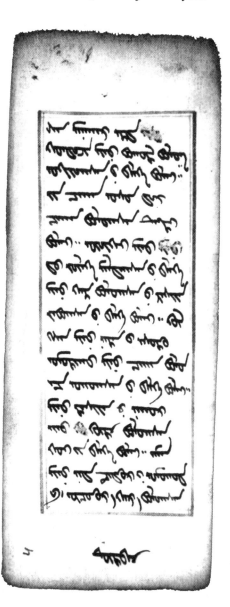

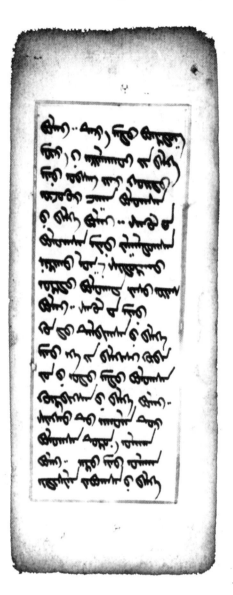

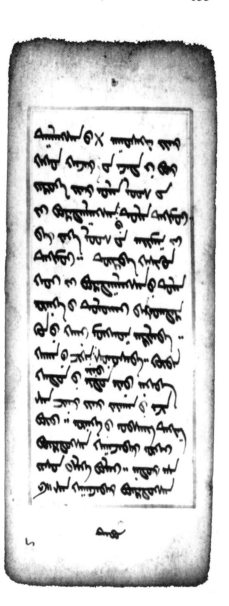

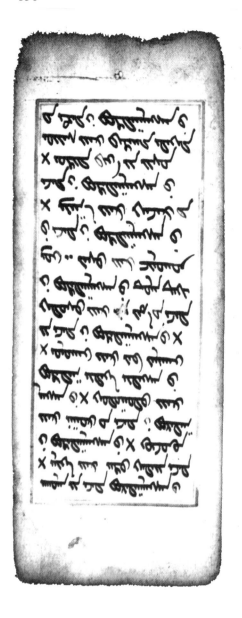

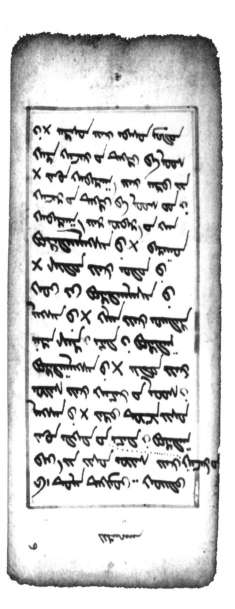

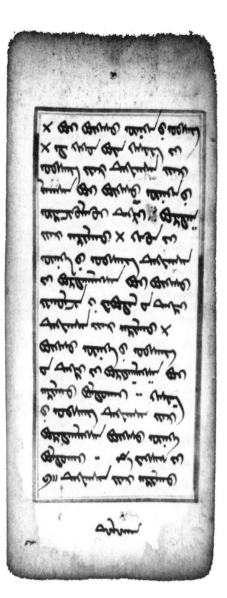

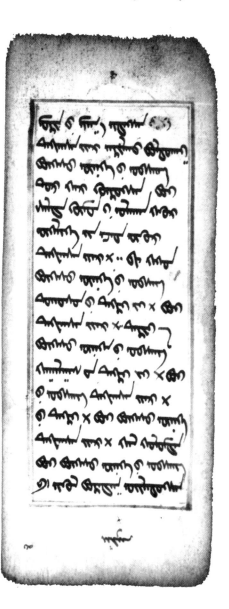

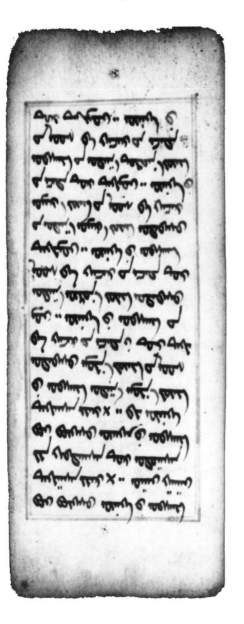

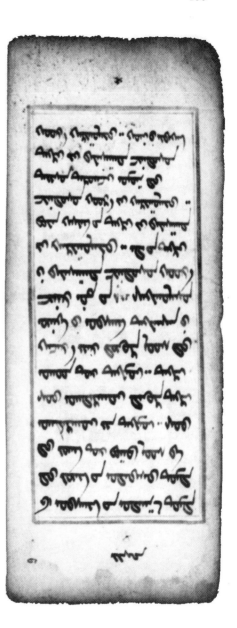

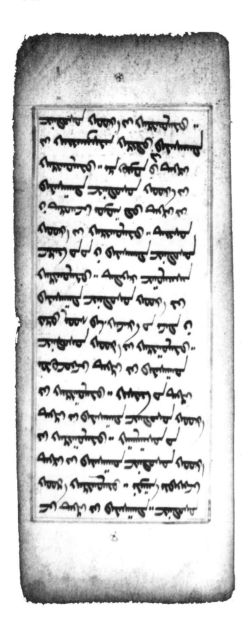

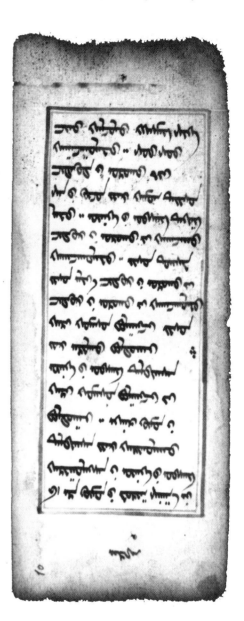

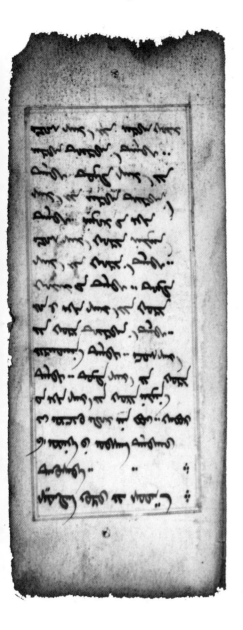

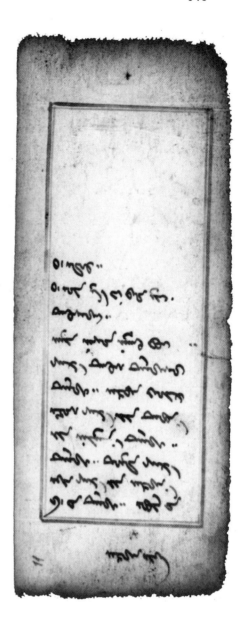

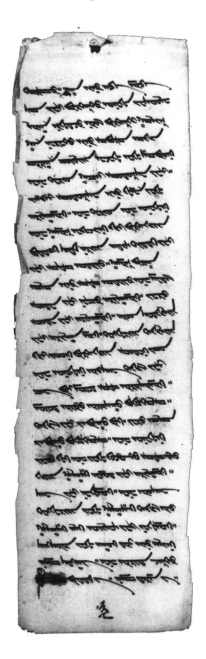
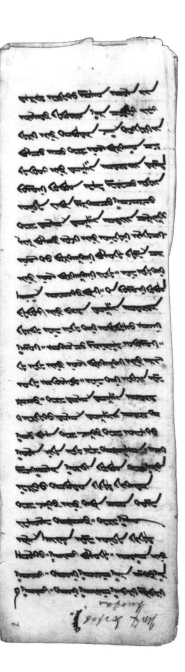

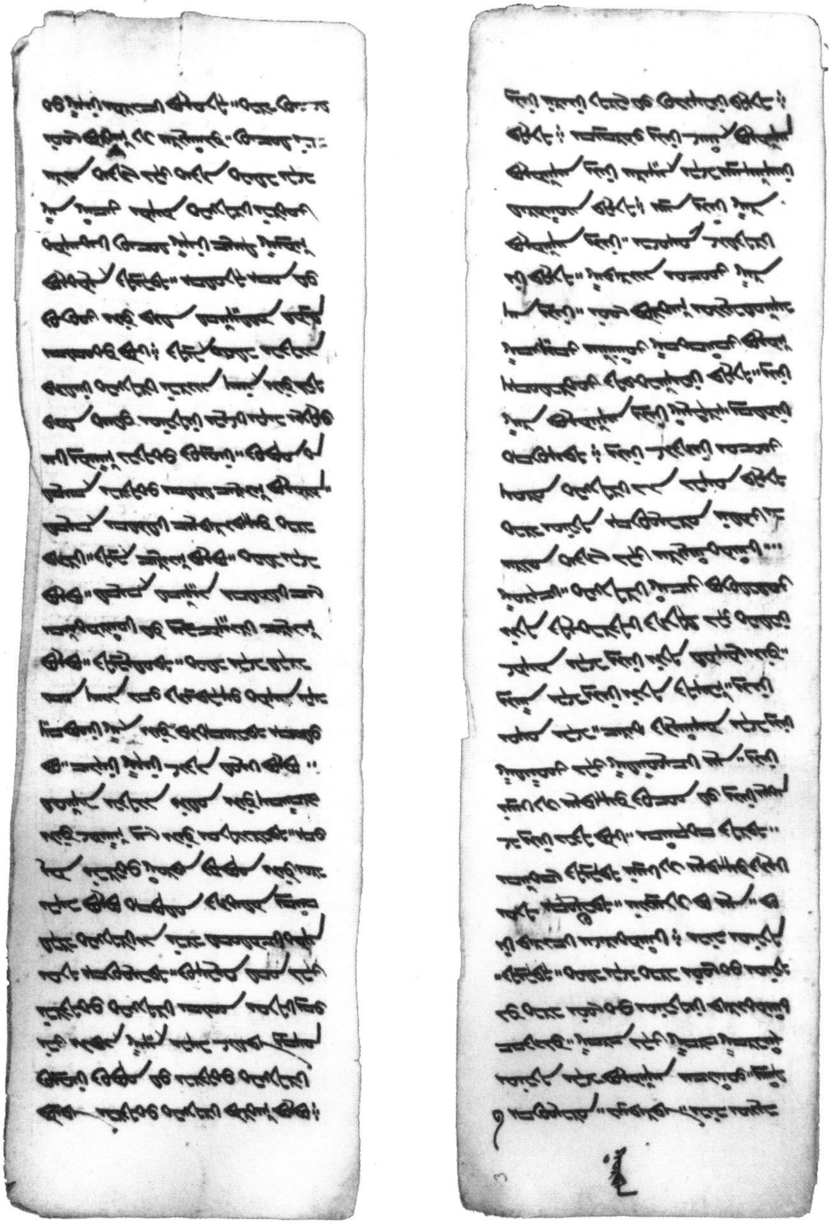

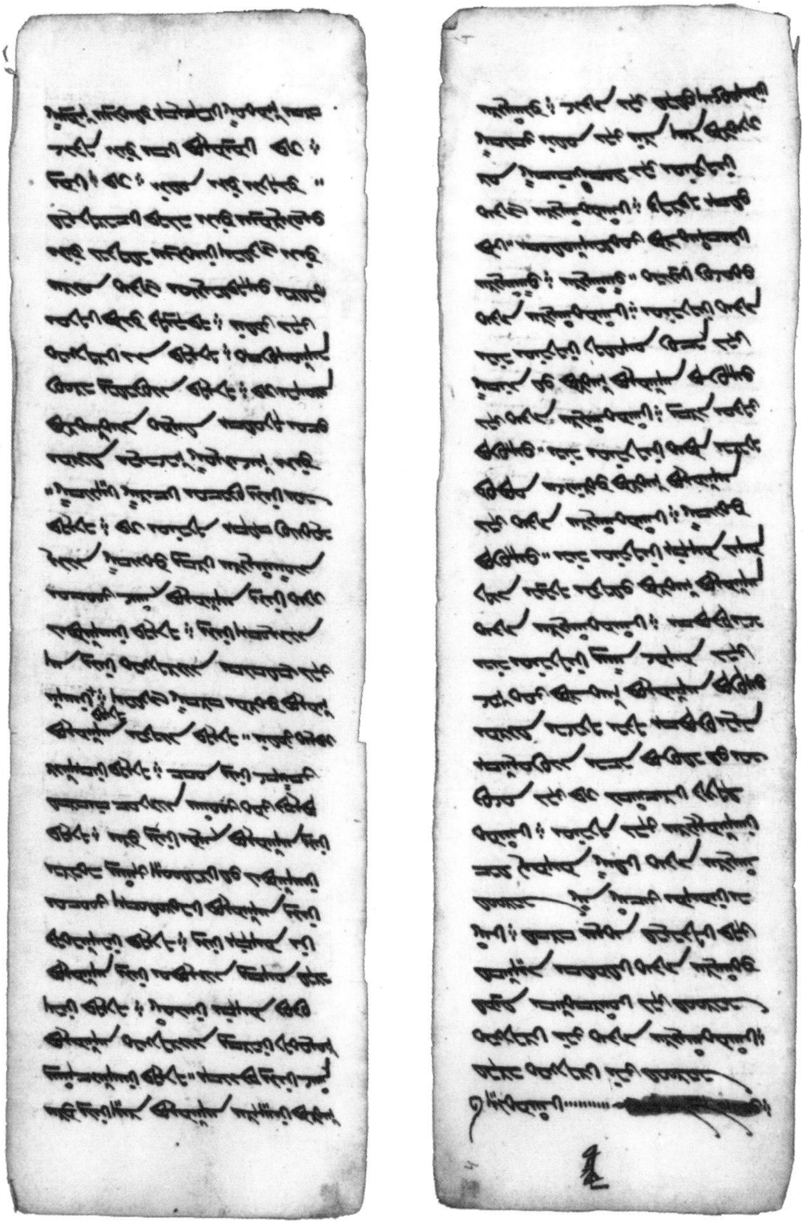

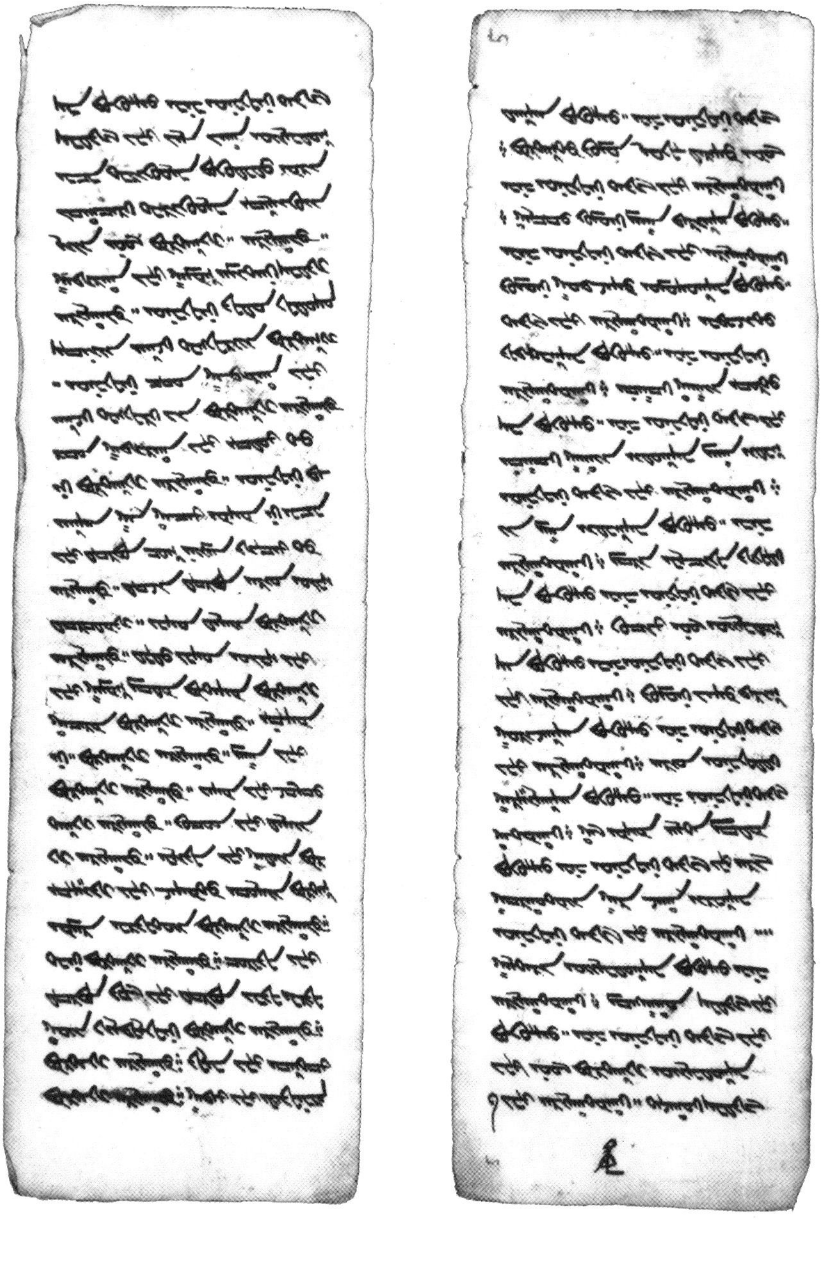

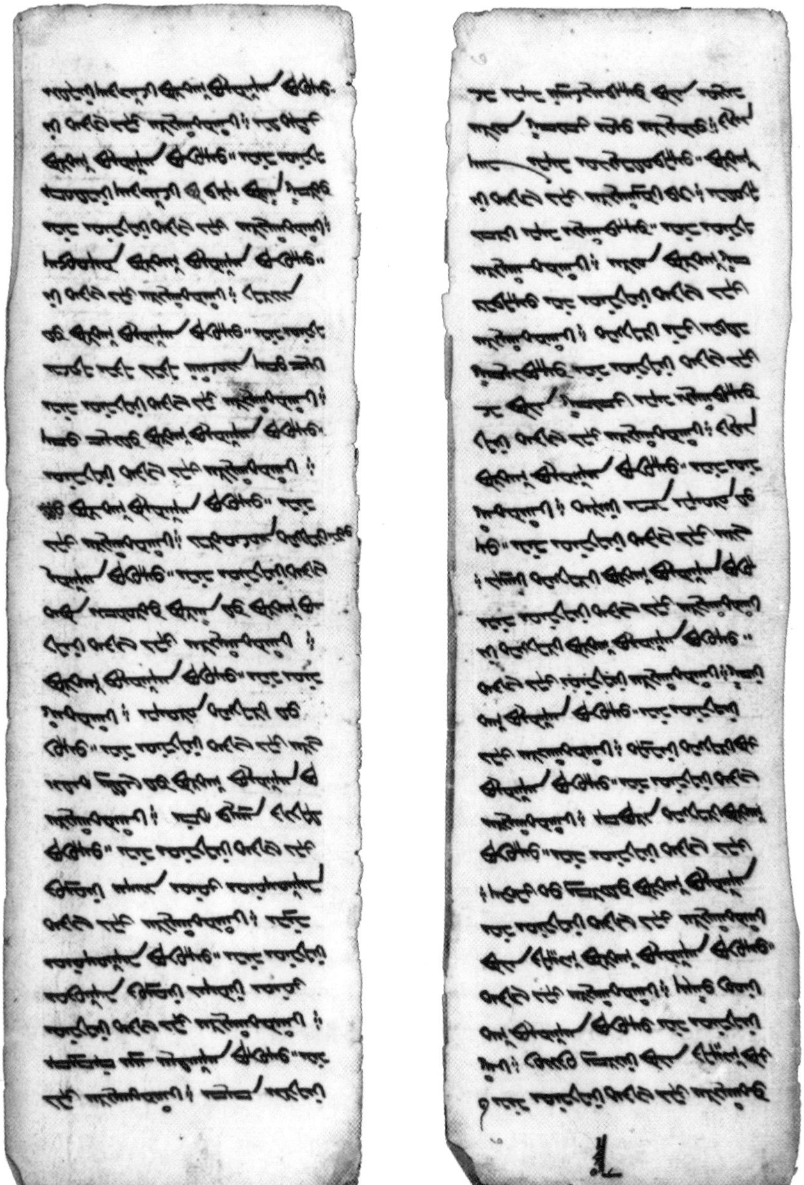

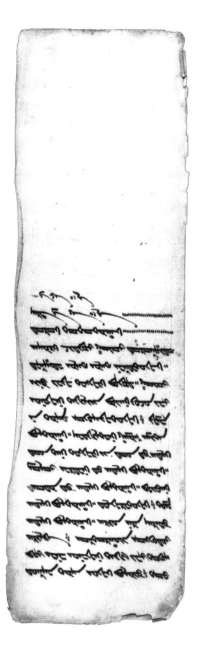

Erika Taube (Leipzig)

Der Fuchs. Von der altaituwinischen Tradition zum zentralasiatisch-sibirischen Kontext

Der Fuchs im ethnographischen Material

Ein kalmückisches Sprichwort sagt, der Fuchs kenne tausend Listen, aber die zuverlässigste sei, sich vom Menschen nicht sehen zu lassen.[1] Daß die Füchse im Altai diese zuverlässigste List beherrschen, will ich gern bezeugen: Nie ist mir der Fuchs (*dilgi*) in freier Wildbahn während meiner Aufenthalte unter den Tuwinern im Altai begegnet, oft aber sein schöner und kostbarer Pelz, denn der Fuchs war und ist ein begehrtes Jagdwild. Einen Fuchs zu erlegen, der ihm unterwegs begegnet, wie auch einen Hasen oder Wolf, ist einem Jäger selbst dann gestattet, wenn er zur Murmeltierjagd zieht – dieses Angebot des Reichen Altai ist anzunehmen, während es ihm in solchem Falle untersagt ist, auf Zieselmäuse, also auf kleinere Tiere, zu schießen.[2]

Des Fuchses Rückenfell dient als besonders edles Material zur Herstellung von Mützen für die kalte Zeit des Jahres, während das kurzhaarige Fell der Läufe, wie Streifen aneinandergenäht, eine gute, aber etwas weniger warme Mütze für die Übergangszeit ergibt.[3] Nach der erzählenden Dichtung war sein Pelz auch gut für Ärmelaufschläge, die, in der kalten Zeit heruntergelassen, die Hände beim Reiten warm halten. Außer dem Fell des Fuchses wird auch seine helle Schwanzspitze gebraucht – sie findet neben einem Büschel weißen Jakhaars als Wedel (*xŏretgi*) Verwendung, um bei der Jagd auf Murmeltiere deren Aufmerksamkeit zu erregen und damit gleichsam ihr Erstarren vor Neugier zu bewirken.[4]

Der Fuchs wurde jedoch nicht nur um seines Pelzes willen gejagt. Die Tuwiner im Altai schrieben seinem Fleisch – wie auch dem des Wolfes – eine vorbeugende Wirkung gegen die Pocken zu. Aus seinem Fett scheint man eine Heilsalbe bereitet zu haben.[5] – Schließlich pflegte ein Jäger, der einen Fuchs erlegt hatte, beim Abzie-

1   Muniev, B. D. [Munin Bembe] [red.]: *Kalmycko-russkij slovaŕ.* Moskva 1977, S. 47a: arat miŋhn aal'ta, tednəs icgtən' – küünd ès üzgdch.

2   Dagegen soll es bei Mongolen als ungünstiges Omen gelten, wenn sie auf der Jagd zuerst einem Fuchs begegnen, so daß manche Jäger sogar umkehren (Heissig, Walther: Zur Morphologie der «Fuchsopfer»-Gebete. *ZAS* 10.1976 [475-519], S. 475).

3   Siehe E. Taube: Zur traditionellen Kleidung der Tuwiner des Cengel-Sum. *Jahrbuch des Museums für Völkerkunde zu Leipzig.* 37. 1987, 99-127. – Eine Mütze aus Fuchsläufchenfell sah ich allerdings nur in Zaamar, das heißt bei jenen aus dem Altai in die nördliche Zentralmongolei abgewanderten Tuwinern, also in einem klimatisch weniger rauhen Milieu.

4   E. Taube: Zur Jagd bei den Tuwinern des Cengel-sum in der Westmongolei. *Jahrbuch des Museums für Völkerkunde zu Leipzig.* 31.1977, (37-50), S. 38.

5   Vergleiche das weiße Fuchsheilmittel in mongolischen Märchen und Heldenepen. – Fuchssalbe ist (neben Lebenswasser, Löwenmilch, Hirschmilch und ähnlichem) generell eines der im Märchen häufig genannten Heilmittel; vergleiche Bolte, Johannes, und G. [Jiří] Polívka: *Anmerkungen zu den Kinder- und Hausmärchen der Brüder Grimm.* Leipzig 1913-1932, Bd. 2, S. 400. - Anders als die altaischen Tuwiner verwenden die ihnen einst benachbarten Kalmücken

hen des Fells dessen Nase abzuschneiden und sich an den Gürtel zu binden, als Schutzmittel gegen Vergeßlichkeit. Das durfte auch ein anderer tun, so er den erlegten Fuchs abbalgte.

Wenn auch der Fuchs nicht zu jenen Wildtieren gehört, die – wie Wolf und Bär – dem Menschen gefährlich werden oder Schaden bringen können, indem sie in die Viehherden einbrechen und viele Tiere reißen, so wurde sein Name doch auch, zumindest während der Jagd, tabuisiert und durch dīžaq[6] ersetzt – wohl eher aus Achtung als aus Angst vor ihm. Er wurde mir andererseits nicht im Verbund jener kleineren Tiere genannt, deren Namen tuwinische Jäger als Ausdruck ihrer Ergebenheit und Höflichkeit tabu halten und zu denen zum Beispiel Murmeltier, Zieselmaus, Zobel und Altai-Felsenhuhn gehören.[7]

Mit dem feinen Gehör und Gespür des Fuchses dürfte seine Funktion im Abwehrzauber zu tun haben, worauf schon der erwähnte Gebrauch seiner Nase hinweist. Während Krallen von Adler, Wolf, Bär und Irbis (Schneeleopard) an der Kleidung von Kindern oder etwas Haar vom Nacken brünstiger Kamelhengste, in einem Beutelchen am Kopfteil der Wiege befestigt, als pars pro toto gleichsam mit der Kraft der Spendertiere das Kind vor schädigenden Dämonen schützen sollen, findet sich in diesem Zusammenhang vom Fuchse nichts. Wohl aber ist er mit seiner vollständigen Gestalt in der abwehrzauberischen Praxis präsent: Eine kleine, aus Holz geschnitzte Fuchsfigur bindet man an der Wiege fest, wenn das Kind schlecht schläft oder im Schlaf leicht aufschreckt.[8] - In der Jurte bieten gewisse Vorkehrungen (wie die rote Farbe von Rauchöffnungsreif und Türrahmen oder ein spitzer Gegenstand hinter den Dachstangen über der Tür) einen gewissen generellen Schutz für alle. Das in seiner Zartheit besonders gefährdete Wiegenkind, dessen aktuelle Bedrohung sich in unruhigem Schlaf und ähnlichem äußert, bedarf – wie es aussieht – nicht nur der unmittelbaren Dämonenabwehr, sondern gewissermaßen auch der Früherkennung der Dämonen, ihrer Abwehr schon im Vorfeld, und der Fuchs ist dafür offenbar in besonderem Maße prädestiniert. Hier scheinen andere Fähigkeiten und Qualitäten für die Abwehr der Dämonen relevant zu sein als solche wie

---

das Fuchsfleisch nicht als Nahrung; ihnen galt es auch als Vorzeichen für Unglück, wenn ein Fuchs den Menschen anbellt (Dušan, U[ljumdži]: Obyčai i obrjady dorevoljucionnoj Kalmykii. *Ėtnografičeskij sbornik* 1. Ėlista 1976 [5-88], S. 69).

6   Möglicherweise Diminutivform von dīžï «einer, der ein scharfes/feines Gehör hat», also etwa «der kleine Feinhörer».

7   Siehe E. Taube: Zum Problem der Ersatzwörter im Tuwinischen des Cengel-sum. *Sprache, Geschichte und Kultur der altaischen Völker*. Berlin 1974 [= Schriften zur Geschichte und Kultur des Alten Orients] (589-607), S. 593 (meine dortige Übersetzung «Berghuhn» ist nicht korrekt). Für «Altaisches Felsenhuhn», Tetraogallus altaicus GEBL., verwendet man in der Ornithologie auch die Bezeichnungen «Altaisches Königshuhn» oder «Ular» (so Sinjagin, I. I., et al.: *Wörterbuch der Biologie Russisch-Deutsch*. Leipzig 1974, 656b).

8   Die Nanaier stellen sich Mamari, die Beschützerin der Neugeborenen, als Fuchs vor und heften ebenfalls kleine Fuchsfigürchen an die Wiege (so Smoljak, A[nna Vasilevna]: *Der Schamane. Persönlichkeit, Funktionen, Weltanschauung*. (Die Völker am Unterlauf des Amur). Berlin 1998 [Ethnologische Beiträge zur Circumpolarforschung. 4.], S. 257). Neben anderen Tierdarstellungen war auch die eines Fuchses auf die «Joppe» des nanaischen Schamanen S. P. Sajgor (1972) aufgenäht (a. a. O. S. 214).

Körperkraft, die durch einen charakteristischen Teil des Körpers sichtbar zu repräsentieren sind. Da Stärke der Sinne, wohl eher noch des Geistes, konkret nicht darstellbar ist (allenfalls eben durch die Nasenspitze oder vielleicht durch ein Ohr), bedarf es der ganzen Fuchsgestalt, daß böse Geister – so müssen wir es uns wohl vorstellen – rechtzeitig wahrgenommen und von dem Kinde abgewehrt werden können.

Kinder jenseits des Säuglingsalters, die schon laufen und sich mehr oder weniger selbständig außerhalb der Jurte bewegen können, sind Dämonen direkter ausgesetzt als die Wiegenkinder innerhalb der Jurte. Man versuchte daher, Dämonen dadurch abzuschrecken und von den Kleinkindern fernzuhalten, daß man Krallen starker Tiere (siehe oben), Uhufedern und «Uhuaugen» (früher durch Kaurimuscheln, heute vor allem durch weiße [Perlmutt-]Knöpfe vorn am Mützchen symbolisiert), Schellen, Glöckchen, Pfeilspitzen oder – stellvertretend für sie – spitzzulaufende metallische Anhängsel, rote Quasten und dergleichen mehr an das Obergewand (*ton*) im Brust- und Schulterbereich und an der Kopfbedeckung annähte, aber auch im Saum des Gewandes (weißer und schwarzer Stein) gegen gute und böse Rede. Manchmal ist die gesamte Schulterpartie mit vielen solchen apotropäischen Elementen der verschiedensten Art besetzt. Nach meinen Feldnotizen ist unter diesen nichts Füchsisches zu finden. Dagegen begegnet man einer ganzen Fuchsfigur auch bei größeren Kindern. Wenn sie nämlich im Schlaf reden und, geweckt, zwar die Augen aufreißen, aber nicht wach werden (als *jŭlŭr*, «im Schlaf fantasieren», bezeichnet), schnitzt man aus roter Birke (*γïzïl γadïŋ*) die Figur eines Fuchses oder aber eines Hasen (*tōlaj*) und hängt diese dem Kind an einem roten Faden um den Hals. Zur Alternative Fuchs – Hase gibt es gewisse Parallelen in den mündlichen Überlieferungen der südsibirischen Tuwiner und anderer zentralasiatischer Völker.

Der Fuchs in den kleinen Folklore-Formen
Die Suche nach dem Fuchs in den kleinen Formen der Volksdichtung führt zu einem erstaunlichen Befund: In 104 Liedern und über 600 Sprichwörtern und Rätseln wird unser Freund ein einziges Mal genannt.

In den **Liedern** mit ihrer Fülle an Bildern aus Natur und alltäglichem Umfeld begegnen wir viele Male den Vertretern der fünf Arten Vieh. Unter den jagdbaren Wildtieren werden vor allem Argalischaf, Steinbock, Maralhirsch, Dseren-Antilope oder Kropfgazelle genannt, daneben – seltener – Hase, Murmeltier, Bär, Eichhörnchen, Vielfraß, Wolf und Igel, an Vögeln Adler, Kuckuck, Elster, Altai-Felsenhuhn, Falke oder Habicht, Milan, Geier, verschiedene Gänse (*γaš*, stand.tuw.[9] *qaš*), Rostgans (*aŋγïr*), Rabe, Krähe, Schwalbe, die Vögel *dalaŋ-geleŋ* und *gedeŋ-γōs*; schließlich – sehr allgemein und mehrfach - der Fisch (*balïq*). Den Fuchs kennen die Lieder nicht.

---

9   Standard-Tuwinisch: die in der Republik Tyva (Tuwa) gebrauchte Schriftsprache; nach Tenišev.

Auch bei den **Rätseln** gehen wir, dem Fuchs auf der Spur, leer aus. Die hier
repräsentierte Tierwelt unterscheidet sich merklich von der in den Liedern vorkommenden. Zwölf Tiere stimmen überein: Adler, Rabe, Krähe, Rostgans, Altai-Felsenhuhn und Kuckuck, Bär, Wolf, Murmeltier, Eichhörnchen, Argalibock und Fisch.
Darüber hinaus finden sich noch andere Tiere: Nordischer Schneehase, Wiesel, Her-
melin, Uhu, Eule, (rotschnäblige) Alpenkrähe, Schneehuhn, Wiedehopf sowie Amei-
se, Spinne, Biene, Heuschrecke, Fliege, Insekten allgemein (*ïmra sēk*) und Schlange,
doch den Fuchs sucht man vergebens. Angesichts seiner Häufigkeit, seiner Bedeutung in der Alltagskultur und seines schönen Aussehens ist es schon verwunderlich,
daß er auch in den Rätseln, zumindest in den erfaßten 309 Rätseln, fehlt.
      Fündig werden wir bei den **Sprichwörtern.** Neu sind unter den 21 hier erwähnten
Tieren Kranich, Dachs, Biber, Zobel, Fischotter, Maus, Wurm, der Antilopenbock
(*ōna*) und schließlich auch der Fuchs. Er ist zwar nur einmal erwähnt, aber das trifft
auf die Mehrzahl der in den Sprichwörtern genannten Tiere zu.
      Düktüg ĵašta uruγlar ĵaraš.
      Düktüg aŋda dilgi ĵaraš.
      Xarda maŋnān izi ĵaraš.
      Xaja görüp doqtān ĵaraš.
      Unter den Kleinen (Wesen) mit weichem Haar sind die Kinder / Mädchen schön.
      Unter dem Wild mit weichem Haar ist der Fuchs schön.
      Des auf Schnee Gelaufenen Spur ist schön.
      Das sich-umschauend Stehenbleibende ist schön.
Dieses Sprichwort könnte auch den sogenannten Triaden zugesellt werden, die aus
der mündlichen Überlieferung der Mongolen wohlbekannt und darin auch gut belegt
sind. Die nicht obligatorisch, aber meist alliterierenden Triaden führen jeweils drei
charakteristische Beispiele für einen bestimmten Begriff an (häufig ein Adjektiv).
Als Beispiel seien «Die drei Weißen der Welt» (*Jertöncijn gurvan cagaan*) ange-
führt:
      Ösöchöd šüd cagaan.   Beim Aufwachsen(den) ist der Zahn weiß.
      Ötlöchöd üs cagaan.   Beim Altern(den) ist das Haar weiß.
      Üchèchèd jas cagaan.   Beim Sterben(den) ist der Knochen weiß.
Auch im altaituwinischen Material sind vier Aufzeichnungen von Triaden enthalten,
die alle mongolische Entsprechungen haben, wobei zwei nur teilweise leicht
variieren, so daß man diese vier Belege vielleicht als tuwinische Wiedergaben mongolischer Vorbilder ansehen darf. Allerdings ist das zugrunde liegende Denken in
konkreten Bildern für die Poesie zentralasiatischer Nomaden gleichermaßen charak-
teristisch, und unser kleiner Text, zu dem mir keine mongolische Parallele bekannt
ist, spricht vielleicht für eine gewisse Produktivität dieser Form auch bei den Tuwinern. Das tuwinische Sprichwort, das hier interessiert, ist ähnlich gebaut wie die
mongolischen Triaden. Allerdings handelt es sich dabei um eine «Tetrade», denn
vier Beispiele für Schönes werden genannt. Dabei sind – wie meist bei Vierzeilern –
jeweils zwei alliterierende Verse (a-a b-b) parallel gebaut, das erste Verspaar in
strenger Parallelität, das zweite in sich leicht abweichend. Auch für Tetraden gibt es

mongolische Belege[10], die in ihrer Versstruktur entweder ganz parallel gebaut sind, dem oben genannten dreizeiligen Beispiel folgend, lediglich mit einer zugefügten vierten Verszeile[11], oder aus zwei parallelen Verspaaren bestehen. Unser altaituwinisches Beispiel wurde zwar als «Sprichwort» mitgeteilt, fällt jedoch etwas aus dem Rahmen dieses Genres. Es scheint, wie andere dieser Triaden oder Tetraden, seinem Inhalt nach eher zu den Rätseln zu gehören, Antwort gebend auf die Frage: «Was sind die vier schönen (schönsten) Dinge (auf der Welt)?» V. N. Kljueva spricht daher in bezug auf die mongolischen Triaden auch von «Triaden-Rätseln» (zagadki-triady).[12] Mit seiner vierzeiligen Struktur könnte man sich dieses Textchen auch als Lied gesungen vorstellen – aus nur vier Versen bestehende Lieder sind im vorliegenden altaituwinischen Material ausgesprochen häufig. Wozu wir diesen Beleg auch immer ordnen wollen – er ist in der Gesamtheit der Aufzeichnungen kleiner Formen altaituwinischer Volksdichtung das einzige Beispiel für die Erwähnung des Fuchses. Und das ist bemerkenswert angesichts der Tatsache, daß darin sowohl die Nutztiere der Viehzüchternomaden als auch die jagdbaren Wildtiere in großer Breite erfaßt sind, dazu selbst Plagegeister wie Mäuse, Insekten und Würmer.

Was die bedeutsameren Tiere betrifft, so teilt der Fuchs das Schicksal, nur einmal genannt zu sein, mit dem Igel, der einmal in einem Lied vorkommt, und zwar in einer Wendung, die sich auch in einem altaituwinischen Schamanentext findet. Nach dieser Textstelle ist die Entstehung der irdischen Welt das Werk des Igels. Von ihm wissen wir außerdem, daß er bei den Nanaiern, figürlich dargestellt, Schwangere vor Krankheit schützen sollte[13] und daß er einst von den Kirgisen verehrt wurde.[14]

Sollte etwa auch der Fuchs verehrt worden sein? Taucht er deshalb in den kleinen Formen der Volksdichtung nicht auf - etwa als profanes Vergleichsobjekt in einem verbalen Bild in den Liedern oder wie ein beliebiges gewöhnliches zu erfragendes Objekt in den Rätseln, weil er etwas Höherrangiges war als andere Tiere, vielleicht sogar etwas Heiliges? Auch in dem oben zitierten «Sprichwort» dient er nicht zum Vergleich, sondern wird gleichsam aus seinesgleichen, dem Jagdwild, herausgehoben. Was die Kinder als schönstes unter den jungen Lebewesen betrifft, so wäre vorstellbar, daß es hier nicht allein um die Lieblichkeit der Kinder geht, sondern um die Kinder als das, was dem Menschen am teuersten ist, um den höchsten emotionalen und sozialen «Wert». Da der Parallelismus meist auch parallelen Sinngehalt einschließt, dürfte man dann weiter davon ausgehen, daß hier nicht (nur) von der äußeren Schönheit des Fuchses - gleichsam als des schönsten unter den Wildtieren - die Rede ist, das heißt von seinem vor allem ökonomischen Wert, sondern von seiner

---

10 Siehe Gaadamba, Š.; D. Cěrěnsodnom: *Mongol ardyn aman zochiolyn děěž bičig.* Ulaanbaatar 1978, S. 24.
11 A. a. O. Nr. 50.
12 Kljueva, V. N.: *Mongol'skie triady. Jertöncijn gurvan.* Ulaanbaatar 1946.
13 Smoljak, a. a. O. (wie Anm. 8), S. 255, s. v. Duéntē Séwén.
14 Vergleiche Brudnyj, D[mitrij]; K. Ěšmambetov: *Kirgizskie narodnye skazki.* Vtoroe izdanie, dopolnennoe. Frunze 1981, S. 347: «In einer fernen Vergangenheit galten bei den Kirgisen viele Tiere als heilig. Man verehrte sie, über sie erzählte man Legenden. So verehrte man in alter Zeit auch den Igel.»

darüber hinausgehenden, vielleicht aus dem Volksglauben herrührenden Bedeutung. Gegen eine solche Deutung könnte sprechen, daß *ǰaraš*, «schön, hübsch», im allgemeinen eher auf Äußerliches bezogen wird. Zumindest die letzte Verszeile der altaituwinischen Sprichwort-Tetrade scheint mir jedoch deutlich auf einen über das Äußerliche hinausweisenden Wortsinn hinzudeuten, der dann auch bei den vorangehenden Verszeilen zu berücksichtigen wäre.

Der Fuchs als Objekt der Verehrung
Ich möchte zunächst noch einmal auf das Namenstabu zurückkommen. Im Altaituwinischen bleibt es hinsichtlich des Fuchses gewissermaßen im Rahmen (siehe oben S. 1). Das Wort *dilgi* ist nicht grundsätzlich zu vermeiden, sondern vermutlich vor allem während der Jagd tabu. Bei den Kalmücken, bei denen sich nicht nur im Bereich der mündlichen Überlieferung sehr viele Gemeinsamkeiten mit den Altaituwinern beobachten lassen, sondern zum Beispiel auch in der Frauenlexik (auch als «Frauensprache» bezeichnet), scheint es etwas anders zu stehen. Sowohl bei Ramstedt[15] als auch in dem kalmückisch-mongolisch-russischen Wörterbuch von Chaťkova/Ubušieva[16] fehlt eine Entsprechung zu dem mongolischen *ünege(n)* (Chalcha *ünėg(ėn)*), «Fuchs». Lediglich Muniev[17] nennt «Fuchs» unter den Bedeutungen von *üngn* - allerdings erst an 3. Stelle (hinter 1. «weibliches Tier [bei Wildtieren, Vögeln]» und 2. umgangssprachlich «erstmals kalbende Kuh»). Die gängige Bezeichnung des Fuchses ist im modernen Kalmückischen offensichtlich *arat* (*araat"*), «einer mit Eckzähnen/ Reißzähnen» – ein typisches Ersatzwort. Hier hat offenbar eine strenge Tabuisierung das ursprüngliche Wort für Fuchs völlig oder nahezu völlig verdrängt (vergleiche im heutigen Französisch *renard* statt des älteren *goupil*). - Welchen Grund könnte es dafür geben, da es die Gefährlichkeit, wie zum Beispiel im Falle von Wolf oder Bär, für die es darum bei den altaischen Tuwinern eine ganze Reihe von Ersatzwörtern gibt, nicht sein kann?

Von den Mongolen wissen wir immerhin durch eine von W. Heissig publizierte Information M. Haltods, daß der Fuchs verehrt wurde.[18] Haltod berichtete, daß, als er noch klein war, nahe bei ihrem Haus eine wohlhabende Familie gewohnt habe, die das Fuchsopfer vollzog. Rechts vor deren Haus hatte sie ein Ovoo mit einem Fuchsloch darunter. Das habe er selbst gesehen, den Fuchs jedoch nicht. «An diesem Obo, wie sie selbst erzählten, haben sie den Fuchs verehrt. Durch die Hilfe dieses Fuchses sind sie so reich geworden, erzählten die Leute... Unter uns hat man diesen Fuchs den Fuchs-Schlauen genannt.»

In einer der Überlieferungen von Natur- und Tiergeistern aus China[19], die R. Wilhelm aus der mündlichen Tradition in seine Märchenausgabe aufgenommen hat

---

15   Ramstedt S. 12b (arāt^a «fuchs») und 458b (üngn «weibchen [der wilden tiere]»).
16   Chaťkova, S. S., und B. É. Ubušieva: *Kalmycko-mongol'sko-russkij slovať*. Élista 1986, S. 16b *arat*.
17   Muniev, a. a. O. (wie Anm. 1), S. 551b.
18   Heissig, Walther: Zur Morphologie der «Fuchsopfer»-Gebete. *ZAS* 10.1976, S. 476.
19   Wilhelm, Richard: *Chinesische Volksmärchen*. Jena 1921 [Märchen der Weltliteratur], S. 176, Nr. 59.

(wenngleich es sich dabei nicht um ein Märchen handelt)[20], wird ganz ähnlich von einem Mann, der die Füchse sehr ehrte, berichtet, daß er reich ward, «so daß man in der ganzen Gegend von ihm sprach als dem reichen Mann von der Füchse Gnaden». In einer anderen Überlieferung findet sich auch eine Parallele zu dem Owoo mit dem darunter befindlichen Fuchsloch: «Hinter dem Tempel ist eine große Höhle, da gab es in früheren Zeiten sprechende Füchse.»[21] In diesen Texten ist weiterhin mehrfach von der Verehrung des Fuchses die Rede, von einer besonderen Opferstelle für ihn im Palast und davon, daß in der Mandschurei «allenthalben Tempel und Bilder für ihn errichtet» sind (Nr. 59f.). Er erscheint als «weißbärtiger Greis» und «wird dargestellt als ein würdiger hoher Mandschubeamter. Die Leute, die dort um Gewährung von Glück und Abwendung des Leides bitten, sind so zahlreich, daß sie sich auf den Fersen drängen und sich mit den Ellenbogen stoßen. Im Tempelhof steht ein großer Räucherofen. Darin stecken ganze Wälder von Weihrauchstäbchen. Der Opferrauch steigt in dichten Schwaden empor, und die Asche des verbrannten Papiergeldes fliegt wie Schmetterlinge umher... Die Leute reden von ihm nur als dem dritten Vater.[22] Sie wagen das Wort Fuchs nicht auszusprechen. Neuerdings hat seine Verehrung auch in Ost-Schantung Eingang gefunden und ist jetzt sehr verbreitet.»[23] R. Wilhelm weist in seinen Kommentaren darauf hin, daß die Verehrung des Fuchses erst neueren Datums und wohl aus der Mandschurei nach China gekommen sei, wo sich die Tempel der Fuchsgottheit vor allem in den letzten Jahren der Mandschu-Dynastie großer Beliebtheit erfreuten. Auch J. Bäcker hält den mandschurischen Fuchskult, zumal er sich auf den Nordosten Chinas zurückführen läßt, kaum für eine Entlehnung aus dem chinesischen Bereich und die chinesischen Fuchsgeschichten eher für eine literarische Erscheinung als für eine der Volksüberlieferung.[24]

Ebenfalls nachgewiesen ist die Verehrung des Fuchses bei den Ewenen, einem mandschu-tungusischen Volk; sie brachten, wie Ž. K. Lebedeva mitteilt, den abge– häuteten Körper des Fuchses in den Ästen einer Lärche unter und steckten ihm einen Fisch oder irgendeine pflanzliche Nahrung ins Maul.[25] Das erinnert an die altaitu-winische Gepflogenheit, einem alten und hinfälligen treuen Hund, den man erdros-seln will, zuvor ein Stück vom Fettsteiß des Schafs in den Rachen zu stecken.

Diesen deutlichen Aussagen zur Verehrung des Fuchses bei den Mandschuren seien aus der mongolischsprachigen Tradition einige Aussagen aus der Geschichte «Großer Bruder Fuchs» von den Daguren an die Seite gestellt.[26] Auch dieser in

---

20   Im Vorwort äußert sich R. Wilhelm zur Auswahl der Texte und zu den schwankenden Grenzen zwischen den verschiedenen Genres.
21   A. a. O. S. 182, Nr. 61.
22   Vergleiche Bäcker, Jörg: *Märchen aus der Mandschurei.* München 1988 [Märchen der Weltliteratur], S. 264: «Verehrter dritter Vater Hu» (Hu tai san ye).
23   Wilhelm, a. a. O. S. 180f.
24   Bäcker, a. a. O. S. 264f.
25   Lebedeva, Ž[anna] K[aruvna](sic!): *Archaičeskij èpos Évenov.* Novosibirsk 1981, S. 11.
26   Nentwig, Ingo [ed.]: *Märchen der Völker Nordost-Chinas.* München 1994 [Märchen der Weltliteratur], S. 204-218 (Nr. 28).

seiner Struktur komplizierte Text, den I. Nentwig, der Herausgeber, als Volks-
erzählung definiert und auf chinesische Vorbilder zurückführt, zeugt davon, daß wir
es hier bei dem Fuchs und seiner Familie wohl mit etwas anderem als schlicht mit
Märchenfiguren zu tun haben:

Ein «am ganzen Körper silberweiß leuchtender» Fuchs, von einem Jungen
gefangen, wird von diesem wegen seiner Schönheit freigelassen und dankt ihm für
seine Gutherzigkeit zunächst auf magische Weise mit fünf Liang Silber. Der «Große
Bruder Fuchs», der sich durch Wälzen[27] in einen Menschen mit lahmem Bein
verwandelt hat, kommt nun häufig zu Besuch und unterstützt die Familie des Jungen
durch Geschenke. Es folgen einige für Märchen von türkischen und mongolischen
Völkern Zentralasiens charakteristische Kombinationen von Motiven im Zusammenhang mit der Errettung eines Tieres übernatürlicher Herkunft (meist Kind des
Chaans der Wasserwesen in Fisch- oder Schlangengestalt): Besuch des Jungen im
Hause des Fuchses bei dessen Großvater (sonst Eltern); Vorankündigung, was dem
Jungen aus Dankbarkeit für die Errettung des Fuchses angeboten werden wird, und
Rat, was er statt dessen nehmen soll: Tarnmantel des Großvaters (sonst rotes /
goldenes Kästchen); das Schließen der Augen auf dem Rückweg (sonst auch auf
dem Hinweg), auf dem der Held des Märchens mit übernatürlicher Schnelligkeit
dahingetragen wird. Die sich hier im allgemeinen anschließende Gewinnung einer
Frau auf magische Weise aus dem Kästchen kommt nun, auf ganz realistische
Weise, bei einem vom Großen Bruder Fuchs arrangierten Stadtbesuch zustande. Eine
Rolle spielen dabei und bei folgenden Verwicklungen als magische Elemente der
Tarnmantel, die Zauberkräfte und verschiedene Zauberkünste des Fuchses: Fliegen
durch die Luft, Hervorrufen von Sturm, Verwandlung eines auf Papier gemalten
Hauses in ein reales Haus mit allem, was dazu gehört (vergleiche das oft mit dem
Erscheinen der Frau einhergehende Auftauchen von Jurte, Gesinde und Vieh); sein
Auftreten als Wahrsager. Nach der Hochzeit unter Anwesenheit der ganzen
Fuchsfamilie bemerkt der Junge in der Richtung, wo diese Familie lebte, weiße, zum
Himmel aufsteigende Lichtstrahlen. Als er hinkommt, ist deren Anwesen samt
Bewohnern verschwunden. «Später hörte man, daß der Große Bruder Fuchs und
seine Familie sich zu den Unsterblichen herangebildet hätten und daß die vielen
weißen Lichtstrahlen nichts anderes gewesen seien als eine Wolkenleiter, auf der sie
in den Himmel aufgestiegen waren.»[28]

Hinter dem chinesischen Beiwerk und der literarischen Prägung ist ein Märchentyp zu erkennen, der bei türkischen und mongolischen Völkern weit verbreitet
ist und zum Beispiel bei den altaischen Tuwinern den Titel «Die Tochter des Luzut-
Xān» trägt.[29] Für uns wichtig sind die für einen zauberischen und übernatürlichen

---

27   Dazu E. Taube: ālajaṅïj - ālaṅïj - ā. Die Einleitungsformel eines altaituwinischen Erzählers als
      ethnographische Quelle. In: *Varia Eurasiatica. Festschrift für Professor András Róna-Tas.*
      Szeged [Department of Altaic Studies] 1991, (183-193), S. 190.

28   Nentwig, a. a. O. S. 218.

29   Näheres zu diesem Märchentyp in E. Taube: Eine frühe kalmückische Märchenaufzeichnung
      und ihre mongolischen und altaituwinischen Parallelen. *Ural-Altaische Jahrbücher* NF Bd. 15.
      1997,(181-201).

Bezug des Fuchses sprechenden Motive und Details, die auf seine Herkunft aus der Oberen Welt/dem Himmel zu verweisen scheinen. Dazu gehört die silberweiß leuchtende Farbe des Fuchses, denn Weiß, als Farbe der Milch, hat bei den zentralasiatischen Viehzüchternomaden, aber auch bei nordasiatischen Völkern, eine positive Wertigkeit und weist auf den guten und oft zugleich himmlischen Charakter des mit dieser Farbe Ausgestatteten hin.[30] Das Aufsteigen in den Himmel als Folge einer Heranbildung zu Unsterblichen ist für die ursprüngliche, das heißt für die von den benachbarten Kulturen und Religionen nicht deutlich beeinflußte Märchentradition der altaischen Nomadenvölker nicht typisch.

Der Fuchs im Märchen
In den Märchen der Altai-Tuwiner figuriert der Fuchs – wie in denen anderer türkischer und mongolischer Völker – mit wenigen Ausnahmen als Schlauer, Listiger, sogar Verschlagener, daneben aber auch als hilfreiche und gegen dämonische Wesen beistehende Tiergestalt. Er tritt selbständig auf
– als eine der Hauptfiguren im Tiermärchen,
– als Helfer in dem Märchen «Das Bübchen mit den tausend falben Pferden» (vergleiche MMT Nr. 111 [I-IV]),
– als orakelnder und weissagender Fuchs in dem Heldenepos «Xan Tögüsvek».
– Bei den südsibirischen Tuwinern ist er auch der aktive, der eigentliche Held in einer Version von AaTh 545 («The Cat as Helper», ohne IV).
In den relativ wenigen eigentlichen Tiermärchen meiner Sammlung, das heißt in denen, die keine aitiologischen Erklärungen enthalten, nimmt der Fuchs einen prominenten Platz ein, vergleichbar dem des Koyoten bei den nordamerikanischen Indianern; wie dort fügen sich die einzelnen Erzählungen und kurzen Episoden mit dem Fuchs zu mehr oder weniger kleinen Zyklen.[31] Wenn ich auch auf die altaituwinischen Tiermärchen im einzelnen nicht eingehen will, so soll doch auf die Rolle des Tricksters aufmerksam gemacht werden, die der Fuchs in ihnen spielt, wie schon die Attribute *xuγ*, «listig», und *zältin*, «verschlagen»[32], signalisieren. Dieser Rolle gemäß sind seine Partner, gegen die sich seine Tricks richten, vor allem starke und gefährliche Tiere, im gegebenen natürlichen Milieu – ganz ähnlich wie bei Ewenken und Nanaiern – vor allem Bär und Wolf, aber daneben auch die Jelbege (eine dämonische Verschlingerin), ein oder zwei alte Leute und je einmal der Stein-

---

30 Vergleiche Bäcker, a. a. O. (wie Anm. 22), S. 237, 264 (Mandschuren und Orotschonen).
31 Siehe dazu E. Taube: A. H. Franckes Fuchsgeschichten aus Ladakh im Kontext der zentralasiatischen Folkloretradition. In: Icke-Schwalbe, Lydia; G[udrun] Meier (Hrsg.): *Wissenschaftsgeschichte und gegenwärtige Forschungen in Nordwest-Indien.* Dresden 1990 (Dresdner Tagungsberichte. 2.), S. 266-272.
32 Vgl. kalmückisch *zäl'te*, «verschlagen, schlau, kenntnisreich» (Ramstedt S. 470; chalcha *zal'taj*). Genetisch verwandte Entsprechungen im Stand.tuw. sind in den Wörterbüchern nicht angegeben; stand.tuw. Äquivalente sind *qažar* und *avïjaastïγ, optuγ*.

bock und ein Bettelmönch.[33] Es entspricht dem zwiespältigen Charakter der der Mythologie zugeordneten Trickstergestalt, daß der Fuchs in den Tiermärchen auch Gutes tut, das er jedoch letztlich selbst durch Übeltaten wieder aufhebt, und umgekehrt. So verrät er in einem Märchen aus Tuwa[34] zwar den Tigern zunächst, daß sie von einem Alten übertölpelt wurden, steht diesem dann aber bei, mit den Tigern fertig zu werden, hierin auf die Heilbringer-Seite des Tricksters, insbesondere aber auch konkret des Fuchses verweisend, von der noch zu reden ist.

Das zum internationalen Märchentyp AaTh 545 gehörige tuwinische Märchen «Öskü̱s-ool und das Füchslein» (*Öskü̱s-ool bile dilgiž̌ek-ool*) aus Südsibirien[35], bekannt auch bei Altaiern, Schoren, Tataren, Darchaten, Chalcha, Burjaten, in der Inneren Mongolei und in Tibet, ist mir unter den Tuwinern im Altai nicht begegnet. Doch das bedeutet nicht, daß es ihnen unbekannt sein muß. Ich führe es hier an, weil es Motive enthält, die für einen späteren Zusammenhang, nämlich die göttliche Herkunft des Fuchses, von Interesse sind, und verweise im übrigen auf einen Artikel zur Frage «War das Urbild des Gestiefelten Katers ein Fuchs?»[36]

Während der Fuchs, der wie der Kater dem armen Jungen zu einer schönen Braut fürstlicher Herkunft und zu Reichtum verhilft und der dies häufig aus Dankbarkeit für die Rettung vor verfolgenden Jägern tut, in manchen Varianten aus Zentralasien eher wie ein irdisches, natürlich märchengerecht mit allen menschlichen Fähigkeiten begabtes Tier wirkt, scheint er mir in der tuwinischen Variante aus Südsibirien in einer deutlichen Beziehung zur Oberen Welt zu stehen: Die Braut, die er dem Jungen aus reinem Mitleid beschafft, nicht aus Dankbarkeit wegen der Bewahrung vor Verfolgung, ist keine geringere als die Tochter des Kurbustu Chaan, des Herrn der Oberen Welt. Er greift sich dazu einfach einen siebenfarbigen Regenbogen, der ihm als Brücke zwischen den beiden Welten dient, und eben dieses Mittels bedient sich auch Kurbustu Chaan, als er drei Tage später mit Gefolge seine Tochter in das Jurtenlager des bösen Karaty Chaan, des vermeintlichen Schwiegervaters, begleitet (den er dann mit einem Blitzschlag in seinem Versteck vernichtet). In dieser Version könnten sich Reminiszenzen an die Vorstellung von einer göttlichen Herkunft des Fuchses widerspiegeln; denn er verfügt über den Zugang zur Oberen Welt, scheint sich dort auszukennen und braucht nicht die in diesem Motivzusammenhang sonst üblichen Geschenke - sein Wort genügt; und er hilft ohne «Vorleistung» von Seiten des Öskü̱s-ool, so wie in vergleichbaren Kontexten Kinder des Himmelsgottes oder des Herrn der Oberen Welt.

Eine für den noch kindlichen Helden lebensrettende Rolle spielt der Fuchs in den drei Varianten des Märchens «Das Bübchen mit den tausend falben Pferden» (*Muŋ

---

33 Vergleiche TVM Nr. 2, 3, 6, 7. – Siehe auch Uray-Kőhalmi, Käthe: Die Mythologie der mandschu-tungusischen Völker. In: Schmalzriedt, E.; H. W. Haussig [ed.]: *Wörterbuch der Mythologie*. 1. Abteilung: Die alten Kulturvölker. Bd. 7, 27. Lieferung, [Stuttgart] 1977, S. 64.
34 TVM Nr. 16.
35 TVM Nr. 39.
36 E. Taube: War das Urbild des Gestiefelten Katers ein Fuchs? In: Ligeti, Louis [ed.]: *Proceedings of the Csoma de Kőrös Memorial Symposium held at Mátrafüred, Hungary, 24-30 September 1976.* Budapest 1978 [= Bibliotheca Orientalis Hungarica Vol. XXIII], S. 473-485.

xōr ĵïlγïlïγ ōlaq)[37], dessen mongolische Versionen als MMT 111 klassifiziert sind. Die Motivkomplexe sind die folgenden:

1. Ein Mann sieht (meist beim Pferdetränken) eine auf dem Wasser treibende Lunge, die sich beim Herausfischen als dämonisches Wesen (Ĵelbege / Maŋγïs-Weib) erweist.[38]

2. Der Mann bietet ihr für sein Leben seinen einzigen / jüngsten Sohn.

3. Er läßt am alten Lagerplatz einen dem Sohn gehörigen Gegenstand zurück (goldenen Spielknöchel, Pfeil und Bogen, Feile für die Pfeile); wenn der Junge ihn holen will, soll ihn die Ĵelbege sich nehmen.

4. Dank dem Rat seines Pferdes gelingt dies nicht: nach Aufnahme des Gegenstandes vom Pferderücken herab galoppiert das Pferd mit dem Jungen davon. Die Dämonin verfolgt die beiden, schlägt mit ihrem eisernen Walkstock (*edireŋ*, ihrem häufigsten Attribut) oder mit einer Axt dem Pferd (nacheinander) alle Beine ab und haut ihm dann Rücken und Nacken durch; schließlich schleudert das Pferd den Jungen von seinem Kopf aus auf eine Eisenpappel (ein zweites Fluchttier ist in Variante C eine blaugraue Kuh).

4a. Variante B: Nach Schädigung des Pferdes fällt der Junge zunächst in die Hand der Ĵelbege; eine Maralhindin flieht mit ihm und rettet ihn auf den Baum.

5. Die Ĵelbege will mit ihrem gezähnten Walkstock den Baum absägen (mit Axt schlagen); ein Füchslein bietet seine Hilfe an, angeblich damit sie ausruhen kann.

6. Das Füchslein «sägt» nur mit der stumpfen Seite des Walkstocks (schlägt mit dem Rücken der Axt), verklebt der schlafenden Ĵelbege die Augen (manchmal dreifache Wiederholung) und wirft ihren Walkstock/ihre Axt ins Meer.

7. Ein Vogel übermittelt (oft nachdem andere Vögel zuvor ablehnten) den Hilferuf des Jungen an seine beiden Hunde, die die ins Wasser geflüchtete Dämonin überwältigen.[39]

Für uns von Interesse ist die Episode mit dem Fuchs oder Füchslein als Helfer. In Varianten der Darchaten, Dörbeten und Türken sind es nacheinander drei Füchse, die die mißtrauisch werdende Dämonin mit dem Hinweis beruhigen, daß sie nicht der

---

37 Variante A wurde am 17.9.1966 von Šïnïqbaj oγlu Ĵuruq-uva (damals 23 Jahre alt) in Ulaanbaatar erzählt und aufgeschrieben; russische Übersetzung: Nr. 23 in SPAT (Kommentar S. 328f.); deutsche Übersetzungen in TVM Nr. 54 (S. 268f., Kommentar S. 394f.). – Variante C, eine längere Fassung des Märchens, wurde am 7.7.1969 von der 69jährigen Frau Nōst in Oruqtuγ aufgenommen; russische Übersetzung: Nr. 22 in SPAT (Kommentar S. 328); deutsche Übersetzung in LSP S. 85. - Noch nicht publiziert ist die Übersetzung einer dritten Variante (B), die am 23.7.1982 Jakob Taube von Dembi oγlu Bajïr in Xoj baštïγ aufnahm.

38 Die einer Wöchnerin herausgerissene Lunge wird in der Regel von der Dämonin Albastï ins Wasser geworfen. Für diesen und weitere Hinweise zu Albastï danke ich Jakob Taube.

39 Zu diesem zu AaTh 316 I und 315AII-IV gehörigen Märchentyp (weitere Angaben zur typenmäßigen Einordnung siehe TVM S. 394, Kommentar zu Nr. 54) hat E. Clews Parsons Material aus Afrika und Amerika publiziert (Die Flucht auf den Baum. *Zeitschrift für Ethnologie.* 24, Berlin 1922, S. 1-29); in einer Version aus South Carolina (S. 11f.) scheint - neben einem Wolf – ein Fuchs die Rolle der Ĵelbege zu spielen - angesichts der sehr spärlichen und reduzierten Erzählung vielleicht nur ein verdorbenes Motiv.

vorherige hinterhältige Fuchs, sondern ein anderer seien. Ähnlich erklärt in der altaituwinischen Variante B, in der zwei Füchse auftreten, der zweite, er sei ein Fuchs von den Bergrücken (ɣïrnïŋ dilgizi) und ehrlich, der erste sei ein Fuchs der Niederung (ojnuŋ dilgizi) gewesen und listig. - Ergänzend sei erwähnt, daß in einem von einem sartischen Schuster in Taschkent erzählten Märchen (hier mit dem Motiv der magischen Flucht)[40] ein alter Fuchs den Bruder einer Hexenschwester über deren wahren Charakter und ihre tödlichen Absichten aufklärt und ihm spontan zur Flucht verhilft, indem er statt seiner die Trommel schlägt und so der Hexe die Anwesenheit des Bruders vortäuscht. Wie im soeben behandelten altaituwinischen Märchen endet die Hexe im Meer – Reminiszenz an einen früheren Motivzusammenhang?

Wie in der tuwinischen Version von AaTh 545 erweist der Fuchs in den Varianten vom «Bübchen mit den tausend falben Pferden» seine Hilfe spontan, ohne daß der Junge ihm zuvor etwas Gutes getan hat, also wohl aus Mitleid. Und er steht ihm bei gegen ein gefährliches dämonisches Wesen – eine Jelbege, ein Maŋɣïs-Weib, einen sechsköpfigen Maŋɣïs. In einer Variante aus Tuwa[41] erscheint der Fuchs erst als zweiter Helfer, als roter Fuchs («Ich ernähre mich von Blut – Fleisch rühre ich nicht an. Ich möchte nur ein Mal Blut lecken»), und schlägt mit der Schneide der Streitaxt des sechsköpfigen Maŋɣïs zu, wenn dieser hinsieht, aber mit dem Axtrücken, wenn dieser wegsieht. Als der Maŋɣïs schläft, schlägt der Fuchs die Streitaxt auf einem Stein stumpf, wirft sie in den See und läuft davon. Vor dem Fuchs war schon ein anderes Tier zu Hilfe gekommen und hatte des Maŋɣïs Streitaxt in den See geworfen – ein schwarzer Frosch. (Daß der Maŋɣïs mit seinen sechs Mäulern den See aufschlürft, wie das auch die Verschlingerin Jelbege tun kann, um wieder an seine Axt zu kommen, läßt sich denken.)

Ein Fröschlein (paɣajaq) erweist sich auch in einem altaituwinischen Märchen als wohltätig. Hier ist es allerdings die Titelfigur.[42] Es kommt zu zwei kinderlosen Alten, führt sich auf, als sei es ihr Kind, ist am nächsten Morgen in einen kleinen Jungen verwandelt, übernimmt alle Arbeiten und sorgt für die beiden Alten. Es läßt den alten Vater für sich bei dem bösen und grausamen Xarätaj Xaan werben, bringt seinen von diesem getöteten Vater wieder ins Leben zurück, läßt den Vater auf magische Weise «unlösbare Aufgaben» vollbringen, gewinnt die jüngste Chaanstochter... und vernichtet am Ende den Chaan Xarätaj samt seinen beiden übelwollenden Schwiegersöhnen und auf Bitten der Chaanin auch deren Frauen, ihre ältesten Töchter (!) – «Maŋɣïs-Weiber, die drauf und dran waren, dieses Land zu verschlingen», dazu alles übrige in diesem Land. Das Märchen endet:

---

40 Jungbauer, Gustav: *Märchen aus Turkestan und Tibet.* Jena 1923. (Märchen der Weltliteratur), S. 123f.

41 [Vatagin, M(ark)]: *Tuvinskie narodnye skazki.* Perevod, sostavlenie i primečanija M. Vatagina. Predislovie D. S. Kuulara. Moskva 1971 [Skazki i mify narodov vostoka], Nr. 11, S. 112-117.

42 «Das Fröschlein» (Paɣajaq), aufgezeichnet am 10.7.1969 in Oruqtuɣ von dem Hirten Düger (Sarïɣ Düger mit Beinamen, 57 Jahre); Übersetzung in TVM Nr. 33; SPAT Nr. 20.

«Wenn man fragt, wer dieses Fröschlein war: Es war der jüngste Prinz des Gurmustu, der ihn geschickt hatte, weil er das Weinen und Jammern der beiden Alten nicht hatte ertragen können. Eben dieser Sohn des Gurmustu besiegte alle Feinde, die es auf der Erde gab, und brachte nicht nur den beiden Alten, sondern auch den vielen anderen Menschen Frieden und Glück.»

Das Fröschlein ist also als Wesen göttlicher Herkunft, als Sohn des Γurmustu(-Xān), des Herrn der Oberen Welt, identifiziert. Daß die beiden Alten in der ersten Nacht mit dem Fröschlein in ihrem Zelt (ǰadïr) einen fünffarbigen Regenbogen sich ausspannen sahen, deutete seine überirdische Herkunft bereits an.[43] – Könnte mit einer solchen Herkunft vielleicht auch bei dem wohltätigen Fuchs zu rechnen sein, ähnlich jener im dagurischen Märchen (siehe oben S. 153 f.) anzunehmenden?

In einem weiteren, ganz anderen Zusammenhang zeigt sich der Fuchs in dem heldenepenartigen *töl* «Xan Tögüsvek».[44] Hier tritt er als Orakler auf. Die relevante Textstelle lautet:

... Nun reitet Xan Tögüsvek und reitet. Wie er in einer Gegend an das Ufer eines großen Flusses hinauskommt, läuft im Fluß[tal] in einer Windung [des Flusses] ein schwarzer Fuchs dahin. Da denkt er: «Na warte, diesen schwarzen Fuchs will ich mir schießen!» Es war ein schöner Fuchs, um sich [daraus] einen Ärmelaufschlag zu machen. Na, nachdem Xan Tögüsvek, einen Pfeil herausziehend, sich an jenen Fuchs herangepirscht hat, zielt er jetzt mit dem Pfeil auf seinem Bogen (wörtl. seines Bogens) genau auf jenen Fuchs und schießt. Doch als er schießt, ist jener Fuchs plötzlich verschwunden, [und] der Pfeil schlägt (wörtl. fällt) Staub aufwirbelnd in die Erde. Der Fuchs ist weg. Weder ein toter Fuchs noch ein wegrennender Fuchs ist da.

«Oho, wo ist dieser Fuchs hingelaufen?» dachte er – schau hier und dort nach – weg. «So ist das also! Das ist ein Zeichen dafür, daß mein Vorhaben nicht gelingen wird, weil mir die Ehefrau nachgekommen ist. Sogar mein Fuchs, auf den ich schoß, ist verschwunden», sagte sich Xan Tögüsvek, schlug die Schlaufe des Peitschengriffs um den Pfeil, der fest in der Erde steckte, und zog ihn [damit] heraus – da war dies ein Pfeil, den man «glühender Pfeil» nennt. Nachdem er den glühenden Pfeil ein

43   TVM S. 159. – Als göttliches Wesen spielt der Frosch auch bei den Dschurtschen eine Rolle, wo er mit Opfern verehrt wird, und bei den transbaikalischen Ewenken, denen er als Schöpfer der Erde gilt (Bäcker, Jörg: Schlangenschamanin und Weißer Adler. Mythische und epische Motive in Überlieferungen zu den Dschurtschen. In: Heissig, Walther [ed.]: *Fragen der mongolischen Heldendichtung*. Teil V, Wiesbaden 1992 [= AF Bd. 120], [244-263], S. 251ff., 257).

44   *Xan Tögüsvek*: vorgetragen am 6. und 7.8.1967 von Maŋnaj oγlu Xojtüvek in Oŋgat (Tonbandaufzeichnung); russische Übersetzung in SPAT Nr. 17; deutsch (leicht gekürzt) in Hänsel, Regina [ed.]: *Heldensagen aus aller Welt*. Berlin 1988 (auch Stuttgart 1988), S. 224-257. Siehe auch E. Taube: Spuren des Jaŋγar-Stoffes unter den Tuwinern im Altai. In: Erdal, Marcel, und Semih Tezcan [ed.]: *Beläk Bitig. Sprachstudien für Gerhard Doerfer zum 75. Geburtstag*. Wiesbaden 1995, S. 195-208. – Zur Bedeutung von *töl* siehe Taube, E.: Der *töl*-Begriff und die epische Dichtung der Tuwiner im Altai. In: Heissig, Walther [ed.]: *Fragen der mongolischen Heldendichtung*. Teil V. Vorträge des 6. Epensymposiums des Sonderforschungsbereichs 12, Bonn 1988. Wiesbaden 1992 [= AF Bd. 120], S. 214-230.

paarmal auf den Sattelbogen geschlagen hat, steckt er ihn sich hinter seinen Gürtel und reitet fort.

(Einschub des Erzählers: Am Sattel gab es etwas, was γoŋγu hieß - die Wölbung an der Unterseite.)

Xan Tögüsvek reitet nun und reitet. Indessen gibt unter ihm irgendetwas Laute von sich, als ob in seiner Nähe irgendetwas riefe. Er wundert sich. Ach, als er dann einmal etwas genauer hinhört, da gibt unter ihm selber irgendetwas Laute von sich. Wie er sich nun bückt und unter dem γoŋγu des Sattels nachsieht, liegt da ein schmächtiger schwarzer Fuchs, den Kopf ihm zugewandt, der unter die γoŋγu-Höhlung des Sattels geschlüpft war. «Na, jetzt will ich mir diesen Fuchs mit [mehr] Geschick töten!», dachte er und sprang ab, der Alte. Auf der Stelle greift er sich den Fuchs. Doch als er noch denkt: «Jetzt will ich ihn erschlagen!», [beginnt] der Fuchs zu sprechen:

«Oh, ich bin doch ein Orakler. Ich bin doch einer, der bedeutungsvoll orakelt.[45] Töte mich nicht, du!», so sprach er.

«Ist das wahr?» fragt [Xan Tögüsvek].

«Es ist wahr», sagt er.

Nun unterhält er sich mit dem Fuchs, und dabei fragt er den Fuchs: «He, auf welche Weise orakelst du denn?»

Da antwortet der folgendermaßen:

«Oh, ich bin einer, der auf einer neunschichtigen Satteldecke, das Ende eines schwarzgefleckten Köchers[46] im Munde, orakelt.»

«Ja, wenn das so ist... – na he, du machst mich zum Gespött! Jetzt werde ich dich töten!»

Da windet sich der Fuchs [heraus], nimmt nun das untere Ende des Köchers ins Maul, nimmt sich daraus einen Pfeil und schlägt [mit ihm] einige Male [auf die Bogensehne]. Da gibt nun die Sehne des Bogens sirrend ganz verschiedenartige Töne von sich, und als es so [weit] kommt, springt der Alte ab, nimmt sogleich seinen Sattel [ab] und wirft ihn schnell hin. Dann breitet er ihm seine Satteldecke aus – unter den Fuchs. Der Fuchs, hierhin schlagend und dahin schlagend, orakelt mit

---

45 Das hier verwendete Verb *dudar*, «fassen, greifen, packen», auch «fangen», kann sich auf die spezifische Art des Orakelns beziehen, kann aber auch darauf zurückzuführen sein, daß die Erkenntnisse aus dem Orakeln, die Mitteilungen für denjenigen, um dessentwillen orakelt wird, übernatürlichen Ursprungs sind und vom Orakelnden nur empfangen und weitergegeben werden. Das Orakeln (mit Steinchen) heißt stand.tuw. *xuvaanaktaar*; nicht spezifiziert: *belgi salïr*; *salïr* bedeutet «[los]lassen; hinlegen»; es kommt auch in der Wortverbindung *tölge salïr* vor, was ebenfalls «orakeln» bedeutet, ursprünglich offenbar mit einem Bogen (vergleiche teleutisch *d'ölgö/jölgö*, «Bogen», nach N. P. Dyrenkova); dazu und generell zum Schamanieren und Orakeln mit einem Bogen siehe Diószegi, V[ilmos]: Pre-Islamic Shamanism of the Baraba Turks and some Ethnogenetic Conclusions. In: Diószegi, V., und M. Hoppál [ed.]: *Shamanism in Siberia*. Budapest 1978 [= Bibliotheca Uralica 1] (83-167), p. 143-147; M. Hoppál, Mihály: *Sámánok. Lelkek és jelképek*. O. O. ([Budapest?]: Helikon Kiadó) 1994; Schamanen mit Bogen: S. 21 Abb. 12 (čelkanisch); S. 145 Abb. 197 (altaisch).

46 *sādaqtïŋ užunan ïzïrïp...*: Sachlich wäre wohl eher richtig *o'q sādaqtïŋ užunan ïzïrïp...*, «am Pfeilende zubeißend, das Pfeilende mit dem Maul packend...».

jenem Bogen. Und nun ist der Fuchs fertig. Nachdem er fertig ist, fragt [Xan Tögüs-vek]:

«Na, sieht es so aus, als ob mein Vorhaben gelingt, Fuchs?»

«Es wird gelingen! Dreimal wirst du sterben, dreimal wirst du wieder ins Leben kommen! Zu aller Zeit wird die Macht dein sein!», sagt der Fuchs.

Nachdem er sich nun auf diese Weise durch den Fuchs hat weissagen lassen, redet [dieser weiter]:

«Du wirst [mit] zwölf Brüder[n] sein. Nach und nach werden sich zwölf Brüder, zwölf Recken, an einer Stelle zusammenfinden – [he] ihr [alle]! Immer aber wird die Macht dein sein! Dreimal wirst du sterben, dreimal wirst du wieder ins Leben kommen.»

Danach trifft er mit seinem Fuchs eine Vereinbarung – [denn] jetzt sagt der Fuchs (noch) nicht: «Ich werde [mit dir] zusammengehen!» So also sprach dein Xan Tögüsvek[47]:

«Am soundsovielten eines solchen Monats, zu einer solchen Zeit will ich so [wie vereinbart] kommen und [dich] holen.» Und da er den Zeitpunkt vereinbart hatte, ritt er davon ...

Es scheint sich in diesem Text um einen Fuchs besonderer Art zu handeln, in dem sich deutlich verschiedene Vorstellungen vereinen. Obwohl das altaituwinische *töl* Xan Tögüsvek der umfangreichste jener auf der Grenze zwischen Märchen und Heldenepos angesiedelten Texte meines erzählenden tuwinischen Materials aus Cengel ist, scheint es nicht vollständig zu sein. Denn anders, als nach dem bereits Erzählten zu erwarten, tauchen weder alle 12 (oder 11) vorausgesagten Gefährten im weiteren Verlauf der Handlung auf, noch der Fuchs, denn das vereinbarte Treffen zwischen Xan Tögüsvek und dem schwarzen Fuchs findet nicht statt. Auch gibt es keinen direkten Anhaltspunkt dafür, daß eine der Helfergestalten im weiteren Geschehen in einem Zusammenhang mit dem Fuchs zu sehen sein könnte. So bleibt zunächst nur zu konstatieren, daß der Fuchs im *töl* Xan Tögüsvek nicht eine der üblichen Tierhelfergestalten der Märchen zu sein scheint, die dem Helden der Erzählung in schwierigen Situationen beistehen, die ihm daraus heraushelfen oder – dem Gestiefelten Kater vergleichbar (AaTh 545B) – den weiteren Verlauf der Dinge in die Hand nehmen, damit zum eigentlichen Träger der Handlung werden und ihrem Wohltäter zu seinem Glück verhelfen. Im Xan Tögüsvek bleibt der Fuchs der einzige von außen kommende Tierhelfer, denn daß das Pferd (im gegebenen Falle die beiden Pferde) des Helden wie auch seine Hunde diesem in Not und Gefahr hilfreich zur Seite stehen, versteht sich nach der Tradition zentralasiatischer Wunder- oder Zaubermärchen wie auch der Heldenepen von selbst. Der Fuchs verfügt auch hier über übernatürliche Fähigkeiten. Er verschwindet auf magische Weise und versetzt sich an einen anderen Ort, was keineswegs ungewöhnlich ist. Aber er ist es wohl, der bewirkt, daß der Pfeil des Xan Tögüsvek, der zunächst von gewöhnlicher

---

47 «dein Xan Tögüsvek»: Zur Verwendung des Possessivsuffixes der 2. Person singularis siehe E. Taube: Zur ursprünglich magischen Funktion von Volksdichtung. *Ural-Altaische Jahrbücher*. NF 11.1992 (112-124), S. 122f.

Art gewesen zu sein scheint, nach dem Schuß auf den Fuchs zu einem Pfeil von offensichtlich besonderer Qualität wird.[48] Außerdem versteht er sich auf die Kunst des Orakelns, des Weissagens mit Pfeil und Bogen.[49] Die Gabe des Zukunft-Voraussehens - im allgemeinen ohne divinatorische Handlungen – finden wir sonst fast ausschließlich bei der Frau des Helden, die nicht selten übernatürlicher Herkunft ist (eventuell auch bei deren Angehörigen), und bei seinem Pferde.

Es gibt aber doch ein paar Anhaltspunkte, daß der Fuchs in einem ganz besonderen, vielleicht schicksalhaften Verhältnis zu Xan Tögüsvek steht – auch wenn dieser Motivkomplex nicht voll ausgeführt oder erhalten ist.

– Obwohl Xan Tögüsvek den Fuchs töten wollte, kehrt dieser zu ihm zurück. Daß er Xan Tögüsveks Weg kreuzte, ist daher vielleicht auch als Akt der Annäherung zu werten. Vergleichen kann man die «zufällige» Begegnung des Helden mit seiner Schicksalsgefährtin während eines Auszugs zu tödlichen Gefahren.

– Begegnung, primär mit ihrem Vater, in dessen Jurte der Held gebeten wird, wo er die sein Leben bewahrenden Verhaltensratschläge erhält und wo ihm auf dem Rückweg die eben erworbenen giftigen Dinge in harmlose umgetauscht werden. In beiden Fällen erfolgt eine Hilfeleistung: in Xan Tögüsvek das Pfeilwunder und die gute Voraussage, und man könnte annehmen, daß auch hier eine schicksalhafte Vorherbestimmung zugrunde liegt, wenn auch diesmal – wie bei den anderen analogen Begegnungen - davon noch nichts gesagt ist.

– Die vom Schicksal bestimmte Gefährtin nähert sich oft zunächst in Tiergestalt und zeigt sich erst später, meist erst am dritten Tag/Morgen, als Mädchen oder Frau.

– Xan Tögüsvek vereinbart «mit seinem Fuchs» (*dilgizinen*) keine Zusammenkunft schlechthin «irgendwo», sondern sagt ... *ïnǰan gēp alajm*, «... so [wie vereinbart] will ich kommen und [dich] holen».

– Die Worte des Fuchses *γa'dï ǰorūr men*, «ich gehe [mit dir] zusammen, ich werde [mit dir] zusammengehen», können auch «ich werde [mit dir] zusammen

---

48   Zu altaituwinisch *xoǰlälïγ o'q/xožulälïγ o'q* vergleiche kalmückisch *xodžūla*, chalcha *xodžuul* (klassische mongolische Schriftsprache *xoǰiγula*), «Baumstumpf, Stubben». Könnte, von diesem Wort und dem Suffix -lïγ, «versehen mit...», ausgehend, ein «Klumppfeil» (klassisch mong. *γoduli*, chalcha *godil*) gemeint sein, wie ihn Käthe Uray (Über die pfeifenden Pfeile der innerasiatischen Reiternomaden. *Acta Orientalia Hungarica*. 3, Budapest 1953 [45-71], S. 55-57) beschrieben hat? Im Stand.tuw. finde ich nur *kan chožuula ok* belegt, wofür Tenišev S. 479a als Bedeutung «*folkl.* glühender Pfeil» (kaljonaja strela) angibt; möglicherweise im Sinne von «gehärteter Pfeil» (kaŋ < gan, gaŋ, «Stahl, stählern»)?

49   Interessant ist nicht nur, daß beschrieben wird, wie das Orakeln praktisch vor sich geht, sondern auch, daß diese archaische schamanische Praxis belegt wird. Bekanntlich verstehen einige sibirische Völker die Schamanentrommel als Bogen und Pfeil, wie aus der zugehörigen Terminologie hervorgeht; zum Beispiel bezeichnet tuwinisch *kiriš/giriš*, «Bogensehne», den metallischen Querstab im Inneren der Trommel. Vergleiche Potapov, L[eonid] P[avlovič]: Luk i strela v šamanstve u altajcev. *Sovetskaja ètnografija* 1934, Nr. 3, S. 72; siehe auch Emsheimer, E[rnst]: Zur Ideologie der lappischen Zaubertrommel. *Studia ethnomusicologica eurasiatica*. Stockholm 1964, S. 28-49.

leben» bedeuten.[50] Es spricht manches dafür, daß der Fuchs hier ein nicht der irdischen Welt zugehöriges Wesen ist, wie die Frau des Helden meist in den Zaubermärchen und den ihnen zuzuordnenden Reckenmärchen. Aber da die Fuchsepisode
ein stumpfes Motiv ist, werden wir im Text selbst über den wahren Charakter des
Fuchses nicht informiert. Seine schwarze Farbe verweist eher auf eine Herkunft aus
einem unterweltlichen Bereich, nicht aus der Oberen Welt. Im Gegensatz zur
weißen, auf den Himmel verweisenden Farbe steht Schwarz in Bezug zur Unteren
Welt. Bei den Burjaten war der Hund des Erlig (Erlen) Chan ein feuriger schwarzer
Fuchs (γalte qara ünegen).[51] Als schwarzer Fuchs erscheint in den von A. Schiefner
veröffentlichten Texten der Minussinschen Tataren Ütjün-Areg, die Tochter des
Üzüt-Chan.[52] Auch hier ist ein Recke unterwegs, sieht einen schwarzen Fuchs vor
sich laufen, verfolgt ihn, und als er dabei stürzt, kommt aus der Erde auf einem Stier
mit vierzig Hörnern der neunköpfige Djilbegän hervor und haut ihm den Kopf ab.
Später wird gesagt, daß es Ütjün-Areg war, die ihn verlockte. G. Nioradze[53] spricht -
offensichtlich von dem Schiefnerschen Texte ausgehend – von dem schwarzen
Fuchs als Tochter des Höllengeistes, wohl wegen der Schadensstiftung und der
Verbindung mit Djilbegän. In Gestalt eines schwarzen Fuchses tritt aber auch die
jüngste der ebenfalls in der Unteren Welt lebenden vierzig Schwanfrauen auf,
Dämoninnen, die sich auch in einer Gestalt vereinigt (qūqat) zeigen können. Diese
ist manchmal die Frau des Čel'bigen/Djil'begän und verlockt ebenfalls Männer[54], wie
es auch von der jüngsten Schwanfrau Ojendje Kara berichtet wird.[55] Es sollte hier
auf die Möglichkeit der Verquickung verschiedener mythologischer Gestalten und
Vorstellungen hingewiesen werden: üzüt bezeichnet im Chakassischen und anderen
südsibirischen Türksprachen die «Seele eines verstorbenen Menschen»;[56] danach
wäre jener schwarze Fuchs die Tochter des Herrn über die Totenseelen, den die
südsibirischen Türkvölker allgemein auch als Erlik-Chan kennen. Ebenfalls

---

50 Vergleiche die häufige Phrase am Anfang von Märchen: *Erte buruηγu bir šaγda asγĭjaq xöčun
    jorup duru...*, «in einer sehr frühen Zeit lebten ein Alter und eine Alte...».

51 Heissig, Walther: Zur Morphologie der «Fuchsopfer»-Gebete. *ZAS* 10.1976 (475-519), S. 475
    (heute galta[j] chara ünegen).

52 Schiefner, Anton: Über die Heldensagen der Minussinschen Tartaren. *Bulletin de la Classe
    historico-philologique de l'Académie impériale des sciences de St.-Pétersbourg*, T. 15, St.
    Pétersbourg 1858, No. 23-24, Sp. 353-390; hier zitiert nach: *Mélanges asiatiques, tirés du
    Bulletin de l'Académie des sciences de St.-Pétersbourg*. T. 3. St.-Pétersbourg 1859 (373-425),
    S. 395, 419 (Namensverzeichnis).

53 Nioradze, Georg: *Der Schamanismus bei den sibirischen Völkern*. Stuttgart 1925, S. 17.

54 Radlov, V[asilij]: *Obrazcy narodnoj literatury tjurkskich plemen*. [Radloff, W[ilhelm] [ed.]:
    Proben der Volkslitteratur der türkischen Stämme]. Čast' IX: Narečija urjanchajcev (Sojotov),
    Abakanskich Tatar i Karagasov. Teksty, sobrannye i perevedennye N. F. Katanovym. Perevod.
    [IX. Theil: Mundarten der Urianchaier (Sojonen), Abakan-Tataren und Karagassen. Texte
    gesammelt und übersetzt von N. Th. Katanoff. Uebersetzung]. S.-Peterburg 1907, S. 218f.

55 Schiefner, S. 382, 419. - Sollte zwischen dieser Ojendje Kara, der «Spielenden Schwarzen»,
    der minussinschen Tataren und dem «Spielenden Fuchs» der Nanaier (*soli choliodini*, ein
    schlechter Geist; Smoljak, a. a. O. S. 259) ein Zusammenhang bestehen?

56 Butanaev, V. Ja.: *Tradicionnaja kul'tura i byt chakasov*. Abakan 1996, S. 214; siehe auch Rad-
    lov, Bd. 1, 1893, Sp. 1898f.

unterhalb der Mittleren Welt lebt der Herr der Wasserwesen (im Altaituwinischen kommen dafür die beiden Formen *Uzut-Chaan* und *Luzut-Chaan* vor). Da generell mit dem Wechsel des Vokalismus gerechnet werden muß[57], ist ein Zusammenhang von Üzüt- und Uzut-Chaan nicht auszuschließen. Zumindest in der altaituwinischen Folklore haben der Chaan der Wasserwesen und seine Tochter nie einen negativen Aspekt - im Gegenteil, zum Beispiel in dem Märchen Ergen-öl[58], wo sich wie in der tatarischen Heldensage aus Minusinsk eine Unterweltsreise ins Totenreich anschließt, wie in einem anderen Schiefnerschen Text, wo - ebenfalls als stumpfes Motiv - der Recke Kök-Chan von einem schwarzen Fuchs in die Unterwelt verlockt wird.[59] In seinem Namensverzeichnis weist Schiefner auf die Analogien zwischen den beiden Gestalten Ojendje Kara und Ütjün Areg hin.[60] - Das Motiv von der Verlockung von Männern, die sich außerhalb ihrer Gemeinschaft aufhalten, verbindet diese beiden weiblichen dämonischen Gestalten mit einer solchen (ohne Fuchsbezüge) in einem altaituwinischen Märchen.[61] Es gibt hier allerdings keine Anhaltspunkte dafür, daß diese *šulmu*, als die sie bezeichnet wird, den Jäger, der ihr begegnet, verlockt oder ihm etwas Böses antun will; er bleibt bei ihr, von ihrer Schönheit und ihrem anziehenden Wesen betört. Deutlich wird nur, daß sie mit ihm leben will und daß er seine Familie vergißt, was ja auch ohne Magie vorkommen soll, im gegebenen Milieu allerdings besonders schwerwiegend ist. Der ursprüngliche Charakter der vermutlich zugrunde liegenden mythologischen Gestalt könnte durch das Märchen verändert worden sein.[62]

Was nun den schwarzen Fuchs im altaituwinischen Xan Tögüsvek betrifft, so könnte er eine negative Konnotation haben, vergleichbar jener der in den Heldensagen der Minussinschen Tataren vorkommenden dämonischen Gestalten. Die Darstellung der Episode in dem oben zitierten relevanten Ausschnitt spricht nicht dafür. Dazu scheint mir ein positiver Aspekt des Fuchses eher zu passen. Könnte das Vorauswissen des schwarzen Fuchses vom dreimaligen Tod und Wieder-Leben des Xan Tögüsvek auf einen Bezug zum Herrn der Totenseelen hindeuten, dessen Tochter manchmal als schwarzer Fuchs auftritt? Mir scheint jedenfalls der hier leider nicht ausgeführte Motivkomplex um den schwarzen Fuchs die Geschichte einer Verbindung der Titelfigur (Xan Tögüsvek) mit einem übernatürlichen Wesen anzudeuten - darin dem soeben betrachteten altaituwinischen Märchen vom Jäger und der *Šulmu* in seinem anzunehmenden ursprünglichen Gehalt nahe, oder dem populären Motivkomplex von der Ehe mit der Tochter des Chaans der Wasserwesen. Ange-

---

57 Vergleiche zum Beispiel altaituw. *ǰelbege,* stand.tuw. *čïlbïga* (Tenišev S. 555a).
58 TVM Nr. 25.
59 Schiefner, a. a. O. S. 382.
60 Schiefner, a. a. O. S. 419.
61 *Šulmunuŋ xoranï burɣannïŋ güžü* («Das Gift des Schulmusweibes und die Kraft des Burgan»); SPAT Nr. 35; LSP S. 35-42.
62 Näheres dazu in Taube, J. und E.: Märchen im Dienste von Macht. In: Kellner-Heinkele, Barbara [ed.]: *Altaica Berolinensia. The concept of sovereignty in the Altaic world.* Permanent International Altaistic Conference, 34th Meeting, Berlin 21-26 July, 1991. Wiesbaden 1993 [= AF Bd. 126], S. 259-264.

merkt sei nur noch, daß diese einmal, im schon erwähnten altaituwinischen Märchen Ergen-öl, dem Helden zunächst als <u>kurze</u> dicke schwarze Schlange erscheint, als sie von einem roten Feuer verfolgt wird (wie übrigens die *Šulmu* als blauer Wolf vom Feuer des Burgan!), und daß die Schwanfrau in dem von Radlov[63] mitgeteilten Märchen, in einen <u>kurz</u>schwänzigen Wolf verwandelt, umkommt – wie, erfahren wir leider nicht. – Die Frage nach dem wahren Wesen dieses zauberkundigen schwarzen Fuchses im altaituwinischen Xan Tögüsvek muß offen bleiben.

Zauberkundige Füchse sind auch sonst belegt, zum Beispiel in dem Märchen «Altyn saka, das Goldknöchel»[64] - einer baschkirischen Variante von «Das Bübchen mit den tausend falben Pferden». Die drei Füchsinnen, die dem Jungen nacheinander zu Hilfe kommen, eine rote, eine schwarze und eine weiße, eine «Feldfüchsin» – Erscheinungsformen einer und derselben Füchsin, wie diese später offenbart. Sie verfahren nicht nur mit der Axt der Alten Ubyr wie Frosch und Fuchs in der tuwinischen Variante aus Südsibirien, sondern machen auch den angeschlagenen Baum auf magische Weise wieder heil, indem sie die Späne auflesen, an den Stamm legen, darauf spucken und darüber lecken, so daß die Späne sofort wieder anwachsen. Nach diesen drei Malen kann die Füchsin nicht weiterhelfen, und die Geschichte nimmt den üblichen Verlauf.

Von Füchsen mit Zauberkraft hat auch der Junge in einem Märchen der Orotschonen in Nordostchina[65] gehört; deshalb wendet er sich «voll Ehrerbietung» an einen weißen Fuchs, der «am Ufer [des Flusses] kauerte» und der ihn gerade davon abgehalten hatte, vom Wasser dieses Flusses zu trinken. Der weiße «Fuchsgeistvater» klärt ihn auf: Ein Ungeheuer habe in den Fluß gepißt und ihn dadurch tödlich verunreinigt, viele Menschen und Pferde seien schon daran gestorben; jenes Ungeheuer habe außerdem die Seele des Jungen geraubt und spiele nun mit ihr. Und er sagt auch, wie er sie retten und der ihm tödlichen Bedrohung entgehen könne. Vor der Begegnung hatte sich der Fuchs dem Jungen als Jäger ohne Jagdglück gezeigt und dessen Gutherzigkeit erkannt (der Junge hatte ihm seine gesamte Jagdbeute überlassen). Deshalb ließ er ihm seinen Rat zuteil werden. Im ersten Teil dieses Märchens hatte bereits die Göttin des Herdfeuers («Feuer-Borkan») vor der Bedrohung durch den Dämon gewarnt, und daraus dürfen wir wohl schließen, daß auch der weiße alte Fuchs als göttliches Wesen anzusehen ist.

In dem mongolischen Märchen *Tavan baatar* («Die fünf Recken»)[66] erscheint das Oberhaupt einer Šulam-Familie in Gestalt eines rotgelblichen Fuchses, auf den ein

---

63   Radlov, V.: *Obrazcy...* T. 9 (wie Anm. 54), S. 219.

64   Čeplovodskaja, I[rina] S[tanislavovna] [sost.]: *Skazki narodov SSSR*. Minsk 1984, S. 232-239; deutsch in: *Die Goldene Schale und andere Märchen der Völker der Sowjetunion*. Moskau o. J., S. 194-204.

65   Bäcker, Jörg: *Märchen aus der Mandschurei...* (wie Anm. 22), Nr. 26.

66   Nadmid, Ž. [ed.]: *Mongol ardyn ülgėr*. Ulaanbaatar 1957, S. 101-107; russisch, leicht gekürzt, u. d. T. «Tri [!] brata bogatyrja» in: Michajlov, G. I. [ed.]: *Mongol'skie skazki*. Moskva 1962, S. 148-154; deutsch als Nr. 71 («Die fünf Recken») in einer im Manuskript vorliegenden, aber noch unpublizierten Ausgabe mongolischer Märchen. - Es sei darauf verwiesen, daß Heissig die «Fuchsdämoninnen» in Gestalt schöner Frauen, die sich (nach chinesischem Vorbild) bei

Recke schießt, so daß jener auf einem Auge blind wird. «Der Fuchs starb nicht, floh und war plötzlich weg.» Wenn auch sehr knapp dargestellt, ähnelt diese Episode deutlich jener im Xan Tögüsvek; auch hier verschwindet der Fuchs. Dieses Märchen aus der Mongolei wirkt nicht wie der mongolischen nomadischen Tradition entstammend. Es enthält Motive, die auf Herkunft oder zumindest auf starke Einflüsse aus der erzählenden Volksdichtung seßhafter Völker im westlichen Zentralasien oder in Ostasien deuten: generell das städtische Milieu, aber auch das regelmäßige Vorbeigehen des Chaans am Hause eines Mädchens (der verwandelten Šulam-Tochter) und das sich daraus ergebende Sich-Verlieben; die Einkerkerung; das Suchen nach den Brüdern auf dem Basar. Für die mongolischen Märchen untypische, in Märchen aus Mittelasien aber beliebte Motive sind ferner: die Befreiung durch Kleidertausch (Substituierung des Gefangenen); das innige Beieinander zweier Liebender; das Absteigen am Grab einer Person von Rang (auf Heiligengräber zurückgehend?) u. a. Vielleicht gehört hierzu sogar das Brennholzsammeln – eine charakteristische Tätigkeit in usbekischen Märchen.[67] Für Fremdeinflüsse sprechen auch einige Besonderheiten im Detail: Die Füchsin in Gestalt eines Mädchens/einer Frau ist nicht nur ein bekanntes Motiv der ostasiatischen Folklore und Literatur, sondern begegnet uns unter anderem mehrfach in der kasachischen Volksdichtung. So zieht zum Beispiel in dem Märchen «Die drei Brüder und die schöne Ajslu»[68] ein Fuchs die Aufmerksamkeit dreier Jäger auf sich. Er erweist sich dann unter den Fängen des Beizvogels als steinerne Mädchenfigur und führt dadurch die Jäger auf die Spur einer Chaanstochter. Häufiger liefern Blutspuren den Hinweis auf eine schöne Frau: In einer von Potanin aufgezeichneten burjatischen «Legende» ist es das Blut eines angeschossenen Fuchses (bei den Ordos-Mongolen Hasenblut), durch das Činggis Chan auf die schöne Frau des Šudurman aufmerksam wird[69] – ein in Zentralasien beliebtes Märchenmotiv[70], mit dem das zitierte kasachische Beispiel sicher in Beziehung gesetzt werden darf. – Die in *Tavan baatar* enthaltenen fremden Elemente legen es nahe, daß wir mit Umwertungen, Umprägungen zu rechnen haben, wie sie generell im Zusammenhang mit Missionsbestrebungen zu beobachten sind. Später ist in dem mongolischen Text von einem Recken mit Zauberkraft (*uvdist baatar*) die Rede, der

---

Gefahr in Füchse verwandeln, mit mongolisch *simnus sulmus* gleichsetzt (in: Brednich, Rolf Wilhelm [ed.]: *Enzyklopädie des Märchens*. Bd. 9, Berlin-New York 1998, Sp. 818).

67   Vergleiche das Märchen «Der Brennholzsammler» und andere in [Taube, Jakob]: *Der halbe Kicherling. Usbekische Märchen*. Auswahl, Übersetzung und Nachwort von Jakob Taube. Leipzig 1990, S. 108-111.

68   Sidel'nikov, V. M.: *Kazachskie skazki*. T. 2. Alma-Ata 1962, S. 106.

69   Potanin, Grigorij Nikolaevič: *Tangutsko-tibetskaja okraina Kitaja i Central'naja Mongolija*. T. 1. St.-Peterburg 1893, S. 129 (Burjaten); ders.: *Pominki po Čingis-Chane. Izvestija Imperatorskogo Russkogo Geografičeskogo Obščestva*. 21.1885 (303-315), S. 315 (Ordos; später aufgenommen in: *Tangutsko-tibetskaja okraina...*, t. 2, St.-Peterburg 1893, S. 268); hier zitiert nach Lüdtke, W.: Die Verehrung Tschingis-Chans bei den Ordos-Mongolen. Nach dem Berichte G. M. Potanins aus dem Russischen übersetzt und erläutert. *Archiv für Religionswissenschaft*. 25. Bd., Leipzig-Berlin 1927 (83-129), S. 124 (Burjaten), S. 102 (Ordos). - Šudurman: << Šidurγu?

70   Vergleiche TVM Nr. 34, S. 170 (Blut einer Dseren-Antilope).

eine Trommel (*xöörög*[71]) hatte, die er zu nehmen pflegte, «um selbst zu fliegen und
außerdem [mit ihr] auch alle möglichen anderen Dinge zu tun».[72] Der schamanistische Hintergrund steht außer Zweifel. Analog zu anderen Beispielen für die
Umwertung einer ursprünglich positiven Gestalt aus der einheimischen Glaubens-
welt ins Negative durch eine neue dominierende Religion[73] würde ich, da wir von
der Verehrung des Fuchses wissen, einen ähnlichen Vorgang in bezug auf den als
Šulam-Vater bezeichneten Fuchs des mongolischen Märchens nicht ausschließen.
Verweisen möchte ich auf den ursprünglich möglicherweise ambivalenten Charakter
der Gestalt der Albastï: Sie ist sowohl als Geburtsgottheit bekannt – sehr
ausnahmsweise im westlichen Zentralasien (3 Belege!) – als auch als die
Gebärenden bedrückende, tötende und ähnlich negativ wirkende Dämonin.[74] Einer
kasachischen dämonologischen Erzählung zufolge kann sie als Fuchs auftreten,
wenn sie der eben Entbundenen die Lunge herausreißt und diese in den Fluß wirft.[75]
Auch U. Johansen teilt auf der Grundlage kasachischen Materials mit: «Manchmal
verwandelt sich die albasty aber auch in einen Fuchs oder eine Ziege, und man sieht
sie so an sandigen Stellen oder am Flußufer entlang gehen»[76] – eine Beschreibung,
die an die Szenerie zu Beginn der zitierten Stelle aus Xan Tögüsvek erinnert. –
Solche «Ähnlichkeiten» (Heda Jasons «similarities»)[77] sind trotz im übrigen manchmal sehr unterschiedlicher Kontexte oder unterschiedlicher ethnischer Zuordnung
nicht zu vernachlässigen bei der Untersuchung von Beziehungen von Stoffen
mündlicher Tradition.

Dem Vortrag umfangreicherer Märchen - Zauber- und Reckenmärchen[78] –
stellten einige Erzähler einen «Lobpreis des Altai» voran. In einem solchen Lobpreis

---

71   *xöörög* (klassische Schriftsprache: *kögerge*), «Tamburin; Trommel» (Lessing, Ferdinand D.
     [ed.]: *Mongolian-English dictionary*. Berkeley, Los Angeles 1960, p. 480a); vergleiche
     tschagataisch *käyrrä*, «große Trommel» (Radlov, Bd. II/2, Sp. 1057).

72   *Tavan baatar* in Nadmid, a. a. O. (siehe Anm. 66), S. 104. Der zitierte Satz fehlt in der russi-
     schen Übersetzung (siehe Anm. 66).

73   Vergleiche Taube, J. und E.: Märchen im Dienste von Macht... (wie Anm. 62).

74   M. S. Andreev (*Tadžiki doliny Chuf*. Stalinabad 1953, S. 78-82) vertritt die nicht unumstrittene
     Ansicht von der späteren Dämonisierung der Albastï, einer ursprünglichen Göttin der Geburt,
     die die Geburt und deren Verlauf bestimmte. Hinweisen ließe sich auf vergleichbare ambiva-
     lente Vorstellungen von Geistern bei tungusischen Völkern (Smoljak, a. a. O. [siehe Anm. 8],
     S. 254-262).

75   Miropiev, M.: *Demonologičeskie razskazy kirgizov*. Sankt-Peterburg 1888 [*Zapiski Impera-
     torskago Russkago Geografičeskago Obščestva po otdeleniju ėtnografii*, t. X, 3]; S. 11.

76   Johansen, Ulla: Die Alpfrau - eine Dämonengestalt der türkischen Völker. *Zeitschrift der
     Deutschen Morgenländischen Gesellschaft*. 109 (NF 34).1959, S. 303-316.

77   Jason, Heda: Indexing of folk and oral literature in the Islamic dominated cultural area. *Bulletin
     of the School of Oriental and African Studies*. 59. London 1996, p. 107; siehe auch Heissig,
     Walther: Das ölötische Kurzepos «Waisenmädchen Nödei» (Önöčin Nödei). Versuch einer
     Interpretation. *ZAS* 27.1997 (121-188), S. 121.

78   Die Reckenmärchen sind eine für das zentralasiatische Nomaden- und Jägermilieu charak-
     teristische Gruppe der Zaubermärchen. Sie können auch (nach Surazakov, S[azon] S[ajmovič]:
     Altajskij geroičeskij ėpos. Moskva 1985) als archaische Form der Heldenepen bezeichnet
     werden. Zu diesen hin haben sie eine so deutliche Tendenz, daß eine Abgrenzung gegen-
     einander sehr schwer oder häufig auch unmöglich ist. Auf Grund des mongolischen Materials

wird indirekt auch der Fuchs erwähnt. Der Text stammt von Maŋnaj oɣlu Xojtüvek und wurde am 6.8.1967 in Oŋɣat – nördlich der Chovd-Seen – aufgenommen. Diese Lobpreise beschreiben, ähnlich bestimmten Einleitungsformeln der Zaubermärchen, eine Frühzeit der irdischen Welt, da sie, eben erst entstanden, sich in voller Schönheit und Üppigkeit präsentiert mit allem, was für viehzüchtende Nomaden und für Jäger wünschenswert ist – viel Jagdwild, an der reichen Beute der Jäger zu ermessen, und schönes Gras –

«mit Wurzeln wie Wolfsschwänze,
mit Ähren wie Fuchsschwänze...»,
«da des Kamels Schwanz den Boden berührte,
da des Steinbocks Hörner den Himmel streiften».[79]

Wenn auch Fuchs- und Wolfsschwänze nur als Vergleichsobjekte genannt sind, darf man wohl dennoch unterstellen, daß man ihre Träger in jener Frühzeit schon ebenso für anwesend hielt wie Kamel und Steinbock als Vertreter des Viehs und des Wildes.

In einem mongolischen Tiermärchen stoßen wir abermals (wie oben auf S. 5) auf eine Gemeinsamkeit zwischen Fuchs und Igel. In zwei Varianten eines Märchentyps (MMT Nr. 65) spielen bei den Mongolen beide dieselbe Rolle – in der einen trickst der Fuchs den Wolf aus, indem er ihm «nachweist», daß er älter ist als jener, in der anderen macht es der Igel mit dem Fuchs genauso – und jedesmal frißt der Schlauere den gemeinsam gefundenen Pansen oder Darm mit Butter allein auf.[80] Wenn auch diese zwei Varianten nichts aussagen über das Vorhandensein von Fuchs bzw. Igel in einer Frühzeit, so ist es doch nicht uninteressant, daß sie sich beide – ad hoc tricksend – in Beziehung bringen mit der Zeit vor jener Frühzeit, da der Sümber-Berg noch ein winziger Erdhügel und das Milchmeer eine kleine Pfütze waren bzw. da Chentej und Changaj noch Hügel und der Chèrlèn-Fluß noch eine Pfütze waren und da es den Löwen, den Chaan der Tiere, noch nicht gab. Als nämlich der jeweilige Partner seine Kindheit in jene mythische Zeit verlegt, um sich so zweifels-frei als Älteren hinzustellen, fangen in beiden Versionen sowohl Fuchs als auch Igel an zu weinen – der Fuchs, weil sein jüngster Sohn, der Igel, weil sein längst verstorbener jüngerer Bruder in eben dieser Zeit gelebt hatten.

Der Fuchs in der Mythologie

Was im Tiermärchen schlicht wie Trickserei aussieht, hat möglicherweise einen tieferen mythologischen Grund. Im altaituwinischen Material finden sich mehrere

---

schrieb W. Heissig dazu: «Überhaupt verläuft der Übergang vom Märchen zum umfangreichen, viele tausend Strophen umfassenden Heldenepos ohne klare Scheidungslinien. Vieles, was als gereimtes Heldenlied vom Rhapsoden gesungen wurde, gehört streng genommen den Motiven zufolge in den Bereich der Wunder- und Zaubermärchen». (*Mongolische Volksmärchen*. Düsseldorf-Köln 1963, S. 241f.).

79   Vollständige Übersetzung publiziert in LSP S. 6; SPAT S. 154, Nr. 16.

80   Siehe E. Taube: Der Igel in der Mythologie altaischer Völker. In: Brendemoen, Bernt [ed.]: *Altaica Osloensia*. Oslo 1991 (S. 339-354), S. 343, Anm. 8 und 9 (dort auch Stellenangaben).

Hinweise auf eine Funktion des Igels als Schöpfergottheit und als erster Richter. In meinem Beitrag «Der Igel in der Mythologie altaischer Völker» sind einige Beispiele für den Igel als Kulturheros zusammengetragen.[81] Zu den dort angeführten Belegen haben sich inzwischen noch zwei weitere gefunden – ein Vers aus einem Schamanengesang und ein Lied: In beiden kommt zum Ausdruck, daß die irdische Welt das Werk des Igels ist.[82] Archäologische Funde mit Igeldarstellungen aus dem Ordos-Gebiet, in Sha'anxi, in Südsibirien und in Mittelasien bestätigen die oben erwähnte kirgisische Information über die Verehrung des Igels, die belegt wird durch den Kommentar zu der kirgisischen Mythe «Vom Igel» (O ježe), die davon erzählt, wie der weise und besonnene, damals jedoch noch nackte Igel den Menschen zur Wiedergewinnung des Sonnenlichts verhalf.[83]

Was nun den Fuchs angeht, so haben wir von den Mongolen außer der Mitteilung M. Haltods über die Verehrung des Fuchses auch eine Reihe weiterer ziemlich gleichartiger interessanter indirekter Belege in Texten zum sogenannten «Fuchs-rauchopfer» (*ünegen-ü sang*). H. Serruys[84], Ch. Bawden[85] und W. Heissig[86] haben einige solcher Texte bekanntgemacht und kommentiert. Sie stammen aus dem Ordos-, dem Chalcha- und dem oiratischen Gebiet. Während H. Serruys die von ihm publizierten Ordos-Texte für «obviously of Shamanist origin...» mit «a few Lamaist elements» hält (S. 311), erkennt Ch. Bawden – wie ich meine zu recht – in ihnen nichts spezifisch Schamanisches (S. 440). Nach seiner Ansicht widerspiegelt sein oiratisches Manuskript «klar einen Kult mit nicht-buddhistischem Ethos, der in einem gewissen Maße [ich würde sagen: reichlich] mit buddhistischen Ideen und [buddhistischer] Terminologie kontaminiert ist». Und er fährt fort: «Der vorliegende Text scheint vielleicht ein extremes Beispiel für das Überleben nicht-buddhistischer Ideen und Praktiken unter einer dünnen Verkleidung buddhistischer Terminologie in einem volksreligiösen Ritual zu sein.» Dagegen betont W. Heissig den synkretisti-schen Charakter der Fuchsrauchopfertexte.

Es geht um ein tatsächliches Tieropfer – eine Opferung des Fuchses durch Ver-brennen, die durch die Texte selbst begründet wird; zugleich aber könnte es auch um ein Rauchopfer für den Fuchs gehen – die mongolische Bezeichnung läßt beides zu, «offering of the fox» und «... to the fox» – die Übersetzung ist daher problematisch.

---

81 A. a. O. S. 339f.: Von der Herkunft der tuwinischen Sprache; S. 341f.: Der Igel als erster Rich-ter (Einleitungsformel einer Reckenmärchen-Trilogie).

82 Gesang der Schamanin Šašïnbaj (aufgezeichnet am 18.6.1966 in Cengel): ... jambï düvü büderde, jarā ječen jajārda... als die irdische Welt entstand, als der Igel [sie?] schuf...
Lied, aufgezeichnet von Bāva oɣlu Doržu im Juli 1982 in A't baštïg: ...jambï dïbdïŋ büderi jarā ječenniŋ büdüreri. Der irdischen Welt Entstehung ist des Igels Schöpfung.

83 Siehe oben Anm. 14.

84 Serruys, Henry: Offering of the Fox. A Shamanist text from Ordos. *ZAS* 41970, S. 311-325.

85 Bawden, Charles R.: The «Offering of the Fox» again. *ZAS* 10.1976, S. 439-473; ders.: An Oirat manuscript of the «Offering of the Fox». *ZAS* 12.1978, S. 7-34.

86 Heissig, Walther: Zur Morphologie der «Fuchsopfer»-Gebete. *ZAS* 10.1976, S. 475-519; und ders.: Purifikationsgebet und Fuchsrauchopfer. *ZAS* 14/2.1980, S. 37-64.

Heissigs «Fuchsrauchopfer» läßt die Entscheidung offen.[87] In unserem Kontext ist die Entstehungsgeschichte dieses Rituals von Interesse. Da Ch. Bawdens oiratisches Manuskript sie am klarsten und logischsten darstellt, da außerdem die räumlichen und historischen Beziehungen zwischen den Oiraten und den altaitürkischen Stämmen vermutlich am engsten sind, soll die Entstehungsgeschichte nach diesem Text vorgestellt werden.[88]

Als die Erde erst entstand, vereinigte sich der Vater der sechs Arten [von Lebewesen] und der Vogel-Chan mit seiner eigenen Tochter. So wurden neun unreine / befleckte (*burtuq-tu*) Füchse geboren. (Wer war die Tochter? Etwa eine Füchsin? Unreine Kinder wegen Inzest?) Zu dieser Zeit gab es dort drei Jungen, Söhne eines Vaters, die «Tibeter», «Chinese» und «Mongole» hießen (Töböd, Kitad, Mongγol). Zu dieser Zeit waren auch die Mächtigen Sieben Wilden (Grimmigen / Tollen) Sterne (*öndör erketü dolōn doqšin odud*) geboren, und diese wollten nicht, daß die drei Jungen nach dem Tod ihrer Mutter deren Leichnam zwischen ihnen, den Wilden Sternen, begrüben, da sie voll Sünde und befleckt war. Denn die Gedanken jener sieben Sterne, Söhne der Wassergeister (*ḳlušiyin köböün*), seien eng (*uyitan*, hier im Sinne von «fein, zart»?), aber die Sünden und Befleckungen der Menschensöhne und so auch die ihrer Mutter seien groß. Deshalb sandten sie einen Fuchs als Boten zu den Jungen. Aber der vergaß den Auftrag und verspätete sich. So erfuhren die drei Jungen nichts davon und begruben ihre Mutter mitten zwischen den Sieben Wilden Sternen und Wassergeistern. Da die Verstorbene sündig und befleckt war, fiel der Schatten ihres Leichnams schwarz auf den Weißen Himmelsberg (*Čagan tenggeriyin oula*) in Tibet und befleckte den Gott Bumbura[89] des Mächtigen Eisbergs. So konnten die Götter die Menschensöhne nicht beschützen. Die führten üble Reden gegen den Gott Masang[90]. Sie riefen die Götter oben an, aber es nutzte nichts – ihr Vieh nahm ab und sie wurden arm – der Tibeter, der Chinese und der Mongole. Die Augen der Schöpferin-Mutter (*öüdüqsen eke*) wurden blind, die Ohren des Schöpfer-Chans (*zayāci xān*)[91] wurden taub, die Gedanken des Vogel-Chāns wurden blockiert.

---

87 Vergleiche dazu Beffa, Marie-Lise; Roberte Hamayon: Qui confond pur et impur purifie par le renard. *Études mongoles et sibériennes*. 15.1984 (Le Renard: tours, détours et retours), pp. 141-151.

88 *ZAS* 12.1978, Text S. 13-24, Übersetzung S. 25-31 (Angaben in runder Klammer von E. T.).

89 Bumbura: Nach W. Heissig (*ZAS* Bd. 10, S. 476) möglicherweise verderbte Schreibung von tibetisch rMa-chen sbom-ra (mongolisch ist Ramcin sbomra belegt; siehe Bawden. *ZAS* Bd. 12, S. 32), eine der führenden Berggottheiten Tibets und die bedeutendste in Nordosttibet (Nebesky-Wojkowitz, René de: *Oracles and demons of Tibet*. 's-Gravenhage 1956, p. 95, 160); allerdings ist mir dafür nirgends die Kurzform sbom-ra begegnet. Denken könnte man vielleicht auch an tibetisch Bum-pa-ri, «[a] mountain in the neighbourhood of Lhasa, whom some regard as the bla-ri [the seat of a man's «life-power»] of the Tibetan people» (Nebesky-Wojkowitz, a. a. O. p. 483).

90 Masang: vielleicht von tibetisch *ma-saṅs*, Bezeichnung einer Gruppe präbuddhistischer tibetischer Gottheiten, darunter zahlreiche Berggottheiten, die in legendärer Zeit über Tibet herrschten (Nebesky-Wojkowitz, a. a. O. p. 224; darauf verwies bereits Ch. Bawden, a. a. O. S. 33).

91 Ramstedt, S. 464a: *zajātši*, «der schicksalskenner; die gottheit des schicksals; der schöpfer».

Die Menschen wußten sich nicht zu helfen, und Manjušri am Firmament riet ihnen, zu den Sieben Wilden Sternen, den Chanen der Wassergeister (*klusun xād*), zu beten. Als sie das taten, hielten ihnen jene alles vor, was sie, entgegen ihren Anweisungen, getan hatten, und sagten, sie sollten nun den hilfreichen Güngzi Chān (einen Exorzisten) herbeibitten und allen erhabenen Land- und Wasser[herren], Wassergeistern und Himmelsgöttern mit einem reinen Opfer (*ariun bsang takil*) ihre Verehrung darbringen. So würden ihre Sünde und Befleckung von ihnen genommen. Sie taten so, und jener Güngzi Chān sagte, alles läge nur an dem Fuchs. Gift müsse mit Gift ausgetrieben werden – also sollten sie den sündigen Fuchs fangen und herbeibringen. Der Fuchs bat, sie möchten ihn nicht töten und in Stücke schneiden. Aber wenn sie es schon täten - denn seine Sünde sei groß –, so sollten sie ihm mit einem goldenen Haken in den Nacken stechen (vergleichbar der häufig vom im Zweikampf unterlegenen Recken der Reckenmärchen und Heldenepen erbetenen Tötungsart). «Nehmt ein paar Strähnen meines Haares, ein kleines Stück meines Fleisches, einen Tropfen meines Blutes und einen Splitter meiner Knochen und reinigt Himmel und Erde mit einem Opfer und reiner Verehrung (*bsang ariun takil*)!» – Und dann nennt er ihnen die «neun Zeichen des Gottes Esrua», Zeichen seiner göttlichen Herkunft und seines Daseins in den Gegenden des Himmels: bräunlichgelb sein Maul, weil er vom See des Lebenswassers kostete; weiß seine Brust, weil er der Sonne entgegenlief; lang und schön sein Schwanz, weil er die Milchstraße entlanglief usw. (In den anderen Versionen finden sich einige weitere sehr schöne Begründungen.) Dann aber geschieht, was der Fuchs eigentlich nicht wollte: Eine Befleckung nach der anderen wird wieder aus der Welt geschafft, indem er Stückchen für Stückchen zerteilt und ein Teilchen nach dem anderen geopfert wird. Fleisch und Blut, Haar und Knochen, seine fünf Köpfe(!), seine Innereien - im einzelnen: Augen, Ohren, Nase, seine 40 Zungen(!), Zähne, Herz, Lungen, Beine, Leber, Magen, Knochen, Wolle, neun obere Gelenke, 44 Gelenke (Wirbel?) des Rückens, rechte, linke und einige andere Rippen. Nachdem so die durch den Fuchs verursachten Befleckungen wieder behoben sind, werden durch das Opfer des Fuchses und die damit verbundene Verehrung noch eine Vielzahl von Sünden und Befleckungen Dritter (wohl des Opferers und der Anwesenden) «abgewaschen» - gewissermaßen auf Kosten des Fuchses.

Zunächst ein kurzer Exkurs zu diesem Zerstückelungsritual: Es scheint dazu eine Parallele zu geben, die jedoch im Bereich des Verbalen bleibt. Unter den Tuwinern von Cengel im Altai waren einst Rätselwettspiele sehr beliebt.[92] Den Verlierer «verkaufte» man. Der Gewinner schnipste ihm mit dem Finger gegen die Stirn und sagte: «Du hast die Rätsel nicht gelöst, du alter dummer Kerl, drum höre dies: Du wirst verkauft. Aus deinem Kopf mache ich ...» – und nun werden die einzelnen Körperteile aufgezählt und wozu sie künftig dienen sollen: die Augen als Fernrohr, die Ohren als Hörrohr, der Mund als Beutel, die Unterarme als Peitschen, die Schienbeine als Flöten, die Rippen als Feilen usw. Der Verlierer hat sich als nicht

---

92 Siehe E. Taube: Von den Rätseln der Tuwiner im Altai. *Mitteilungen aus dem Museum für Völkerkunde Leipzig*. 52.1988, S. 56-60.

genügend gescheit und geistig wendig erwiesen - diese Eigenschaften sind jedoch wichtig und eine Stärke für die Gemeinschaft, also soll er wenigstens von praktischem Nutzen sein. Außerdem hat der Verlierer das Ansehen derer, zu denen er gehört, wenn man so will, «befleckt». Dafür muß er büßen, indem er – verbal – zerstückelt wird. Am Ende des Verkaufsspruchs wird zwar gesagt, daß es ein Spaß war und daß dem Menschen die Zunge/Sprache (*dïl*) gegeben sei, um Rätsel zu lösen – aber das Ganze erinnert mich doch sehr an das Schicksal des göttlichen Fuchs-Boten.[93]

Ein weiteres, wenn auch weniger ausführliches Beispiel für Zerstückelung bietet ein tibetisches Dremo-Märchen,[94] in dem der Fuchs die Rolle des Retters eines alten Paares vor einem Dremo (Bärenart? Schneemensch?) spielt. Er gibt sich als Dremo-Jäger aus – und der Dremo, der die beiden Alten fressen wollte, läßt sich aus Angst zum Getreidesack erklären. Und da ein solcher weder Ohren, Füße, Schwanz noch Kopf hat, muß sich der Dremo, auf Zuruf des Fuchses, von den beiden Alten diese Körperteile nacheinander abschneiden lassen und stirbt.

Die positive Funktion des Fuchses als Retter vor einem Verschlinger in diesem tibetischen Märchen gerade im Kontext eines Zerstückelungsmotivs verdient Beachtung. Erinnert man sich noch an das erwähnte orotschonische Märchen (siehe oben S. 165), in dem es gerade der «Fuchsgeistvater» ist, der vor der tödlichen Gefahr warnt und bewahrt, die ein Dämon durch Beschmutzung verursacht hat, so bekommt die Geschichte des Fuchses in den Fuchsrauchopfertexten einen geradezu tragischen Zug. Seinem Charakter entsprechend geht das Märchen im allgemeinen anders mit dem Fuchs um. Auch dort, wo er zunächst nur ein flüchtiges Tier ist und – wie zum Beispiel in zentralasiatischen Varianten des Märchentyps AaTh 545 – um Schonung seines Lebens oder Schutz vor Verfolgern bittet, wenn auch auf künftige Dankbarkeit verweisend, wird ihm – anders als in dem Ritualtext - seine Bitte gewährt.

Zurück zu dem Mythos der Fuchsrauchopfertexte: Da es nichts zu geben scheint, was durch die Opferung des Fuchses nicht zu bereinigen ist, aber auch aufgrund der Tatsache, daß am Ende des Ritualtextes für jeden der zwölf Monate ein bestimmter Tag für das Fuchsopfer bezeichnet wird, gewinnt man den Eindruck, daß es sich um ein gewichtiges Opfer handelt - einen kultischen Ritus aus vorlamaistischer Zeit, so bedeutungsvoll vielleicht, daß es nicht möglich war, ihn im Zuge der Einführung des Buddhismus bei den Mongolen ganz zu eliminieren. So wie man offensichtlich den *Čagan Ebügen* (*čagaan övgön*), den «Weißen Alten», nicht ausschalten konnte, der - ein angenehmeres Schicksal – zum Spaßmacher degradiert in den Čam-Mysterien dabei sein darf. Die Frage drängt sich auf: Da es ursprünglich vermutlich nur um die Verehrung des Fuchses ging, wurde da etwa ein alter Mythos verwendet, um den

---

93   Zu einem vergleichbaren Brauch bei den Mongolen fand ich keine Hinweise, weder in Ölzijchutag, C.: *Mongol ardyn tümèn on'sogo* I. Ulaanbaatar 1966, noch in Gaadamba, Š., und D. Cèrènsodnom: *Mongol ardyn aman zochiolyn dèèž bičig*. Ulaanbaatar 1978.

94   Dargyay, E. und L.: Der törichte Bär und der kluge Fuchs – ein Märchen aus Zanskar. ZAS 14.1980, S. 201-204.

Fuchs, das Objekt «heidnischer» Verehrung, zum Sünder zu machen und ihn so letzten Endes unter den ihn Verehrenden in Mißkredit zu bringen?

Vom Igel, der in ähnlicher Lage höchstwahrscheinlich einen ganz ähnlichen Fehler machte wie jener Fuchs, ist dergleichen grausame Strafe oder Sühne nicht bekannt. Er galt, wie wir in Radlovs Wörterbuch der Türkdialekte[95] lesen können, in verschiedenen altaischen Dialekten als der Diener des obersten Gottes Ülgen, der den Menschen die Botschaft brachte, daß sie sterben müssen, der allen Lebewesen ihre Lebensfrist bestimmte und «das erste Beispiel des Todes an sich selbst gezeigt hat». Interessanterweise wird die Bedeutung «Igel» unter dem Stichwort J̌ara čäčän (altaituwinisch ǰarā ǰečen) nicht genannt, was für den prominenten Stellenwert des Mythos, der mythologischen Gestalt im Bewußtsein der Radlovschen Informanten spricht. Auf der Grundlage der Mythentypen von der Entstehung des Todes bzw. der Sterblichkeit kann man den bei Radlov nur angedeuteten Mythos wohl folgendermaßen rekonstruieren:[96] Der Igel wurde als Ülgens Bote zu den Menschen gesandt, ihnen zu verkünden, daß sie sterben, danach jedoch wieder zum Leben kommen. Den Mythentypen entsprechend gibt es nun zwei Möglichkeiten: Entweder verkündet der Igel aus Vergeßlichkeit nur den ersten Teil seiner Botschaft und macht dadurch nur ihn gewissermaßen rechtskräftig, oder er hält sich unterwegs auf - so wie der Fuchs sich verspätete, so daß er von einem falschen Boten (Gestalt des üblichen Störers der Pläne des Schöpfergottes) überholt werden kann, der nur die Sterblichkeit verkündet. Somit ist der Igel schuld daran, daß die Menschen und die anderen Lebewesen sterben müssen - und er selbst stirbt als erster, ob freiwillig aus Reue oder als Strafe, bleibt offen.

Fuchs und Igel hatten beide einen göttlichen Auftrag zu erfüllen, beide kommen diesem Auftrag nicht ordentlich nach, machen damit beide die Absichten ihrer Auftraggeber zunichte, und beide bezahlen dafür mit ihrem Leben. Die Übereinstimmungen liegen auf der Hand. Ich möchte zwei weitere Fakten innerhalb der Fuchsopfer-Entstehungsgeschichte benennen, die auf mythologische Beziehungen hinweisen, in die Fuchs und Igel involviert sind: In dem Fuchsrauchopfertext wird der «Vater aller sechs Arten (von Lebewesen)» – wohl doch als ihr Schöpfer zu verstehen – auch als König der Vögel, Vogel-Chān, bezeichnet.[97] In der Mythe von der Herkunft der tuwinischen Sprache, in dem anfangs auch die Erschaffung der irdischen Welt erwähnt wird, sind neben dem Igel als weitere Schöpfergottheiten Burɣan Baqsï und Xan Xerēti, der mythische Vogel (Pendant des indischen Garuḍa), genannt. Ferner treten in dieser Mythe Vertreter konkreter Völker auf (Mongole, Chalcha, Burjate),[98] so wie in der Fuchsopfer-Entstehungsgeschichte Tibeter, Chinese und Mongole. Letzteres sieht eher wie ein belangloses Element aus, scheint mir jedoch als Ähnlichkeit der Beachtung wert zu sein. Daß hier die durch das Versäumnis des Fuchses Geschädigten nicht einfach Menschen sind, sondern als Vertreter

---

95   Radlov, T. III/1, Sp. 104.
96   Siehe Taube, E.: Der Igel... (wie Anm. 80), S. 350.
97   So auch in dem von Bawden 1976 veröffentlichten Manuskript: ZAS 10.1976, S. 452.
98   Siehe E. Taube, Der Igel... (wie Anm. 80), S. 339f.

von Ethnien näher gekennzeichnet werden, könnte möglicherweise ein Hinweis darauf sein, bei welchen vom Buddhismus missionierten Völkern Fuchsopfer vorkamen.

Neben diesen meines Erachtens recht deutlichen Beziehungen der behandelten Mythen zueinander gibt es, wie ich meine, auch noch einen anderen, fast unübersehbaren Zusammenhang. Die Geschichte von der Bestattung der Mutter der drei Menschen Mongole, Chinese und Tibeter und davon, wie ihr Leichnam den Weißen Himmelsberg in Tibet (!) schwarz beschattet, das heißt wohl in Dunkel hüllt, und auch noch den Gott des Mächtigen Eisberges befleckt, erscheint mir als ein Sammelsurium lamaistisch geprägter Gedanken und Vorstellungen, die wie Fremdkörper innerhalb der autochthonen Überlieferung der türkisch-mongolischen Völker Zentralasiens wirken. Vor dem zentral- und ostasiatischen mythologischen Hintergrund gut nachvollziehbar ist aber, daß hier von einer großen Verdunkelung die Rede ist, die die Menschen und die anderen Lebewesen in Bedrängnis bringt, wovon verschiedenerlei Mythen berichten. So spricht zum Beispiel eine altaituwinische und eine fu-yü-kirgisische Mythe von einer Verdunkelung der Stadt Peking, weil der mythische Vogel Xan Xerēti / Phönix mit einem seiner Flügel das «Auge der Sonne» über ihr verdeckte, und davon, daß ein Schütze (tuwinisch *Jovɣun Mergen*, fu-yü-kirgisisch *Yagun Mergen Baturu*) aus dem Altai-Gebirge der Stadt wieder zu Sonnenlicht verhalf.[99] In einer anderen, in mehreren Varianten bei Kasachen, Kirgisen und Burjaten überlieferten Mythe kommt es zu der Verdunkelung der Menschenwelt, weil ein Dämon die Sonne (manchmal samt dem Mond) verdunkelt, entführt oder auf andere Weise in seine Gewalt gebracht hat.[100] Die Verwirrung der Menschen, der Schaden für ihre Lebensgrundlage ist vergleichbar jenem im Fuchsrauchopferkontext – ihr Vieh nahm ab, sie wurden arm... und wußten sich nicht zu helfen. Mit weniger Umstand als dort wird - nicht ein Exorzist, sondern – ein allgemein als klug und weise bekanntes Wesen zu Hilfe gerufen. Es ist – kaum noch verwunderlich – der Igel, der Rat weiß und dem mißlichen Zustand abhilft. Die Sonne wird zurückgebracht, und alles ist wieder gut.

Aufgrund der übrigen Analogien zwischen Igel und Fuchs kann ich mich des Eindrucks nicht erwehren, daß den mongolischen Texten ein ganz ähnlicher Mythos zugrunde liegt, wie er ja auch den Burjaten bekannt war, der im Interesse der missionierenden Religion auf unfeine Art völlig umgestaltet wurde. Mich M.-L. Beffa und R. Hamayon[101] anschließend, kann ich in den Fuchsrauchopfertexten nicht Zeugnisse des religiösen Synkretismus sehen, einer quasi natürlichen Verschmelzung, sondern halte sie für Zeugnisse gewaltsamer Umfunktionierung. Es scheint mir nicht ausgeschlossen zu sein, daß die Rolle des Fuchses in diesem Stück ursprünglich die

---

99 TVM Nr. 66; Nentwig, Ingo [ed.]: *Märchen der Völker Nordost-Chinas.* München 1994 [Märchen der Weltliteratur], S. 152f. (Nr. 20); E. Taube: Eine fu-yü-kirgisische Mythe und ihre altaituwinische Parallele (in Vorbereitung).
100 Taube, E.: Der Igel..., S. 344-347.
101 Beffa/Hamayon, a. a. O. (siehe Anm. 87), allerdings mit anderer Begründung für die Einführung des Fuchses.

eines Helfers und Erretters der Menschen war, die nun, in ihr Gegenteil verwandelt, aus dem möglichen Beseitiger des Dunkels dessen Verursacher machte – aus einem zu verehrenden Wohltäter einen zu schlachtenden Sündenbock.

Die Übereinstimmungen in dem, was wir von Fuchs und Igel wissen, seien hier noch einmal zusammengestellt:

– Beide erscheinen – im Vergleich zu anderen markanten Tieren – in den kleinen Formen der altaituwinischen Volksdichtung auffällig selten, nämlich nur je einmal.

– Beide treten in Märchen oder Mythen als Helfer der Menschen auf (Tuwiner, Mongolen, Burjaten, Daguren, Kasachen, Kirgisen und andere Türkvölker).

– Beide spielen die gleiche Rolle in dem Tiermärchentyp MMT 65 (mongolische Belege).

– Beide fungieren als unzuverlässige Boten in göttlichem Auftrag und müssen dafür sterben (Mongolen, verschiedene Stämme der Altaier).

– Beide stehen in Beziehung zum Göttlichen: der Fuchs ist – möglicherweise inferioren – göttlichen Ursprungs (Mongolen), der Igel ist Schöpfergottheit (Tuwiner, Burjaten).[102]

– Beide wirken gegen Dämonen: Der Fuchs erklärt seine schwarze Nasenspitze als Zeichen dafür, daß er schließlich Dämonen unterdrücken werde,[103] der Igel überwindet durch Klugheit auf unterschiedliche Weise den Dämon, der Sonne (und Mond) entführt hat (Kasachen, Kirgisen, Burjaten; dies trifft vielleicht auch für den Fuchs zu).

– Beide gelten als Schutzgeister[104] (und dienen in figürlichen Darstellungen als Amulett): der Fuchs für Neugeborene/Kinder (Altaituwiner, Nanaier), der Igel für Schwangere (Nanaier).

– Beide waren nachweislich Objekte volksreligiöser Verehrung (Mongolen, Kirgisen, Mandschuren, Ewenen und vermutlich weitere Völker Zentralasiens), wofür auch archäologische Funde aus dem Ordos-Gebiet, aus Südsibirien und Mittelasien sprechen.

Ist es nur ein Zufall, daß Fuchs und Igel sich auch in einem Ausspruch des Archilochos, des ältesten lyrischen Dichters der Griechen, vereint finden, in dem es heißt:

«Der Fuchs weiß eine Vielzahl Dinge,
der Igel aber kennt ein großes Ding»?[105]

Als ich diesen Beitrag begann, ahnte ich nicht, wohin und wie weit er mich führen würde – vom ethnographischen Material der Jetztzeit bis in eine mythische Vorzeit. Ich fing gerade an, mich zu fragen, ob ich die Zusage, den Artikel zu schreiben, nicht voreilig gegeben hätte. Nun scheint es mir fast, als sei da plötzlich

---

102 E. Taube: Der Igel... (wie Anm. 80), S. 353f.

103 *ZAS* 10.1976, S. 454.

104 Bei den Nanaiern haben beide auch einen negativen Aspekt als schlechte oder krankheiterregende Geister (Smoljak, a. a. O. [siehe Anm. 8], S. 258f. s. v. *Puntschilkén* und *Soli choliodini*).

105 Zitiert nach Naiman, Anatoli: *Erzählungen über Anna Achmatova.* Frankfurt/M. 1992, S. 138.

der Fuchs gekommen und habe mir beigestanden – ob nun aus Mitleid oder aus Dankbarkeit, weil ich mich schon zweimal ihm zugewandt habe, sei dahingestellt, beides entspräche ja seinem Wesen. Mögen alle ihm je angetanen Kränkungen nun getilgt sein!

Abkürzungen und Sigel

AaTh	Aarne, Antti, und Stith Thompson: *The types of the folktale. A classification and bibliography.* [2]Helsinki 1961. (Folklore Fellow Communications.184].)
AF	*Asiatische Forschungen* (Wiesbaden)
LSP	Taube, E.: *Das leopardenscheckige Pferd.* Berlin 1977.
MMT	Lőrincz, László: *Mongolische Märchentypen.* Budapest 1979. (Bibliotheca Orientalis Hungarica.24.)
Radlov	Radlov, V[asilij] V[asilevič]: *Opyt slovarja tjurkskich narečij* [Radloff, W[ilhelm]: *Versuch eines Wörterbuches der Türk-Dialecte.* T. 1-4. Sanktpeterburg 1893-1911.
Ramstedt	Ramstedt, G[ustaf] J[ohn]: *Kalmückisches Wörterbuch.* Helsinki 1935. (Lexica Societatis Fenno-Ugricae.3.)
SPAT	Taube, E.: *Skazki i predanija altajskich tuvincev.* Moskva 1994. (Skazki i mify narodov vostoka.)
Stand.tuw.	Standardtuwinisch: die in der Republik Tyva (Tuwa) gebrauchte Schriftsprache (nach Tenišev).
Tenišev	Tenišev, E. R. [red.]: *Tuvinsko-russkij slovaf.* Moskva 1968.
TVM	Taube, E.: *Tuwinische Volksmärchen.* Berlin 1978. (Volksmärchen. Eine internationale Reihe.).
ZAS	*Zentralasiatische Studien des Seminars für Sprach- und Kulturwissenschaft der Universität Bonn* (Wiesbaden).

Claudia Römer (Vienna)

The Fox in Turkic Proverbs

Among various Turkic peoples the fox is believed to possess magic power and is often not referred to by its real name *tilki* and other related forms, but by a taboo name like *qızıl neme* «red thing» or *araatı* «robber» (Altai).[1]

In South Siberian tales a black fox (*qara tilki*) that appears to a hunter must be caught before it passes through a door leading into a huge rock, because the fox is a messenger and a shadow of evil spirits.[2]

Various hunters' rites connected with the fox are widespread among the Yakuts, e.g. women are not supposed to touch a fox hide before it is dry, and among others fox hides are not to be sold when newly prepared. A dead fox may only be brought into the house via the window.[3]

In order better to determine the role of the fox in the Turkic world, proverbs seemed a suitable source, since they date back to ancient times and can be regarded as the oldest and most widespread form of sayings.[4] Therefore, one could expect to learn from them what ideas the Turks originally connected with the fox.[5]

Proverbs are defined as commonly known, set sentences expressing a general rule in a concise form.[6] It would be more appropriate, however, to call them «partially valid rules», since proverbs often are based on generalizations and prejudices rather than on the concepts of truth and wisdom.[7]

The concise statement of any individual at any given time and place usually comes to be a proverb when shared and accepted by others on the grounds of its generally

---

1   Ingeborg Hauenschild: *Tiermetaphorik in türksprachigen Pflanzennamen.* Wiesbaden 1994, 40.
2   Bahaeddin Ögel: *Türk Mitolojisi.* I. Cilt. Ankara 1971, 24.
3   Uno Harva: *Die religiösen Vorstellungen der altaischen Völker.* Helsinki 1938, 414.   For other fox rites and beliefs of the Altai Turks, the Yakuts, and others see Harva, pp. 422, 424, 427, 440, 476. Many of these ideas are common to Turkic and other Altaic peoples.
4   Bläsing: *Tschuwaschische Sprichwörter,* 4.
5   Fairy tales did not seem to provide the same background, because many of them have wandered from India to Anatolia and from there spread towards the north (cf. Wolfram Eberhard, Pertev Naili Boratav: *Typen türkischer Volksmärchen.* Wiesbaden 1953, 6; see also type 34, «The miller and the fox», which is nearly identical to «Puss in Boots», = Pertev Naili Boratav: *Az gittik, uz gittik.* ²İstanbul 1992, no. 45 «Tilki ile Çimenci Padişahın ın oğlu», pp. 231-234). Collections of stories like «Kelile and Dimne» also come from India and were translated from one language into the other, so that they cannot be used for our purpose.
6   Lutz Röhrich, Wolfgang Mieder: *Sprichwort.* Realien zur Literatur. Stuttgart 1977 (Sammlung Metzler, 154.), p. 2f. Röhrich and Mieder also discuss earlier definitions, cf., e.g., Uwe Bläsing: *Tschuwaschische Sprichwörter und sprichwörtliche Redensarten.* Wiesbaden 1994 (Turcologica 20), 5.
7   Cf. Bläsing, 7. For examples see below.

valid contents.[8] A quotation differs from a proverb inasmuch as its author is known by name, even if the quotation eventually is used like a proverb.[9]

In paroemiology, a distinction is made between proverbs and proverbial sayings (Russian: *poslovica* and *pogovorka*, Turkish: *atasözleri* and *deyimler*). According to this idea a proverb is defined as a complete sentence in a set form, whereas a proverbial saying is a verbal expression, which has to be incorporated into a sentence, the person and tense of which can vary.[10] We will not take this into account in the present article, because in many collections an expression can be found among the proverbs as well as among the proverbial sayings.[11]

Turkic proverbs have various names: in the Middle Turkic period they are called *sav* «word» (Maḥmūd al-Kāšġarī 11th cent.). In several later and modern Turkic languages, including the Oghuz group there is *atalar sözü* or *atasözleri* «word(s) of the elders», but we can also find compounds using the Mong. term *üliger* «story, comparison, model» like Altai Turk. *ülgär-sös* «word of comparison, model word». Arabic terminology is just as frequent: Ottoman *żarb-i mesel* «beating an example» or *maqāl* «saying», or *maqal mätäl* (Qazaq), *temsīl* «comparison», *ḥikmet* «wise saying».[12]

Apart from the two types of proverbs and proverbial sayings (which can be divided into several sub-groups), Pertev Naili Boratav[13] mentions proverbs having an anecdotic character. In Ottoman and Turkish they are therefore often told in *-miş* based speech (*mazi-i naklî*). But these must not be confounded with sayings citing an anecdote, like popular quotations from the *latife*s of Nasrettin Hoca.

Boratav also classifies Turkic proverbs according to subjects and divides them into three groups according to linguistic and stylistic criteria:[14]

1) proverbs in simple prose
2) proverbs containing prosodic elements
    a) verses having metres
    b) alliteration and internal rhyme
    c) strings of proverbs arranged according to subjects within epics (e.g. *Kitāb-i Dede Qorqut, Manas destanı*)
3) proverbs with anecdotic character (cf. above)

After these preliminary remarks, let us now turn to the fox as it is characterized in Turkic proverbs. From collections of proverbs in various Turkic languages[15] we have

---

8 Röhrich / Mieder, 26; cf. also Bläsing, 8.

9 Röhrich / Mieder, 4 sq. – However, the difference between quotations and aphorisms as well as maxims explained later on is not clearly understandable, cf. Bläsing's critical analysis (p. 9).

10 Röhrich / Mieder, p. 15; e.g. p. 17: the German proverb «Durch Schaden wird man klug.» (= Once bitten, twice shy); used as a proverbial saying: «Er ist durch Schaden klug geworden.»

11 Cf., e.g., Bläsing, 11sq.

12 Mark Kirchner: *Sprichwörter der Kasachen*. Wiesbaden 1993 (Turcologica 15.), XIIsq. and Pertev Naili Boratav: Mathal (In Turkish), in: *EI*[2] VI, 826.

13 Boratav: Les proverbes. *Philologiae Turcicae Fundamenta* II. Wiesbaden 1964, 68sq.

14 Boratav: Mathal, 826.

15 Due to the relatively limited availability of such collections to the present author, a fairly complete survey can only be given for Ottoman and Modern Turkish.

gathered a corpus of 51 proverbs mentioning a fox. Although there are some proverbs in the Orkhon inscriptions[16], the earliest material on the fox can be found in Maḥmūd al-Kāšġarī (=MK). In his Dīvānu luġāti t-türk he quotes 290 proverbs (*sav*) and proverbial sayings in order to explain the meaning of words.[17] MK contains a total of five fox proverbs[18] four of which are still known today:

1) MK I, 54-24 (55) = III, 5-15[19]

tilkü öz inge ürse udhuz bolur = MT (= Modern Turkish) tilki kendi yuvasını hor görürse uyuz olur[20] «A fox that despises its own nest is mangy». According to MK this proverb is used for «ilini, boyunu, şehrini inkâr eden, yeren kişi», i.e. for persons who in German are called «Nestbeschmutzer».

2) MK II, 15-23 = III, 175-2

taygan yügürgenni tilkü sewmes = MT: tazının yürüdüğünü tilki sevmez «A fox does not like it when a greyhound is around»[21] = Qazaq: iyt žüyrigin tülki, tülki žüyrigin iyt süymes «A fox ʿdoes not like a quick dog, a dog does not like a quick fox» – variant: iyt žüyrigin tülki süymes. «A fox does not like a quick dog»[22] (according to MK this proverb is used for people who are disliked because of their being superior to others).

3) MK III, 244

bir tilkü terisin ikile soymas = MT: bir tilki derisi iki defa soyulmaz «a fox cannot be skinned twice»[23] (according to MK used for people who expect kindness from one person more than once)

4) MK III, 202-20

er tilkülendi = MT: tilkilik etmek[24] «to behave like a fox, to flatter»

If we now try to establish the picture of the fox in the Turkic world as it presents itself in our material, we can see that just like in the West, the fox primarily is regarded as an especially sly[25] and flattering (see above) animal:

---

16 Boratav: Mathal, 826; they have been studied by Ahmet Caferoğlu: Orhon âbidelerinde atalarsözü, in: *Halk bilgisi haberleri* 1.1930:3, 43-46; unfortunately this article was not accessible to me.

17 Boratav: Mathal, 268.

18 Only one of them is mentioned by Ferit Birtek: *En eski Türk savları. Divan-i lügat-it-Türk'ten der-lemeler* I. Ankara 1944 (no. 128).

19 References from MK are always given according to Besim Atalay: *Divanü Lûgat-it-Türk ter-cümesi*. Ankara 1940-1943. (TDK 521.)

20 E. Kemal Eyüboğlu: *On üçüncü yüzyıldan günümüze kadar şiirde ve halk dilinde atasözleri ve deyimler.* İstanbul 1973, I, 227, no. 26.

21 Metin Yurtbaşı: *A dictionary of Turkish proverbs.* Ankara 1993, 236.

22 Kirchner, 159, no. 791.

23 Yurtbaşı, 233, but explained thus: «No one is bound to do impossibilities».

24 Eyüboğlu, II, 397, no. 54.

25 Cf. also Brockelmann: Alttürkische Volksweisheit, in *Festschrift für Friedrich Hirth.* Berlin 1920, 50, cited from Jean-Paul Roux: *Faune et flore sacrées dans les sociétés altaïques.* Paris 1966, 233: Al-Madaʾinî († 840) écrit: «les Turcs demandaient d'un habile guide d'armée les qualités de dix animaux, la bravoure du coq, la chasteté de la poule, le courage du lion, l'agressivité du sanglier, *la ruse du renard* [italics by C. R.], la persévérance du chien, la vigilance de la grue, la prudence du

5) MT: Tilkinin kurnazı sınırda gezer «A sly fox will wander along the border», cf. «The fox/wolf preys farthest from his home/den»[26] or «Wo der Fuchs sein Lager hat, da raubt er nicht».[27]

6) Chuvash: Tilĭ hiy tĭkne-śüśne varalamast «A fox does not soil its own fur».[28] According to Bläsing this means that a sly person is much too clever to be found out. This proverb therefore has nothing in common with example (1).

Old foxes are thought to be extremely clever:

7) Kocamış tilki faka düşmez «An old fox will not fall into the trap», cf. «An old fox is not easily snared»[29] or «Ein alter Fuchs ist schwer zu fangen».[30] Sometimes, however, the fox cannot profit from its cleverness and is caught. This illustrates the well-known fact that proverbs often contradict one another:

8) Chuvash: Çeye tilĭ te çitlihe leknĭ, tet. «‹Even a sly fox falls into the trap›, they say»[31] cf. «Schlaue Füchse werden auch gefangen».[32]

9) MT: Tilki ne kadar çevik ise bir gün boğazı ele verir. «Despite all its swiftness one day the fox renders its throat».[33]

10) MT: Ayyar tilki art ayağından tutulur. «The sly fox is caught by its hind leg»[34] cf. Serbian: «A silly fox is caught by one leg, a clever one by all four legs».[35] There is a MT variant to this proverb: Zeyrek kuş iki ayağından tutulur. «A sly bird is caught by both its legs»[36] or Yügrük kuş iki ayağından dutulur «The swift bird is caught by both its legs».[37] Very often the animal species is not important at all, and the same picture can be expressed by substituting one animal by another.

11) Eastern Turki: tülkä ïlinmás ilinsa túmšuqïdïn «A fox is not caught (in a trap), but if it is, it is by its snout», which means that although the fox is sly, sometimes its greed is stronger and turns out to be fatal.[38]

---

corbeau, l'ardeur au combat du loup, l'embonpoint du *yagru*, animal qui malgré toute peine et effort demeure gras».

26 Yurtbaşı, 85.

27 Franz C. Honcamp: Das Sprichwort, sein Werth und seine Bedeutung, in: Wolfgang Mieder (Hrsg.), *Deutsche Sprichwörterforschung des 19. Jahrhunderts.* Bern, Frankfurt, New York 1984, 54.

28 Emine Ceylan: *Çuvaş atasözleri ve deyimleri.* Ankara 1996, 80 = Bläsing, 482, no. 3114; very similar proverb: no. 3113.

29 Yurtbaşı, 136.

30 J. H. Kirchberger: *Sprichwörter von A-Z. Das große Sprichwörter Buch.* München 1986, German, no. 1460.

31 Ceylan, 102 = Bläsing, 118, no. 465 (cf. Russ. I na staruxu byvaet proruxa. «Even an old woman sometimes makes a mistake»).

32 Horst und Annelies Beyer: *Sprichwörterlexikon. Sprichwörter und sprichwörtliche Ausdrücke aus deutschen Sammlungen vom 16. Jahrhundert bis zur Gegenwart.* München 1985, 181.

33 Eyüboğlu, I, 227, no. 23.

34 Ömer Asım Aksoy: *Atasözleri ve deyimler sözlüğü.* Ankara 1971, I. no. 378.

35 Kirchberger: Serbian, no. 34.

36 Aksoy, I., no. 378.

37 Sadettin Buluç: Eski bir Elyazmasında bulunan Türk atasözleri. *Ömer Asım Aksoy armağanı.* Ankara 1978, 24, no. 180.

38 Albert v. Le Coq: *Sprichwörter und Lieder aus der Gegend von Turfan.* Leipzig, Berlin 1911, 44sq.

12) The German proverbs «Alle Füchse kommen endlich beim Kürschner zusammen»[39] (=«Der schlaueste Fuchs findet seinen Kürschner»[40] or «Alle listigen Füchse kommen endlich beim Kürschner in der Beize zusammen»[41] usually are explained by the fact that everybody will eventually meet their fate.[42] In contrast to this, the following common MT proverb is interpreted in a different way: Tilkinin dönüp dolaşıp geleceği yer kürkçü dükkânıdır[43] «The place the fox is going to return to is the ferrier's shop». This means that you may live according to your own will as much as you want to, but eventually you are bound to return to the place you are connected to.[44] – cf. Crimean Caraite: Tilki nä qadar qaçarsa, varağağı kürkçü dukanı dır[45] «However far a fox may run away, the place of its arrival is the ferrier's shop».

13) MT: Tilki, tilkiliğini bildirinceye kadar post elden gider «Before a fox can prove its fox character it will have lost its hide». This proverb can be explained in two ways: 1) Before you are able to prove your innocence you already are punished for a crime you have not committed. 2) Before being able to show his/her cleverness, a sly person is caught in a more clever person's trap.[46] The first explanation again does not necessarily involve anything characteristic of a fox.

Quite a lot of proverbs allude to the fox's alleged love for chickens. According to Hauenschild, the fear of this danger was quite justified.[47] In reality, foxes are not very keen on chickens and geese, but they are held responsible for all the havock martens can work among the poultry.[48]

14) Tilkiye «Tavuk kebabı yer misin ?» demişler. «Adamın güleceğini getiriyorsunuz» demiş. «They said to the fox, ‹Do you want to have some chicken kebab›? ‹You make me laugh›, said he».

This proverb criticises people who make others want something they can never get.[49]

---

39 Kirchberger, German, no. 1473, cf. also Armenian, no. 15: «The last hole of the fox is the ferrier's shop».

40 Cf. English: «At length the fox is brought to the ferrier» (Gerda Weinhofer: *Übersetzbarkeit von Sprichwörtern, die einen Tiernamen enthalten, Deutsch-Englisch.* M.A. thesis, unpublished, Vienna 1989, 39.

41 Karl Spieß: Das Sprichwort, in: Mieder (ed.): *Deutsche Sprichwörterforschung,* 281.

42 Spieß, loc. cit.

43 E.g., Aksoy, I, no. 1911.

44 Yurtbaşı's explanation is not satisfactory: «A person always seems to return eventually to a place that he's once known well» (p. 85), because a fox certainly is not liable to re-emerge from a ferrier's shop once it has entered it.

45 Radloff: *Proben der Volkslitteratur der nördlichen türkischen Stämme.* VII. St. Petersburg 1896, 398, Nr. 217. The origin of this collection of proverbs is a game popular with the Crimean Caraites. Two groups of people compete by reciting strings of proverbs beginning with the same letter. The group that cannot go on has lost and the game continues with the next letter of the alphabet. (Boratav: Mathal, 68).

46 E.g., Aksoy, I, no. 1219.

47 Hauenschild: *Tiermetaphorik,* 40.

48 Birgit Kehne: *Formen und Funktionen der Anthropomorphisierung in Reineke Fuchs-Dichtungen.* Frankfurt etc. 1992, 30.

49 e.g., Aksoy I, no. 1913.

15) Tilkinin yüz masalı varmış, doksan dokuzu tavuk üstüne. «Foxes have one hundred tales, ninety-nine of which are about chickens.»[50]

16) Tilkiye tavuk emanet edilmez.[51] «Chickens cannot be put into the hands of a fox»; This expresses the same idea as the German saying «den Bock zum Gärtner machen».

17) Chuvash: Tilĕ kuśĕ tĕlĕkre te čáx kurat' «A fox's eye sees chickens even while dreaming»; Tilĕ tĕlĕkĕnče te čáxsem/čáxsene xiseplet «Even when asleep, a fox counts chickens»; Tilĕ teni tĕlĕkre te čáx săvat' «The one called a [real] fox counts chickens even while dreaming».[52]

The following expression certainly is connected with the fox's alertness:

18) MT: Tilki uykusu «fox's sleep», i.e. a very light kind of sleep, used for people who wake up from the faintest noise[53], but the same is also called tavşan uykusu «hare's sleep»[54] or in Iraqi Turkish, tavuğ yuhusu «chicken's sleep».[55]

As we have shown before, the wording of different proverbs can be nearly identical except for the animal that is used as a metaphor. For instance, people who rid themselves of their responsibility by burdening others with it are compared to dogs in most Turkic languages, but in Azeri, it is the fox. Maybe this is due to Persian influence.

19) MT: İt ite, it de kuyruğuna buyurmuş «The dog gives an order to another dog, but this dog gives the order to its tail»[56] But in Azeri it is: Tülkü tülküyä buyurar, tülkü dä quyruγuna «The fox gives an order to another fox, but this fox gives the order to its tail».[57] – cf. Mod. Persian: Rūbāh be-rūbāh mī-gūyad rūbāh be-domaš mī-gūyad «The fox tells another fox, and the latter tells it to his own tail».[58]

Just like in other languages the fox is often compared to other animals, mostly to dogs (cf. above, example (2)), lions, and wolves. Both lions and wolves are esteemed dangerous and strong, but not diligent. Wolves, however, are not as stupid and clumsy as they are in Western traditions.[59]

---

50 According to Yurtbaşı, 331, this equals the English saying «Harp not for ever on the same string».
51 Eyüboğlu, I, 227, no. 36.
52 Bläsing, 482, Nr. 3110-3112; Ceylan, 79, equalled with MT: Kedi rüyasında kuyruk görürmüş «The cat sees its tail even in its dream»; cf. Russian «Even when asleep, a fox counts chickens» (Kirchberger, Russian, no. 167). See also the Arabic proverb «The dream of the cat is all about the mice» (J. L. Burckhardt: *Arabic proverbs. The manners and customs of the modern Egyptians.* ³London, Dublin 1972, no. 225), or «They asked the cock, ‹What hast thou seen in thy sleep ?› ‹I saw people sifting (corn)›, he replied.» (Burckhardt, no. 513); similar proverbs are also given by Albert Socin: *Arabische Sprichwörter und Redensarten.* Tübingen 1878, nos. 386-388.
53 Aksoy II, no. 7212.
54 Aksoy II, no. 7173.
55 İhsan S. Vasfi: *Irak Türkleri'nde deyimler ve atasözleri.* İstanbul 1985, 225.
56 Bläsing, 614 sq., no. 4104 gives examples from twelve Turkic languages.
57 Bläsing, loc. cit., only Azeri has both the dog and the fox variants.
58 S. Haïm: *Persian-English proverbs.* Tehran 1956, 237.
59 Cf., e.g., Kirchberger, German, no. 170: Wenn das Löwenfell nicht zu haben ist, zieh das Fuchsfell an; Russian, no. 168: A fox can outwit seven wolves.

20) MT: Kurdun adı yaman çıkmış, tilki vardır (tilkicik var) baş keser. «The wolf has a bad reputation, but it is the fox who cuts off heads.»[60] (i.e., often those who seem to be harmless are more dangerous than the ill-famed).

21) MT: Tilkiyi kovalarken, kurdu uyandırma «Do not wake up the wolf while chasing the fox»[61] , i.e. the same as the German saying «den Teufel mit Beelzebub austreiben».

22) MT: Yatan (yatır) arslandan (kurttan), gezen (yeler) tilki yeğdir (iyidir). «A roaming fox is better than a lying lion». This proverb offers two possible interpretations, 1) «A weak but diligent person has more success than someone strong but lazy» or 2) «Better he who works without being strong and noble than he who is strong and noble but does not work.»[62]

23) Crimean Caraite: Tilkiyä baš olmadan aslana quiruq olması äyidir.[63] «Better be the tail of the lions than the head of the foxes». This proverb can be traced back to a Hebrew source (Pirqē Avōt).[64]

As we have shown before, in many proverbs the animal referred to is totally unimportant, and their metaphorical meaning is completely independent from the character of the animals. Therefore, most variants are to be found in this kind of proverbs, e.g.:

24) Chuvash: Puyan śïn kušakki tilĕ tïtat' «The rich man's cat catches foxes.»[65] –

MT: Zenginin horozu bile yumurtlar «Even the rich man's cock lays eggs», which is explained like this:[66] a rich man always manages to profit even from projects that are not promising.

To sum up, we can say that perhaps with the exception of this last kind Turkic fox proverbs convey the same picture of the fox as in the West. Chuvash has proverbs in common with Russian, but there are also some independent ideas.[67] Crimean Caraite naturally is influenced by Hebrew. As regards the tradition of proverbs, like in other respects, Qazaq plays an intermediate part «zwischen der islamischen und nicht-

---

60 E.g., Aksoy, I, no. 1513.
61 Eyüboğlu I, 227, no. 38.
62 Aksoy, I, no. 2007, 2010. – Cf. also the Arabic proverb: kalb ḥayy wa-lā sabaʿ maiyit «a live dog and not a dead lion» (= a profitable trifle is better than a splendid, but useless thing; Knut L. Tallqvist: *Arabische Sprichwörter und Spiele.* Helsingfors 1897, no. 93); a similar proverb is also given by Albert Socin: *Arabische Sprichwörter und Redensarten.* Tübingen 1878, no. 200.
63 Radloff: *Proben* VII, 398, no. 211.
64 Cf. Simon Weininger: *Vielsprachige Sprichwörtersammlung.* Jerusalem 1992, 16: «Sprüche der Väter, Kap. 3 Vers 20: Sei ein Schwanz der Löwen und nicht ein Kopf der Füchse». The proverb refers to spiritual leadership only.
65 Bläsing, 366, no. 2275, esp. 2277 with variants and references from several Turkic languages; the following other animals are involved: chickens, fish, oxen, dogs, hares.
66 Aksoy, I, 390, no. 2095.
67 E.g., Bläsing, no. 3044: Teley kilet tilĕ pek, irtse kayat' tĕlĕk pek «Happiness comes like a fox (quietly and without anyone noticing), it passes (swiftly) like a dream». – The word teley "happiness" comes from the Arabic word ṭāliʿ «fate» (see Bernd Scherner: *Arabische und persische Lehnwörter im Tschuwaschischen.* Wiesbaden 1977, 13).

islamischen, der (ehemals) nomadischen und der seßhaften Turcia».[68] But unfortunately the Qazaq fox corpus is much too limited to allow us to show this here. There is no trace whatsoever to be found of any magic attributes of the fox nor of a taboo name as mentioned at the beginning of the present article. In Turkic proverbs, the fox appears as a sly and clever trickster, but it can still be caught. Foxes love to feed on chickens. They are compared to other animals like lions, dogs, and wolves. These ideas have spread over a wide geographical area, sometimes even the wording of proverbs is practically identical in countries separated by huge distances. Zajączkowski and before him Brockelmann have attributed this phenomenon to the fact that Turkic proverbs have moved to the West via the Iranian sphere.[69] Certainly, «lore is closely tied to language. Dialect boundaries, border lines between interrelated languages, do not halt its spread, ... but what about boundaries between completely unrelated languages ?»[70] Arabic proverbs containing the fox element are not too common[71], but some ideas seem to be the same as in Turkic and European proverbs, albeit in connection with other animals. Besides, Arabic proverbs that have parallels in other languages may go back to some rather recent exchange. On the other hand, however, «in the case of similes and comparisons which spontaneously offer themselves to the mind, foreign models must not always be sought.»[72]

Just as Professor Tietze did with riddles, we will «have to leave aside the question whether, and on what basis, it would be possible to establish from which side each concept wandered to the other side.»[73]

---

68 Kirchner, XIII.
69 A. Zajączkowski: Sur quelques proverbes turcs du 'Husrev-u-Širīn' de Nizami. *Jean Deny armağanı.* Ankara 1958, 350. The same idea is expressed by G. M. Wickens: Mathal (In Persian). in *EI²* VI, p. 825: «Part of the material seems to have been rendered from Arabic (probably in the early centuries of Islam), other items have parallels or equivalents in Turkish, and the traffic may not always have been from Persian to the latter language».
70 Andreas Tietze: Turkish and Iranian Riddles, in: İlhan Başgöz, Mark Glazer (eds.): *Studies in Turkish folklore in honor of Pertev N. Borotav.* Bloomington 1978 (Indiana University Turkish Studies.1.), p. 200.
71 Most references are to be found in G.W. Freytag: *Arabum proverbia.* 4 vols. Bonn 1838-43 (esp. index for vol. 3, 1 and list in vol. 3,2, p. 27). Among a huge amount of Arabic proverbs, T. Fahd could only find thirteen with a fox element (cf. T. Fahd: Psychologie animale et comportement humain dans les proverbes arabes. *Revue de synthèse*, 3e série, nos. 61-62, janvier-juin 1971, p. 5.) Unfortunately the part of this series of articles containing the fox has been inaccessible to me so far.
72 R. Sellheim: Mathal (In Arabic), in *EI²* VI, 819.
73 Tietze, 202.

Käthe Uray-Kőhalmi (Budapest)

Der Fuchs und seine Doppelgänger
in der Folklore der tungusischen Völker

Die Rolle des Fuchses in der Folklore der Tungusen - letztere im weitesten Sinn gemeint, also sowohl bei den zum nördlichen, wie bei den zum südlichen Zweig gehörenden - ist im großen und ganzen die eines Trixters. Von wenigen Ausnahmen abgesehen gehört er zu der Art von Trixtern, die nur sehr wenige ‹positive› Eigenschaften aufweisen können. Es gibt wohl eine andere Art der Trixter, die auch Züge eines Kulturheroen besitzen, bzw. es gibt trixterhafte Kulturheroen, bzw. Demiurgen. Der bekannteste unter diesen ist Prometheus, oder bei den Nanai und den mit ihnen verwandten Völkern, *Hadau,* dessen tierische Form aber vom Bären dargestellt wird. Ein trixterhafter Kulturheros ist weiterhin der Rabe bei den arktischen Völkern Asiens und Amerikas[1]. Für den tungusischen Fuchs paßt aber die Rolle des Kulturheroen nicht, er ist einfach ein Schelm.

Ein wenig anders steht die Sache wenn wir die Rolle des Fuchses in Brauch, Überlieferung und Mythos betrachten. Bei den Waldjägern von Sibirien, zu denen ja auch die meisten tungusischen Völker gehören, wird dem erbeuteten Wild immer Ehre bezeugt. Eine hervorgehobene Rolle in dieser Hinsicht besitzt der Bär, mit dem ihm geweihten Bärenfest, oder bei den aus Meerjagd lebenden Küstenvölkern der Wal und das Walfest. Die Ewen erweisen aber auch dem erbeuteten Fuchs eine besondere Ehrung: der abgehäutete Körper wird auf den Ästen in der Krone eines Nadelbaumes bestattet, mit einem Leckerbissen im Maul. Wahrscheinlich war dieser Brauch auch bei anderen Tungusenvölkern verbreitet, nur wurde er noch nicht aufgezeichnet, denn der Artsgeist (Herrengeist) der Füchse wird allgemein als helfender Geist verehrt. Es wurden in den Verwaltungsämtern der Mandschu Opferplätze für ihn aufgestellt. Der Fuchsgeist erscheint als Helfer des Schamanen, davon zeugen die fuchsförmigen Anhängsel am Kleid mancher tungusischer Schamanen[2]. In einer Erzählung der Ewen über die verräterische Schwester die sich mit dem einbeinigen, einarmigen Ungeheuer mit eisernen Zähnen aus der Unterwelt, dem Tscholoro verbindet, steht auf der Seite des positiven Helden, als Helfer neben Bär und Wolf auch der Fuchs. Er ist es, der die besten Ratschläge gibt. Diese Tiere fungieren in der Erzählung ebenso, wie die Hilfsgeister des Schamanen. (Novikova, 1958, 60). Auch in der Epik der Amur-Völker erscheint der Fuchs als Helfer des Helden (Bäcker 1988, 192, 264).

Weiße Füchse, oder Fuchsgeister erscheinen auch in der geschichtlichen Tradition der Mandschu, sogar im Zusammenhang mit den Kamniganen, den Pferdetungusen

---

1 Mit der Bedeutung des Raben in der Mythologie der arktischen Völker befaßte sich am eingehendsten Meletinskij (1973).
2 Abbildungen dieser fuchsförmigen Metallanhängsel finden wir bei Ivanov: *Skul'ptura narodov severa Sibiri ...* 1970. Mit der Bedeutung des Fuchses in der Wirtschaft und der Religion der Tungusen beschäftigte sich Delaby (1984, 153-60); vgl. auch Uray-Köhalmi 1997,64.

des nördlichen Hinggan-Gebietes[3]. Im Kapitel XXIV/6 des *Huang-Ts'ing Kai-Kuo Fang-Lüeh*, der Geschichte des mandschurischen Kaiserhauses, finden wir bei den Ereignissen des Jahres 1637 den folgenden Bericht: «Siteku [Heeresführer der Mandschu Armee] folgte an der Spitze von 22 Mann den Spuren der Ausreißer ... Nach einem Marsche von über einem Monat vereinigte er [Erdem] sich mit Ubahai und Siteku und marschierte mit. Unterwegs sah man bei einem Halt drei Schwäne. Als Erdem einen von ihnen mit dem Pfeil getroffen hatte, *flog er mit dem Pfeile davon. Als man ihm nachging, war er plötzlich verschwunden,* dagegen sah man ein verlassenes Lagerfeuer der Deserteure. Darauf erreichte man nach einem nächtlichen Gewaltmarsch den Ort Ondo und umzingelte ihn. Da der Befehl zur Ergebung nicht befolgt wurde, griff man an und tötete 94 Mann ... Auf die Frage, wo Yelei sich befinde, antwortete man, Yelei tötete Hirsche zur Nahrung, und sei mit Weib und Kind geflohen. Siteku und Ubahai drangen gleich an der Spitze von Soldaten weiter vor. Als Yelei sie hörte, tötete er seine Gattin und Kinder und floh in die Berge. Als unsere Soldaten auf der Verfolgung herangekommen waren und mit Yelei Pfeile wechselten, *sprang plötzlich ein weißer Fuchs auf, stieß gegen Yelei's Bogen und eilte davon:* das nutzte man und erschoß Yelei.» (Hauer 1926, 447).

Dieser Text, obwohl er historische Ereignisse beschreibt, enthält an entscheidenden, ja dramatischen Stellen der Geschehnisse mythische Elemente: den Schwan, der mit dem Pfeil davonfliegt und den verhängnisvollen weißen Fuchs. In der Folklore und in den Mythen der tungusischen Völker entpuppt sich der mit dem Pfeil entflohene Schwan (Wildgans, Kranich etc.) in der Regel als eine Himmelsmaid, Sonnentochter, die eben durch den Pfeil, von dem Pfeil abschießenden Helden einen Sohn empfängt (Uray-Köhalmi 1997,127-128,135). In diesem Bericht hilft der Schwan den Leuten des Mandschu-Herrschers: er verrät das Lager der kamniganischen Flüchtlinge. Das tungusische Märchenmotiv wurde mißverstanden oder absichtlich zu Gunsten der Mandschu in den Bericht einverleibt. Ähnlich steht es auch mit dem weißen Fuchs, dem helfenden Geist der Tungusen, der mit seinem unerwarteten Sprung den Tod des Tungusenhäuptlings, Yelei, herbeiführte. Ich bin geneigt anzunehmen, daß Siteku und seine mandschurischen und mongolischen Gefährten, bzw. der Verfasser des Berichtes mit dem Einfügen tungusischer mythologischer Gestalten, die sich *gegen* die Tungusen wenden, die schicksalhafte Überlegenheit der Mandschu-Dynastie bezeugen wollten. Übrigens erscheint der weiße Fuchs auch im *Liao-shih*, der Geschichte der Kitai - von deren Kultur die Mandschu, bzw. ihre Vorfahren, die Dschürtschen, viel übernommen hatten, - als böses Omen. Er prophezeite den bevorstehenden Tod des Herrschers[4] (Wittfogel-Fêng, 129).

---

3 Der Solon-Kamniganische Stammesverband bestand im 16-17 Jh. in Transbaikalien und im nördlichen Hinggan. Es gehörten zu ihm sowohl rentierhaltende Jägerstämme, wie großviehzüchtende Steppentungusen. Zur Zeit als sie mit den Mandschu in Berührung traten, war ihr Anführer Yelei (Uray-Köhalmi: Daurien 1981).

4 Der entsprechende Text im *Liao-shih* lautet: «In this year [the first year of Ta'tung] more than ten horsemen, hunting in the large mountains fifty li west of Tsu Prefecture [southwest of Jehol], saw T'ai-tsung, mounted on a white horse, in solitary pursuit of a white fox. He shot one arrow and killed it. Suddenly he disappeared. They found only the fox and the arrow. On same day T'ai-tsung

***

Kehren wir aber zu der Rolle des Fuchses in der Folklore der tungusischen Völker-
schaften zurück, die wie schon angedeutet, unleugbare trixterhafte Züge aufweist. Der
Fuchs beschwindelt alle Wesen, die ihm in den Weg kommen, ob Mensch, ob Tier.
Besonders gerne wird der schlaue und gefräßige Fuchs dem arglosen und tölpelhaften
Bären entgegengestellt. Unter den Fuchs-Erzählungen der Jägertungusen des nörd-
lichen Zweiges und der ansässigen Amur-Stämme des südlichen Zweiges sind keine
Unterschiede zu entdecken. Darum können sie zusammen besprochen werden. Die
Hauptmotive der häufigsten Fuchsgeschichten habe ich in drei Gruppen geordnet: in
Gruppe A ist der Gegenspieler der Mensch, in Gruppe B der Bär und in Gruppe C
irgend ein anderes Tier. Natürlich gibt es Überschneidungen, manche Motivvarianten
erscheinen sowohl in Gruppe A, wie in Gruppe B, und C.

A. Mensch als Ziel der Tücken des Fuchses.

1. Der Fuchs fällt in eine Falle, stellt sich tot. Vom Jäger heimgebracht stiehlt er die
    Vorräte und entwischt. (Novikova 1958 28-9; Vasilevič-Al'kor, 12)
2. F. lässt sich von einem alten Ehepaar an Kindes statt aufnehmen, stiehlt aber all
    ihr Hab und Gut. (Bulatova 123-6; Doerfer 1983 64-8; Vasilevič-Al'kor 155)
3. F. verspricht, die Renherde zu betreuen, frißt sie aber auf [vgl. B 5, C 7] (Bula-
    tova, 103-4, 123-4; Vasilevič-Al'kor, 7-8)
4. Verspricht, Frauen den Weg zu zeigen, verkriecht sich im Boot zwischen den
    Vorratssäcken und frißt alles auf. Die einmündenden Flüsse benennt er mit «Ange-
    fangen», «bis zur Hälfte», «Vollständig». (Avrorin-Lebedeva, 138-9; Novikova
    25-7; Vasilevič-Al'kor 11-13).
5. Verspricht, einem Jäger gute Jagdgründe zu zeigen, als der ihn in seinen Kahn
    nimmt, stößt er den Jäger in den Fluß. (Vasilevič-Al'kor 10-11, 14)
6. Tauscht mit einem Jäger dessen Reitren für einen Kessel aus, der angeblich bloß
    aus Wasser eine Fleischsuppe kocht. (Vasilevič-Al'kor 20).
7. Zum Ausruhen legen sich Jäger und F. in die Nähe eines Abgrundes. F. läßt den
    schlaftrunkenen Jäger so lange immer weiterrücken, bis er sich zu Tode stürzt.
    [vgl. B6], (Vasilevič-Al'kor 14-5).
8. F. leiht von einem Mütterchen ihren Kessel aus und verspricht reiche Gegengabe,
    legt aber nur verkohlte Knochen in den Kessel. Mütterchen wird böse und schlägt
    den F. tot. (Doerfer 137-8, Sem, 15-6).
9. F. hilft dem Menschen gegen den Bären, stiehlt aber die Beute. Der Mensch droht,
    ihn zu töten, wenn er ihm nicht die Tochter des Väterchen Ka verschafft. Der er-
    schrockene F. verschafft sie. (Avrorin 17, Avrorin-Lebedeva 131, 138-9).

---

died in Tuan City [many hundred miles distant from Jehol]. Later a temple was built at this place.
On the Phoenix Gate of [Huai] Prefecture was painted a picture of T'ai-tsung galloping on a horse
and shooting at a fox.» (Wittfogel - Fêng, 129).

B. Bär als Ziel der Tücken des Fuchses.

1. B. trinkt einen kleinen See aus, um eine Karausche zu fangen. a. F. stößt ihn oder zieht den Stöpsel aus seinem Hintern, alles Wasser fließt wieder heraus, die Karausche verschwindet. b. F. fängt die Karausche und läuft weg. (Avrorin 15; Samar 88-117; Sem 3-5).

2. F. kocht Harz und erklärt dem B., es wäre gut für die Augen. B. läßt sich die Augen einschmieren, kann sie aber nur sehr schwer wieder öffnen. (Avrorin 15; Samar 88-117; Sem 5-7).

3. F. schlägt ein Loch in das Eis des Flusses, und erklärt dem B. daß man dort a. sehr gut schlafen kann, b. viele Fische fangen kann. B. setzt sich in das Eisloch und friert dort ein. [vgl. C3] (Avrorin 15; Samar 108-117, Sem 8-9).

4. F. schlägt dem B. vor, von einem Hügel herunterzukollern. Am Abhang sind a. spitze Pflöcke, b. ein vom F. verstecktes Messer. B. spießt sich auf und stirbt. (Avrorin 15; Bulatova 106, 126; Nagiškin 139-143)

5. F. verspricht dem B., seine Rentiere zu weiden, frißt sie aber auf. [vgl. A3, C7] (Nagiškin 109-113).

6. F. lockt den B. zum Schlafen neben eine Klippe, lässt ihn immer weiterrücken, bis er in den Abgrund fallend sich zerschmettert. [vgl. A. 7], (Novikova 29-30; Vasilevič-Al'kor 13, 15-6).

7. F. und B. besprechen, vor wem sie sich fürchten. Der B. fürchtet die plötzlich auffliegenden Vögel, der F. den Menschen. Sie verabreden, in einer gewissen Frist den Verursacher der Furcht des anderen zu töten und herzubringen. Zum Termin bringt nur der F. die Vögel, der B. wurde vom Menschen getötet. (Vasilevič-Al'kor 16-7). Die Motive 1-4 werden sehr oft in eine Reihe verbunden.

C. Verschiedene Tiere als Ziel der Tücken.

1. F. und Elch tauschen ihre Beine aus, doch der Elch kann auf den kurzen Fuchsbeinen die Äste nicht erreichen und der F. auf den langen Beinen seine Beute nicht anschleichen. Sie tauschen ihre Beine wieder zurück. (Nagiškin 98-100).

2. Zur kranken Karausche sucht man einen Arzt. F. gibt sich für einen Arzt aus. Mit der Kranken allein gelassen, frißt er sie auf. (Novikova 27-28; Vasilevič-Al'kor 7-8, 19).

3. F. stiehlt Fische, dem Wolf lügt er vor, die Fische mit dem Schwanz im Eisloch gefangen zu haben. Wolf steckt seinen Schwanz ins Eisloch und friert dort fest. [vgl. B.3] (Bulatova 105, 125; Novikova 29; Vasilevič-Al'kor 21).

4. F. droht einem a. Singvogel, b. dem Eichhörnchen, den Baum, wo sie nisten, niederzubrennen, wenn sie ihm nicht a. Eier, b. Junge herunterwerfen. Die betrogenen Tiere befolgen erst den Befehl des F., werden aber später vom a. Haselhuhn, b. dem Reiher belehrt: der F. wäre nicht im stand, seine Drohung

verwirklichen. Vogel und Eichhorn verweigern nun ihre Brut hinzugeben. (Avrorin 14; Avrorin-Lebedeva 34-6,127-8; Vasilevič-Al'kor 18-20,209,221)

5a. Der erboste F. fängt das Haselhuhn, dieses aber neckt den F. so lange, bis er sein Maul auftut und das Haselhuhn entwischen kann. (Vasilevič-Al'kor 19-20)

5b. Der erboste F. will den Reiher fangen, erwischt aber nur seinen Schweif, der Reiher fliegt mit dem F. über die See. Über einer kleinen Schäre läßt sich der F. fallen. Von dort entkommt er so, daß er die Seehunde, mit dem Trick sie zu zählen, eine Brücke von der Schäre bis zum Festland bauen läßt. (Avrorin-Lebedeva 34-6, 127-B)

6. F. läßt bei einer nächtlichen Jagd zu Kahn, vom Kuckuck seine eigene Familie niederschießen. (Vasilevič-Al'kor 9, 19).

7. F. verspricht dem Wolf, seine Rentiere zu hüten, frißt sie aber auf. Der Wolf fängt aber den F. und nimmt Rache. [vgl. A.3, B.5] (Vasilevič-Al'kor 9, 11-2).

8. F. und Aalquappe wollen wettlaufen. Die Aalquappe im Fluß, der F. am Ufer. Die Aalquappe stellt ihre Vettern der ganzen Strecke entlang auf, der F. kann sie nicht von einander unterscheiden und glaubt verloren zu haben. (Vasilevič-Al'kor 18-19).

9. F. tut so, als würde er seinen eigenen Penis fressen, der Vielfraß macht es ihm nach und verblutet. (Vasilevič-Al'kor 10-14).

10. Einen Vogel erschreckt der auf seinen Kopf gefallene Tannenzapfen so sehr, daß er glaubt das Ende der Welt sei da. Seine Panik reißt eine Reihe verschiedener Tiere mit sich. Am Abend suchen sie einen Übernachtungsort. Der F. lädt sie ein, nur müssen sie einzeln in seinen unterirdischen Bau eintreten, so kann er sie nacheinander töten. (Novikova 35-6).

Dem geübten Auge fällt es sogleich auf, daß so manche der Motive auch im Motivindex von Aarne und Thompson unter den Tierfabeln zu finden sind, so zum Beispiel entspricht A. I = ATh 1, A7 und B6 = ATh 10***; A8 = ATh 8*; B3 und C3 = ATh 38, allerdings wird der tungusische Bär und Wolf nicht in einen Baumstamm, sondern in ein Eisloch geklemmt; C2 = ATh 8A; C4, 5 = ATh 56 A,B; C9 = ATh 21 und endlich C10 = ATh 20. Von den hier angeführten 26 tungusischen Fuchsfabeln haben 10, also mehr als ein Drittel Entsprechungen im internationalen Märchenschatz. Allerdings kann man bei einigen der international verbreiteten Motive an russischen Einfluß denken, die Fabeln von Krylov wurden ja zum Schulgebrauch ins Tungusische übersetzt. Doch ist der Reichtum der tungusischen Fuchsgeschichten nicht zu übersehen.

Besonders beachtenswert ist es, daß der schelmische Fuchs in den Geschichten der Tungusen manchmal auch hinters Licht geführt wird. Zum Beispiel: es gelingt ihm erst mit dem Kuckuck, die eigene Familie niederschießen zu lassen, dann aber lockt der Kuckuck den Fuchs aufs dünne Eis, das unter ihm bricht und er ins Wasser fällt (C6). Allerdings kommt er durch die List, für sich von den Fischen einen Schamanenbaum aufrichten zu lassen, wieder aus dem Wasser (Vasilevič 1936, 19, auch Delaby 1984, 160-171). In einer anderen Erzählung raubt der Fuchs die Eier eines Singvogels, indem er ihm droht, den Baum, wo das Nest ist, zu stürzen oder niederzubrennen. Das Haselhuhn belehrt den Singvogel, daß der Fuchs seine Drohung durchzuführen ja unfähig sei. Als der Fuchs wieder Eier verlangt, gibt ihm das Vögelchen nichts, aber verrät, von wem es den Rat bekommen hat. Der Fuchs ergreift das niedrig nistende Haselhuhn, das sich aber dem Schicksal nicht ergibt, sondern den Fuchs solange neckt, bis der sein Maul aufmacht und so das Haselhuhn entwischen kann (C4,5a). Das Haselhuhn war also schlauer als der Fuchs. Diese Tiergeschichte ist auch bei den Orotsch (Avrorin-Lebedeva, 1966, 34-6, 127-8) und den Nanai (Avrorin, 1986, 66-69) bekannt. Hier ist aber der Ratgeber des Vögelchens, oder des fliegenden Eichhörnchens und somit Gegenspieler des Fuchses der Reiher. Als der Fuchs ihn schnappt, fliegt er hoch und über die See. Über einer kleinen Schäre läßt der Fuchs los, in einigen Varianten aus Müdigkeit, in anderen veranlaßt der Reiher den Fuchs, etwas zu sagen und so das Maul zu öffnen. Der Fuchs fällt hinunter, der Reiher ist gerettet. Dem Fuchs gelingt es später durch Anschwindeln der Seehunde oder Quappen wieder aufs Land zu kommen, fällt aber durch ihren Fluch bald in die Falle der Menschen (C5b). Auch dem betrogenen Mütterchen gelingt es, den Fuchs zu fangen und aus seinem Pelz eine Mütze zu nähen (A8, Doerfer 137-8)

***

Gegenseitiges Überlisten der Tiere erscheint auch in Geschichten ohne Fuchs, oder der Fuchs tritt nur in einer späteren Episode ins Geschehen ein. In Tiergeschichten der Nanai (Avrorin, 1986, 7076) lebten die Karausche und der Rabe zusammen. Einmal gingen sie Schilf schneiden und auf Anlaß des Raben einigten sie sich, daß der Schnellere den Zurückbleibenden aufessen kann. Dem Raben geht das Schilfschneiden besser, so will er die Karausche fangen, diese aber entkommt in einen kleinen Tümpel. Der Rabe sitzt am Tümpel und weint, weil es ihm nicht gelungen ist, die Karausche zu überlisten. Da kommt der Bär und bietet an, den Tümpel auszutrinken. Es bleiben aber so viele Karauschen zurück, daß der Rabe seine nicht finden kann. Nun tritt auch der Fuchs auf, kitzelt den Bären hinten, so daß er das Wasser wieder herausläßt, usw. von hier an übernimmt der Fuchs die Hauptrolle (Bl; Avrorin-Lebedeva, 1966, 41, 133; Samar 108-117).

Vollständig ohne Fuchs spielt sich bei den Orotsch so ein Überlistungsspiel zwischen dem Raben und der Fischotter ab. Die Otter lädt den Raben ein, stellt einen großen Kessel mit Wasser zum Kochen auf. Sie macht die Fischsuppe so, daß sie mit jedem Fisch in den Kessel springt, aber dann wieder herausspringt. Dem Raben gefällt das sehr, er lädt die Otter auch ein und will das selbe Kunststück mit den Fischen vorführen. Er kann aber aus dem Kessel nicht herausspringen und wird zur Rabensuppe. Diese Geschichte kennen auch die Nanai (Avrorin, 1986, 65-6). In ähnlichen Gechichten sind bei den Nanai und den Orotsch der Frosch und die Maus (oder Ratte) häufige Partner. Das gegenseitige Necken und Überlisten geht so weit, bis einer von ihnen, meistens der Frosch, so böse wird, daß er zu Väterchen Ka läuft, um Hilfe zu holen, und das bedeutet den Tod des Partners (Avrorin-Lebedeva 1966, 38-9,131, Avrorin 1986, 82-88).

In den Erzählungen der Ewenki über den Bären, ist der Partner des «Väterchens» meistens der Fuchs, (s. Bl-7) einige Male aber tritt in dieser Rolle der Zobel auf, so auch in der Variante von B7. Die Erzählung lautet wie folgt: Bär und Zobel treffen sich und erkundigen sich, vor was sich der andere fürchtet. Der Bär fürchtet sich vor den plötzlich auffliegenden Vögelchen, der Zobel vor den Menschen. Da verspricht der Zobel in gewisser Frist eine Menge von den plötzlich auffliegenden Vögeln zu bringen, und der Bär will Menschen töten, vor welchen sich der Zobel ängstigt. Zur verabredeten Zeit trifft der Zobel tatsächlich mit den versprochenen Vögeln ein, und wartet vergeblich auf den Bären. Als er ihn suchen geht, findet er nur seinen Schädel auf einen Baum aufgehängt. Die Menschen haben ihn getötet (Vasilevič-Al'kor, 1936, 18). Als falschen Arzt der Karauschen treffen wir manchmal den Zobel an (vgl. C2). Ebenfalls erscheint der Zobel als Wegweiser und Plünderer der Vorräte der Frauen im Kahn, in der Variante von Motiv A4. Es ergeht ihm aber schlecht. Vor den erbosten Frauen flüchtet er auf einen Baum, die Frauen zünden den Baum an. Von der Hitze schrumpft der Zobel zusammen, früher war er nämlich viel größer und wird vom Ruß ganz schwarz (Novikova 25-7). Der Zobel ist in manchen Hinsichten dem Fuchs ähnlich, er ist ein kleines Raubtier und wird wegen seinem Pelz gejagt. Nur lebt er nicht am Boden wie der Fuchs, sondern in den Baumkronen. Aus den Ähnlichkeiten ist es aber erklärbar, daß der Zobel die Rolle des Fuchses auch in den Märchen übernimmt.

Seltsamer ist es aber, daß in einer langen Folge von Episoden, in denen die Tungusen in der Regel den Fuchs auftreten lassen, wir die Eule finden. Es handelt sich um einen in Versen verarbeiteten Zyklus tungusischer Erzählungen, die Glafira Vasilevič von der ewenkischen Dichterin, Čanka Vakuvagir (Anastasia Salatkina) aufzeichnete und in ewenkischer Sprache mit russischer Übersetzung herausgab (Intilgučan. Skazka. Leningrad 1947). Der kurze Inhalt ist der folgende: Episode a.: Die Eule nennt sich eine Waise, die von allen Vögeln gemieden wird. Sie bietet sich einem alten ewenkischen Ehepaar als Kind an und verspricht ihnen ein sorgloses Leben. Die Alten freuen sich und verwöhnen die Eule. Einmal als beide jagen gegangen sind, verpackt die Eule all ihr Hab und Gut in dem Kahn und rudert hurtig fort. (s. A2) - Episode b.: Den traurigen Alten verspricht der Specht, ihre Sachen zurückzubringen. Er fliegt der Eule nach, setzt sich auf den Kahn und durchlöchert ihn im Geheimen mit seinem Schnabel. Mit dem sinkenden Kahn können sie eben noch ans Ufer kornmen. Sie wollen zur Ausbesserung Harz im Wald sammeln gehen. Alle Vögel helfen dem Specht, der hurtig den Kahn wieder wasserdicht macht. Als die, von den Vögeln stets irregeführte Eule mit etwas Harz ankommt, rudert der Specht schon weit weg. Die Alten freuen sich über ihre wiedergewonnenen Sachen sehr, der Specht kriegt vom Mütterchen ein rotes Käppchen und vom Väterchen einen stahlharten Schnabel. - Episode c.: Die Eule trifft den Kuckuck und bietet ihm Freundschaft an. Bald macht sie ihm vor, von Feinden bedroht zu sein. In der Nacht wollen sie zur feindlichen Siedlung rudern und die Feinde vernichten. Sie wollen am Weg dahin abwechselnd schlafen und rudern. Erst schläft die Eule, dann der Kuckuck. Wärend der Kuckuck schläft, kehrt die Eule den Kahn um, und als sie in der Nähe der Lagerstätte des Kuckucks sind, weckt sie ihn plötzlich auf, und läßt vom schlaftrunkenen Kuckuck seine ganze Familie abschießen (s. C6). - Episode d.: Der Kuckuck will Rache nehmen und lockt die Eule aufs dünne Eis. Sie bricht ein und sinkt auf den Boden des Flusses. Dort trifft sie viele kleine Karauschen, die klagen über die Krankheit ihrer Mutter. Die Eule verspricht, die Mutter zu heilen, frißt sie aber auf (s. C2). Die Karauschen beklagen sich beim Wassergeist, der schlägt vor Ärger große Wellen. Die Wellen werfen die Eule aufs Ufer. - Episode e.: Die Eule sieht Kaltaka d.h. Halbleute-Frauen Fische dörren. Sie gibt an, Sachkundige im Fischen zu sein. Man läßt sie die Vorratshäuser bewachen. Sie packt alles in den Kahn und verschwindet. - Episode f.: Sie trifft Liliput-Frauen, die sie sehr liebevoll bewirten. sie aber frißt ihnen allen Proviant weg. - Episode g.: Die Eule sieht einen Jäger, der seine Beute im Kahn heimfährt. Sie setzt sich auf den Kahn und verspricht dem Jäger am anderen Ufer sehr ergiebige Jagdgründe. Ans Ufer gestoßen, kippt sie den Kahn um, so daß der Jäger ins Wasser fällt und ertrinkt. Mit dem Kahn und der Beute rudert die Eule weg (s. A5). - Episode h.: Ein Riesenvogel erblickt die Eule im Kahn, sie gefällt ihm so sehr, daß er das «Spielzeug» mit seinem Schnabel aufpickend seinen Kindern ins Nest bringt. Die Riesenküken spielen mit ihr sehr unsanft (vgl. ATh 701). Vor der Peinigung will die Eule fliehen. Sie macht Riemen aus der Haut der Beutetiere, knüpft sie zusammen und läßt sich auf die Erde hinab. - Episode i.: Sie fällt in ein Moor und versteckt sich hinter einem Sumpfhügel. Der Bär kommt vorbei, und die erschreckte Eule beißt sich an seinem Schwanz fest. Jetzt erschrickt auch der Bär so sehr, daß ihm das Herz bricht und er stirbt. - Episode j.: Die Eule trifft den Frosch. Der beneidet sie wegen ihren Flugkenntnissen. Die Eule verspricht dem Frosch, ihm das Fliegen beizubringen, wenn er seine Hütte und seine Rentierherde ihr gibt. Der Frosch verspricht alles. Die Eule fliegt mit dem Frosch auf einen Baum. Von dort sollte er schon allein herabfliegen. Der Frosch fällt aber vom Baum und bleibt liegen. Die Eule macht sich in seinem Haus breit (s. Ath 225). - Episode k.: Die Eule schlachtet das Leitrentier und will zum Schmaus Gäste einladen. Erst trifft sie den Raben und lädt ihn ein, dann den Mangi, den dummen Menschenfresser. Den lädt sie auch ein. Dieser frißt alles, samt Raben im Nu auf und will auch die Eule in seinen Sack stecken. Die Eule legt Steine in den Sack. Der Mangi entdeckt den Trug erst zu Hause. Er sucht die Eule wieder auf, verspricht ihr Freundschaft und überredet sie mitzukommen. Sie setzt sich singend auf seine Schulter. Im Haus des Mangi angekommen, wird sie aber in den Kessel gesteckt. Der Mangi und seine Frau gehen noch etwas jagen und der Eule gelingt es, in dieser Zeit die Kinder des Mangi zu überreden, sie herauszulassen. Sie läßt Blutspuren im Eis. Der Mangi glaubt, es wäre Fleisch, will es fressen, aber seine Zunge friert im Eis fest, und er verendet (s. B3, C3) - Episode 1.: Die Eule will von einem tungusischen Schmied sein Gewehr stehlen, wird aber niedergeschossen.

Die Episode rnit dem Fuchs als Adoptivsohn, ist auch bei anderen sibirischen Völkern zu finden, so bei den Tuwa (Taube, 1972, 113-4) und bei den Wotjaken (Rombandeeva-Kálmán, 1974, 119-134).

Es ist sicher kein Zufall, daß die Eule in manchen Fällen den Fuchs vertritt. Bei den Nachbarvölkern der Tungusen finden wir die Eule in vielen interessanten Rollen. Bei den Burjaten und Mongolen und auch im alten China ist sie Hüterin der Kleinkinder (Sandscheev, 1928 *Anthropos* XXII, 596; Zhang, 1990, 119). In dieser Rolle erscheint sie auch in altertümlichen ungarischen Liedern. Die kasakischen Mädchen schmücken zum Schutz vor bösen Geistern ihre Kappen mit Eulenfedern. Von den Chinesen berichtet Granet, daß die Eule für die Frau des Schmiedegottes gehalten wurde. Auch war sie Ahnfrau des Huang-ti (Granet, 1985, 63, 80). Die Eule scheint ein ähnlich chtonisches Tier gewesen zu sein wie der Fuchs, der seinerseits bei manchen westsibirischen Völkern auch als Göttin der Unterwelt oder Tochter des Erlik Khan erscheint (Castrén: *Nordische Reisen und Forschungen* III 148, IV 239; Nikolaev, S. E. 1974: 1, 148). Den anderen Doppelgängern des Fuchses, z.B. Zobel, Frosch, Ratte, haftet ebenfalls etwas Chthonisches an.

Die Jägervölker, zu denen ja auch die Tungusen gehören, sind sehr gute Beobachter der Natur. Das beweisen auch ihre ethologischen Sagen, die immer meisterhaft die wesentlichsten Eigenschaften im Äußeren und im Verhalten der Tiere erfassen. Über die ausgezeichnete Beobachtungsfähigkeit der Ewen berichtete auch schon Novikova in ihrer Arbeit über ihre Folklore (S. 159). Die tungusischen Jäger beobachteten es sicher, wie viele Tücken die Natur im Leben der Tiere zu ihrer Tarnung anwendet. Nicht nur das Verstecken wird durch Tarnfarbe und abwehrendem Verhalten erleichtert, sondern auch die Agressoren, d.h. die Raubtiere bedienen sich vieler spitzfindiger Weisen zum Herankommen an die Beute[5]. Da in der Vorstellung der Jägervölker auch die Tiere Träger menschlicher Eigenschaften sind, können sich in der Folklore diese Beobachtungen eben in den Trixtergeschichten abspiegeln.

Bibliographie

Aarne, A.; St. Thompson: *The Types of the folktale.* 2. Helsinki 1981. (FF Communications.184.)

Avrorin, V. A.: *Materialy po nanajskomu jazyku i fol'kloru.* Leningrad 1986.

Avrorin, V. A.; E. P. Lebedeva: *Oročskie skazki i mify.* Novosibirsk 1966.

Bulatova, N. Ja.: *Govory èvenkov amurskoj oblasti.* Leningrad 1987.

Castrén, M.: *Nordische Reisen und Forschungen* 111, 148, no. 239.

Delaby, L.: Fox-tales among the Tungus. *Etudes mongoles et sibériennes.* 15.1984, 153-175.

Granet, M.: *Die chinesische Zivilisation,* Frankfurt a.M. 1985.

Hauer, E.: *Huang-Ts'ing K'ai-kuo Fang-Lüeh. Die Gründung des mandschurischen Kaiserreiches.* Berlin-Leipzig 1926.

---

5 Niedrig nistende Vögel locken den Fuchs so weit von ihrer Brut fort, indem sie einen gebrochenen Flügel vortäuschen. Die Einzingelungs- und Ermüdungstaktiken der Wolfsrudel wurden auch von den Jägern angewendet.

Ivanov, S. V.: *Materialy po izobrazitel'nomu isskustvu narodov Sibiri XIX - načala XX.v.* Moskau-Leningrad 1954.

Ders.: *Skul'ptura narodov severa Sibiri XIX- pervoj poloviny XX v.* Leningrad 1970.

Meletinskij, E.: Typological analysis of the paleo-Asiatic raven myth. *Acta ethnographica Hung.* 22.1973, 107-155.

Nagiškin, D.: *Amurskie skazki.* Xabarowsk 1975.

Nikolaev, P. V.: Obščie ėlementy v ketskix i xakasskix ėpičeskix skazanijax: *Sovetskaja ėtnografija* 1974:1, 148.

Novikova, K. A.: *Ėvenskij fol'klor.* Magadan 1958.

Rombandeeva, Je.; Kálmán B.: Ėszaki vogul szövegek (Nordwogulische Texte). *Nyelvtudományi Közlemények (Sprachwissenschaftliche Mitteilungen)* 75.1974, 119-134.

Samar, A.: *Nanaj djarini (Pesni nanajca).* Leningrad 1946.

Sandscheew, G.: Weltanschauung und Schamanismus der Alaren-Burjaten: *Anthropos* 22.1927, 575-613.

Sem, L. I.; Ju. A. Sem: *Voron, karaś, medved' i lisa. Nanajskaja skazka.* Vladivostok 1968.

Taube, E.: *Das leopardscheckige Pferd. Tuwinische Märchen.* Berlin 1972.

Uray-Kőhalmi, K.: Daurien: das Keimen und Absterben eines Nomadenreiches. *AOH* 25.1981, 255-273.

Dieselbe: *Die Mythologie der Mandschu-Tungusischen Völker: Wörterbuch der Mythologie. 1. Abt. Die alten Kulturvölker.* Stuttgart: Klett-Cotta 1997. 170 S.

Vasilevič, G. M.; Ja. P. Al'kor: *Sbornik materialov po ėvenkijskomu (tungusskomu) fol'kloru.* Leningrad 1936.

Wittfogel, K. A.; Fêng Chia-Sheng: *History of Chinese Society: Liao.* Philadelphia 1949.

Zhang, Ch.: *Mythen des alten China.* München: Diederichs 1990.

Giovanni Stary (Venice)

The Fox in Sibe-Manchu Culture

In the «Encyclopaedia of Religions of China's Nationalities»[1] the fox is briefly described as a pernicious spirit who provokes sicknesses and calamities. For avoiding them, it is necessary to offer a sacrifice in the open field, in absolute silence.

A little bit more detailed information, is found in a Chinese research on the Sibe people's customs, published in Peking in 1994 by the Sibe scholars Heling and Tungkeri (賀靈, 佟克力: 錫伯族風俗志); the entry «fox» (p. 150) gives the same information as the «Encyclopaedia», but it adds that if somebody is hunting it, the hunter and all his relatives of first degree will be marked by misfortune and sicknesses. In such case, it is necessary to «ask for its pardon» (xiezui 謝罪) and to offer the fox a «small »sacrifice in form of a sheep, or a «big» sacrifice in form of an ox, depending on the offence. If the bones or the skin of a fox are found, it must be buried like a human being. In old times, on the western wall of all Sibe houses there was a small altar with an incense-burner and a «magic paper» with a prayer to the fox; in case of sicknesses, incense was burnt there. Till today, the Sibe do not hunt the fox, which is mentioned only by its taboo-name has boo jaka («storage-room animal»).

Unfortunately, both sources don't furnish any explanation of the origin of this taboo-name and of the Sibe people's veneration for the fox.

These explanations can be found in two Sibe folktales, a collection of which was published in 11 volumes in Sibe in Urumqi between 1984 and 1992 with the title Sibe uksurai irgen siden jube («Folk tales of the Sibe people»). The first tale bears the title Sibe niyalma ainu dobi be juktembi? - «Why do the Sibe offer sacrifices to the fox?».

Following is the summarized content of the this tale, which was told «by a 68-year-old man called Singlišan in the Cabcal district»:

> In former times, the Sibe offered sacrifices to the fox. Even after liberation [1949], sacrifices to the fox didn't stop in some Sibe houses. According to custom, it was forbidden for Sibe to call the fox by this name. When encountering a fox a roundabout way had to be taken. It was impossible to catch or to wound it. The Sibe called it respectfully «Grandfather of the storage room» (haša booi yeye) or «God of the storage room» (haša booi enduri).
>
> For which reason did the Sibe offer sacrifices to the fox? There exist many tales, one of them I will tell now.
>
> In ancient times there was a king who didn't want to die. He issued an order that the people had to dig out ginseng in the whole country and had to bring it as an annual tribute to him. When this order reached the Sibe living near the White Mountain, they were downhearted because it was dangerous to go into the wood

---

1 中國各民族宗與神話大詞典, Peking 1993, p. 628

for ginseng: in fact, not a long time ago, some people who had gone into the mountains for ginseng were never seen returning. While still discussing this situation, a young hunter came and offered himself as a volunteer.

After several days he came to a wooden house. After entering, he saw five or six great caldrons. In a corner he found the bones of many oxen, horses, sheep and, among them, the bones of human beings. Thoroughly frightened, he wished to escape but at that very moment he saw a Manggus, a wolf, a tiger and a fox coming back to the house. Not finding any way out, he decided to climb up the great beam of the room.

When the Manggus and the three animals entered the house, the Manggus sniffed with his nose and said:

«Strange, very strange - isn't there in this house the smell of a human being?»

The fox, who had already discovered the hunter on the beam, answered:

«Don't be scared by such an impossible thing - our living place cannot be reached even by a *flying bird* - how then could *a man* be able to come here? We'd better cook and eat the ox and the horse we brought!»

Later, when everybody slept, the fox called the hunter and showed him the right way to escape.

But the Manggus noticed what was happening and asked the fox: «Why did you lie to me? Where did you let the man escape? With whom did you speak outside the house?»

The fox answered:

«*Agu*, don't be mistaken. While I was sleeping, I heard a little noise coming from outside and so I went out to see what was going on»

But the Manggus didn't believe the fox's words and went out to control for himself. He found the footprints of the hunter and followed them - but just before being captured, the hunter could reach a walled city where the Manggus couldn't enter.

From that time on the Sibe show their gratitude to the fox by making a shelf in the storage-room, where on lucky days food and beverages are offered to it. This is why it is respectfully called the «God [or animal or grandfather] of the storage room» (haša [~has] booi enduri~jaka~yeye).

The second tale, published in the same collection, explains the bad reputation of the fox as the bringer of all sorts of diseases and misfortunes:

Once a hunter went hunting with his horses and two dogs, when he saw a big white fox. The hunter pursued it over hedge and ditch. Suddenly, the fox disappeared near a threshing floor. When the hunter came closer, an old woman came hobbling from behind a cock and, beating the dogs she asked the workers of the threshing floor to drive them away. When the woman left, the hunter followed her on the same path and after a long ride he found the fox again. Before the hunter could kill it, the fox opened its mouth and asked for permission to take leave of his children. «The following day - the fox added - I will spontaneously come back so that you may kill me».

In fact, the next day the fox came back to meet the hunter who killed it and took away its skin.

Three days passed, when the hunter's horses suddenly became sick and died. His healthy children also suddenly died without any evident sign of illness. His wife became paralized within one night and from that moment on, when the hunter went to sleep, he heard every night the bitter weeping of many foxes and understood that these were the voices of his victims.

From that moment on, he stopped hunting foxes and prepared an altar in the storage room [*hasha-i boo*] and offered sacrifices.

Even now - the tale concludes - when hunters meet a fox they don't cause any harm to it, but take a large roundabout way. Somebody even returns home and postpones his hunt to the next day.

These two tales offer us in a very preliminary way a first explanation of the position the fox occupied in the supernatural world of ancient Sibe society.

We know now why the fox had its sacrifices in the storage-room, and why it is believed to bring sicknesses to children. Many questions, however, are still open - for example, why the sicknesses can be treatened by a special female «xiangtong» shamaness only, what are the influences - if any - of other peoples, etc. For the moment, a little step forward has been made towards a better knowledge of the fox's role in Sibe culture.

Texts

Sibe niyalma ainu dobi be juktembi?
(*Sibe uksurai irgen siden jube.* 11. Urumqi 1992, pp. 134-142)

Nenehede Sibe niyalma dobi be jukteme dulekebi, sulambuha amala komso akū Sibe boo ningge inu dobi juktere be šuwe waliyahakūbi. an ucuri de, Sibe niyalma dobi seme hūlara be inu targambi, dobi be ucaraha de inu jailafi yabumbi, terebe jafarkū bime kokirarkū. uttu sibe niyalma gemu terebe «haša booi yeye» embici «haša booi enduri» seme tukiyeme hūlambi.

Sibe niyalma ai turgunde dobi be juktembini? erede labdu hacin ulabuha jube bi, terei dolo emu hacin jube de gisurehengge.

julgei fonde emu gurun ejen jalan de enteheme bucerkū banjiki sere jalin, cohotoi gubci gurun-i geren bade orhoi da gurume aniya tome ejen de alban alibu sere hese wasihabi. šayan alin-i hanci bade bisire Sibe niyalma ere hese be bahafi, gemu amba jobolon gasaha de teisulehe seme; gasandure jilgan abka de sucunahabi. turgun be gisureci, erei onggolo komso akū niyalma orhoi da gurumbi seme šumin alin de dosifi

jai dahūme bedereme jiheků, erebe tuwahade, alin de dosifi orhoi da gurumbi serengge
yala emu tuksicuke baita seci ombi. ainara yasai juleri ejen-i hese aimaka emu buyenin
akū dacun dabcikū adali Sibe niyalma be hafirarade, niyalmasa jing akame gasame arga
akū erinde, emu sure sakdu baturu kiyangkiyan asigan abalasi tucime jifi, geren-i orhoi
da gurume tušanun be gemu beyei meiren de alime gaiha. geren gemu terei baturu
sukdun de acinggiyabufi, hacin jetere jaka jai ulha ujima jergi jaka be doro bufi, amba
erecun be gemu ere abalasi-i beyede tebuhebi.

asigan abalasi gubci aiman uksura-i erecun be alime gaifi, uthai emhun beye alin-i
baru juraka. i alin be fondolome muke be olome yabuhai. yagese inenggi yabuha be
sarkū, šuwe amala emu ferguwecuke bime somishūn bade isinaha. i uju be tukiyeme
tuwaci, yasa de saburengge: genggiyen abka de sucunaha hadai foron šayan nimanggi
nerehebi, bethei fejile šayan buruhun tugi talman neome deyembi. ere niyalmai songko
inu isiname muterkū bade baksan baksan orhoi da jalu banjihabi. asigan abalasi
urgunjefi šadame cukuhe be inu onggofi, uthai orhoi da be feteme deribuhe. i emu
sukdun de fetehei fetehei šun emgeri tuheke. udu inenggi udu dobori jugūn yabufi
ergeme deyehekū seci, geli emu inenggi weilere jakade, šadame cukufi damu amu
šaburame; damu dedure babe teile baime ohobi. gisureci inu aldungga, i jing dedure
babe baime bisirede, tuwaci hanci bade emu mooi araha boo be sabumbi, i hercun akū
tere booi baru yabume genehe.

i boode dosifi tuwaci, falan-i dulimba de sunja ninggun amba mucen dohohobi,
booi emu hošo de jalu ihan, morin, honin-i olhon giranggi obolome sindahabi.
narhūšame tuwaci, terei dolo niyalmai giranggi inu sabumbi. erebe sabufi asigan
abalasi ambula golofi, amu šaburarangge inu akū oho, bodoci nenehei orhoi da
gurume jihe Sibe niyalma gemu ubade jifi jobolon de tušahabi. ere umai niyalma-i ilire
ba waka. hūdun jailame yabuki seme gūnifi, bedereme uce tucimsaka, tulergi deri emu
meyen manggus, niohe, tasha jai dobi jing bedereme jiderebe sabumbi. i bekderefi
arga mohofi, ekšeme booi fangšan-i amba taibu de tafafi ukaha.

manggus, niohe, tasha, dobi boode dosime jifi, manggus aimaka emu baita be
serehe adali oforo be gocime tatame gisureme:

«ferguwecuke kai, ferguwecuke kai, ere boode aibi deri jalan niyalma-i wa jihebi?»
serede, dobi nerginde alime gaifi gisureme:

«manggus agu, ume ser seme baita de uthai goloro, musei banjire bade gasha hono
deyeme jime muterkū de, jalan niyalma adarame jime mutembi! hūdun musei gajiha
ihan morin be bujume jeki!» sefi, geren-i meihereme gajiha ihan morin jaka be gemu
mucen de sisifi tuwa sindame bujume deribuhe.

dade dobi aifini uthai taibu-i ninggude ukaha abalasi be sabuhabi. damu terebe
karmatara jalin teni manggus be holtoho bihebi. tese nade torgime tefi pai efime yali
urere be aliyambi. goidahakū mucen-i yali urehe bici, pai efire be ilinjafi mucen be
horgime tefi yali jeme deribuhe. baji ohakū uthai yali be gemu jeme wajiha. ere erinde,
manggus geli jalan niyalma toktofi jime dulekebi seme gisureme nakarkū de, dobi
arbun waka be sabufi geli manggus be holtome:

«manggus agu, ume mucen-i yali wa be uthai jalan niyalmai wa seme gūnibure,
mini oforo inu an jergi waka, tanggū bai goro ba-i geren hacin wa be gemu wadame

bahabumbi. ere boode aibici jalan niyalmai wa bini! geren gemu mini gisun be donjiki, meimeni oron de dedufi amgaki.» seme gisurehei jaldahai, geren teni gemu dedume amgaha. baji ome, dobi elheken-i ilime genefi abalasi be šorgime gisureme:

«abalasi agu, si ainu ubade jihebi? ere umai sini jire ba waka, hūdun ukame yabuki, ume jobolon be baire...» serede, abalasi nerginde elheken-i nade ebufi, gurume baha orhoi da be meihereme gaifi dobi-i jorime buhe jugūn be jafafi ukame genehe. goidahakū manggus serefi dobi be beideme gisureme:

«si ainu mimbe holtombi? tere jalan niyalma be ya bade ukabuhabi? si tulergi de we-i emgi gisun gisurembi?»

dobi jabume:

«agu, si ume tašarame ulhire, bi inu amgame deduhe sidende, tulergi de majige asuki be donjime ofi, tuttu bi teniken tulergi de tucifi ai baita serebe tuwame genehengge.»

manggus dobi-i gisun be akdarkū tulergi de tucifi tuwaci, nade niyalmai yabuha songko bi, tere nerginde songko be leheme alin holo be dahame ebuhe. asigan abalasi ergen be šeleme julesi feksihei šadame cukuhe be gisurere ba akū. ere erinde, asigan abalasi hercun akū uju marime tuwaci, amargi deri emu manggus-i helmen be sabumbi. i arban waka be sabufi, weihe be tak seme saifi feksihei feksihei, gaitai emu hoton hecen feksire jugūn be hetu kaktaha be sabumbi. i sabufi ambula bekdefi beye gubci šahūrun nei tucime absi icihiyara be takarkū oho. yasa tuwahai manggus emgeri amcame hanci ojoro jakade, i hafirabufi yasa be nicufi hūsun ebsihei emu mudan fekuhe bici, aimaka enduri aisilaha gese hoton hecen be fekume dulekebi. manggus amcame jifi hoton hecen be dabame mutehekū amargi de dutaha.

asigan abalasi bedereme jifi ini beyei tunggalaha sabuha baita be gemu geren de alame donjibuha. tereci Sibe niyalma dobi-i jalan niyalma be aitubuha baili be karulara jalin, boo tome haša boode dobi be juktere sarha arafi, sain inenggi de uthai jetere omire jaka be faidame sindafi terede baitalabumbi. kemuni erebe «haša booi enduri» seme gingguleme hūlambi.

jube alaha niyalma: Singlišan, 68 se.

ulabuha ba: Cabcal siyan

Doro baha dobi

(Sibe uksurai irgen siden jube, vol. 2, Urumqi 1984, pp. 202-207)

Nenehe emu abalasi bihebi. emu aniya duin forgon dobi teile abalambi. ini yalurengge edun be amcara ul morin, aga be amcara alha daha; ini ujihengge tiyaha, ulhu juwe indahūn; ini gala de jafahangge ergen sorgire maitu, inenggi goidame hancirame bihe dobi be gemu jocibufi goro babe heterere be jorin obuhabi.

emu aniya-i bolori, abalasi ul morin be yalufi jing yabuha bihei, juwe indahūn gaitai desi wasi feksime deribuhe. abalasi maitu be gala de gaifi, morin be sindame julesi tuwaci, emu sehun šayan amba dobi jing desi jailame wasi somime ergen akū ukame feksimbi. abalasi dolo alimbaharkū urgunjefi, emu jilgan ficafi, morin be dabkiyame

deyere gese amcame genehe. amcahai, alin be hesereme, mangkan be horgime, hon
goro maktabuhabi. abalasi jafara mujilen hahi de, šusiha aga labšan-i gese ebuhe.
ainara morin-i fekun julesi ojorkū ohobi. abalasi dolori gūnime: dulekede ayalingge
dobi de ucarakini, jabšan de tiyaha ulhu-i angga ci guwecibe, aibi ul morin alha dahan
ci ukcahangge, aifini maitu-i fejile ergen yadaha bihe kai! damu, enenggi ere ainahai?
amcahai tiyaha ulhu ilenggu tucibume, ul morin kus tandame, šon dabkitala feksime
teni juleri emu maisei falan be sabuha. yasa tuwahai dobi falan de feksime dosifi uthai
helmen songko akū oho. gaihari, emu bumburi bambari sakda mama maisei bulun
amargi ci tucime jifi, emderei teifun-i juwe indahūn be bašame emderei amba jilgan-i
«falan tandame aguta, ehe indahūn mimbe saime oho, hūdun tandacina!» seme
kaicarade, falan-i urse ambula golofi, utala hahasi nerginde hetu be dargiyafi feksime
jifi indahūn be amcame tandaha. damu niyalmasa uju marifi tuwaci, sakda mama kejine
arun durun akū ohobi. abalasi falan-i aguta-i alara be donjifi, tesei joriha ici be dahame
geli hahilame amcame deribuhe. abka ulhiyen-i farhūn oho. abalasi jing dolo
wacihiyašame bihei, goro ba-i unggan-i dele buru bara emu dobi dodome tehebe
sabuha. juwe indahūn tob seme tere be horifi bimbi. abalasi ekšeme morin de šusiha
nonggime feksime genehe.

   «agu, enenggi si toktofi mimbe jafambio?» dobi gaitai angga be juwafi gisurehe.
   «mini maitu ci emu dobi hono ergen guwere unde.» abalasi dolo tar seme arafi
gisun jabuha.
   «miningge omolo om[o]si jaci labdu, agu aibi tese be jilame gūnirkū giyan bini?»
dobi jenduken niyaman efujeme gisurehe.
   «damu mini juse dasu be jilara niyalma akū.» abalasi majige seme mujilen aššarkū.«
tetundere oci, bi inu agu de bairkū oho, damu mini juse omosi mini tuhenun be sarkū
jilaka, bairengge mimbe unggifi tesei emgi delhendubuci adarame biheni?»
   «ombi.»
   «cimari morin erin de bi ubade agu be aliyahai bimbi.»
   «bi toktofi erinde jimbi.»
   jai inenggi morin erinde, abalasi isiname geneci, dobi imbe aliyame bimbi. abalasi
pu seme fulgiyere hūsun fayabuhakū, sukū be fuyefi bederehe.
   ilan inenggi duleme, tiyaha, ulhu gaitai bilha madafi deduhe bade bucehe, ul morin,
alha dahan siran-i bethe be sidaraka. abalasi jing golome bime sesuleme toyon tokton
akū erinde, juse dasu emken emken nimeku akū bime gemu akūha. goidahakū inu
sargan emu dobori andande edulehe. jilaka, abalasi ereci yaya yamji beye dedume
saka, uthai ton akū labdu dobi-i songgoro jilgan be donjime, dobonio lakcarkū. ere
erinde abalasi teni ini hokiraha dobi nokai labdu ohobi, dade ere jergi ergengge be heni
majige jilaci acambihe seme aliyaha gūnibuha.
   tereci, abalasi gashūfi jai geri dobi jafarkū ohobi. hasha-i boode enduringge soorin
weilefi dobi be juktehebi, sabjangga inenggi de teisuleme uthai weceme dobombi.
amala niyalmasai ulandume gisurehengge, dobi ereci doro bahafi, daruhai hasha boode
enggeleme, emembihede nure be soktotolo omifi, da duwaliya tucike sembi.

enenggi de isitala, sibesa boo tome dobi be hasha boo enduri seme juktembi. aba tucike de dobi be tunggalara oci hokirarkū teile waka,, kemuni goro jailame yabumbi. ememungge morin be tatame booci bederefi, jai inenggi tucimbi.